Dritte Welt
Entwicklungs-räume

Herausgeber:
Ambros Brucker

Autoren:
Ambros Brucker
Martin Nickel
Ulrich Pietrusky
Meinolf Rohleder
Wilfried Watzka
Walter Weidner

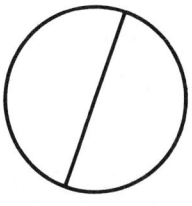

Orbis
Erdkunde für die Oberstufe
Oldenbourg

Umschlagfoto: Falschfarbenbild Amazonastiefland (DLR, Oberpfaffenhofen)
Graphik: polytext GmbH, München
Kartographie: Gerhard Mauz, München

© 1990 R. Oldenbourg Verlag GmbH, München

Das Werk und seine Teile sind urheberrechtlich geschützt. Jede Verwendung in anderen als den gesetzlich zugelassenen Fällen bedarf deshalb der vorherigen schriftlichen Einwilligung des Verlages.

1. Auflage 1990
Unveränderter Nachdruck   93 92 91 90
Die letzte Ziffer bezeichnet
lediglich das Jahr des Drucks.

Verlagslektorin: Christine Kaltenbacher
Satz und Reproduktionen: Fertigsatz, München
Druck und Bindung: R. Oldenbourg, Graphische Betriebe, München

ISBN 3-486-**88582**-0

Lieber Leser!

Was erwarten Sie von einer „Erdkunde für die Oberstufe"?
Ein Buch zum effektiven Lernen, das bei der Vorbereitung von Klausuren, Referaten und für das Abitur hilft?
Ein aktuelles, handliches und motivierendes Buch zum Lesen und Schmökern – in der Schule, aber auch zu Hause? Ein anschauliches Buch mit geographischen Materialien, wie Karten, Bildern, Grafiken, Statistiken, Quellentexten?
Ein Buch zum Nachschlagen?

ORBIS versucht, Ihnen all das, wonach Sie vielleicht in einer „Erdkunde für die Oberstufe" fragen oder suchen, zu bieten.

ORBIS will Ihr Interesse gewinnen, indem die Lerninhalte auf nicht alltägliche Weise und mit möglichst wenig schulischem „Stallgeruch" aufbereitet sind, aber mit einem Optimum an fundierter, aktueller Information.

ORBIS will ein Buch sein, das Sie auch ohne schulischen „Zwang" gerne zur Hand nehmen.

180 Seiten umfaßt dieser Band: Das ist zu wenig, um den dargestellten Räumen und ihrer vielfältigen Problematik auch nur einigermaßen gerecht zu werden – und das ist zu viel, um gelernt zu werden. Man kann nicht das ganze Buch in einem Stück lesen oder behandeln! Und Sie sollen auch nicht alles lernen!

Lernstoff enthalten vor allem die in Kästchen stehenden „Lerninseln". Diese sind nicht wahllos verstreut, sondern sie bieten gezielt Grundwissen an, und zwar dort, wo es zum Verständnis des Kapitels notwendig ist. Diese Lerninseln lassen sich miteinander verknüpfen. Sie haben darüber hinaus die Möglichkeit der Auswahl, und das bedeutet, daß Sie manche der Zusatzaussagen um die Lerninseln herum nur zu lesen, nicht aber zu lernen brauchen.

Es versteht sich von selbst, daß dieses Buch keinen Atlas ersetzen kann und will. Trotzdem bieten wir Ihnen Karten an, deren Inhalte die Karten der üblichen Atlanten ergänzen oder bestimmte Zusammenhänge herausstellen. Diese Karten sind ebenso wie die Grafiken, Tabellen, Fotos und unterschiedlichen Texte so sorgfältig und gezielt ausgewählt worden, daß sich beim Leser Fragen und Denkanstöße von selbst ergeben. Deshalb verzichten wir bewußt auf Arbeitsaufträge. Das umfangreiche Karten-, Daten-, Text- und Bildmaterial drängt sie geradezu auf!

Herausgeber, Autoren und Verlag wünschen Ihnen viel Freude mit ORBIS.

Inhaltsverzeichnis

Zwischen Mangel und Überfluß 6
In São Paulo: Serafina de Santa Cruz .. 8
Problem Nr. 1: Hunger und Über-
ernährung 10
Problem Nr. 2: Baby X und das
Bevölkerungswachstum 12
Problem Nr. 3 und Problem Nr. 4: Roh-
stoffabhängigkeit und Verschuldung .. 14
Problem Nr. 5: Das Wettrüsten 16
Problem Nr. 6: Die Reichen in der
Dritten Welt 18
Die Entwicklung der Entwicklungs-
länder 20
Entwicklungstheorien 22
Entwicklungsstrategien 23
Strukturdaten: notwendig und frag-
würdig 25

Entwicklungsländer in Zahlen 26

**Das naturgeographische Potential der
Tropen und Subtropen** 28
Die Grundzüge des Klimas 30
Planetarische Luftdruckgürtel und
globale atmosphärische Zirkulation ... 30
Das Klima der Tropen 34
Das Klima der Subtropen 35
Kenia: „In einem Jahr blieb der große
Regen aus." 36
Irrtum in der Hölle der Hyläa 38
Von der ökologischen Benachteiligung
der Tropen 39
Tropenböden – Schlüssel zum Ver-
ständnis der ökologischen Zusammen-
hänge 39
Verwitterung und geomorphologischer
Formenschatz 41
Formengesellschaften der Tropen 42
Relief und Böden der Subtropen 44
Der tropische Regenwald ist bedroht! .. 45
Ökosystem mit Widerspruch: arme
Böden – reiche Vegetation! 46
Fruchtbare Ausnahmegebiete der
immerfeuchten Tropen 50
Das außergewöhnlichste Natur-
schauspiel der Erde 52
Grasländer der Tropen – die Savannen . 54

Das Nutzungspotential der Tropen	56
Möglichkeiten, Formen und Grenzen agrarischer Nutzung	56
Wanderfeldbau (shifting cultivation) ...	56
Traditionelle landwirtschaftliche Nutzung mit Daueranbau	59
Mehr noch als der Regenwald brennt die Savanne	61
Der große Raubzug der Wüste	63
Die holzwirtschaftliche Nutzung der tropischen Wälder	64
Die Rodung der Tropenwälder und die Folgen	67
Das Energie- und Rohstoffpotential ...	68
Brasilien – Industrialisierung eines Schwellenlandes	72
Das touristische Potential der Tropen ..	73
Die kulturelle Dimension der Entwicklung	76
Unsere Sicht – ihre Sicht?	78
Aus dem Gleichgewicht: Schwarzafrika	78
Der Animismus	79
Zwischen Stamm und Staat, Rasse und Religion	79
Zwischen Tradition und Moderne: Selbstversorgung und Weltmarktproduktion	82
Kolonialismus und koloniales Erbe	84
Afrikaner als Muslime und Christen	86
Der Orient: Einheit und Vielfalt	88
Allah: Gegen die Angst und für die Armen	92
Indien, eine Idealisierung	94
Ein Armenhaus als Großmacht?	94
Hindus: zwischen Orthodoxie und Fortschritt	96
Der Rang der Kaste: Maßstab des Fortschritts?	98
Die Frauen im Feuer	99
Lateinamerika – der zweite europäische Kontinent?	100
El Dorado – ohne Ende?	101
Auf der Suche nach der großen Unbekannten	102
Die Rolle der Christen	104
Thesen zur Theologie der Befreiung ...	105

Räumliche Disparitäten	106
Bevölkerungsdruck und Nahrungsspielraum	106
Bevölkerungsentwicklung in der Dritten Welt	106
Bevölkerungspolitik	108
Nahrungsspielraum und politisches Fehlverhalten	109
Die Rolle der Frau bei der Ernährungssicherung in Afrika	111
Verstädterung in der Dritten Welt	113
Merkmale der Verstädterung am Beispiel Afrika	114
Der Vorgang der Metropolisierung	115
Der informelle Sektor oder – die städtische Subsistenzwirtschaft	116
Slums der Großstädte: Notwendigkeit oder Übel?	117
Ausrichtung der Infrastruktur – Küstenorientierung und Binnenlage	119
Versuche zur Überwindung der Disparitäten	121
Binnenkolonisation Amazonia Legal ...	121
Transmigration – Exodus auf indonesisch	126
Verlagerung der Hauptstadt	127
Weltwirtschaftliche Verflechtungen ...	128
Die Story des Otto B. oder die Ursachen der Verschuldung	128
Macht und Ohnmacht der Rohstoffexporteure	132
Die Neue Weltwirtschaftsordnung	138
Lomé, GATT und UNCTAD	142
Schulden und kein Ende	144
Entwicklungspolitik	152
Die internationale Entwicklungspolitik und ihr Wandel	152
Die Entwicklungspolitik der EG	157
Die Entwicklungspolitik der Bundesrepublik Deutschland	159
Familienplanung in Bangladesh	166
Hilfe für die Indigenas	168
Hilfe für Samba	170
Glossar	175
Stichwortregister	177
Quellenverzeichnis	179

5

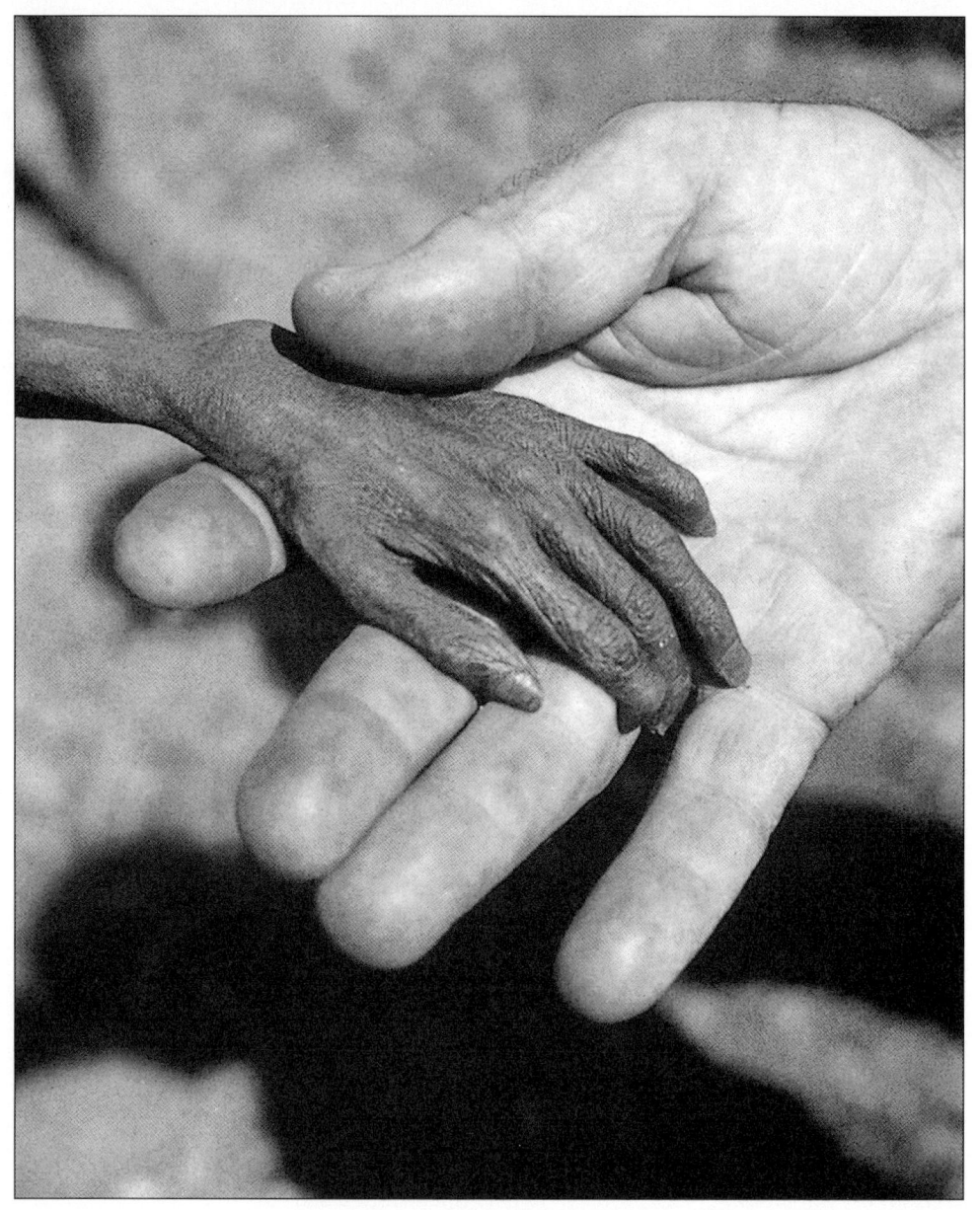

„Nicht die Fragen, die heute auf den Titelseiten unserer Zeitungen stehen, sind die wirklich entscheidenden. Unsere Generation wird vielmehr schon in zehn oder zwanzig Jahren danach beurteilt werden, wie der Kampf gegen Hunger, Krankheit, Not und Unwissenheit in der Welt bestanden wurde."
(Dag Hammarskjöld, ehemaliger UNO-Generalsekretär, 1959)

Zwischen Mangel und Überfluß

„... Es gibt Spötter, die sagen: ‚Uns geht es schlecht, aber auf einem hohen Niveau.' Solche Sprüche verdunkeln nur, was es ans Licht zu bringen gilt. Einerseits ist es wahr, daß Menschen unter uns gar nicht auf hohem Niveau, sondern unter großen Schwierigkeiten leben. Ihnen gilt es tatkräftig zu helfen. Andererseits befindet sich unser Land in der Spitzengruppe des Wohlstands der Welt. Wir haben die materiellen und geistigen Kräfte, um uns führend am Kampf gegen globale Notstände zu beteiligen. Die schärfsten Probleme der Gegenwart sind Hunger und Not, Ungerechtigkeit und Verschuldung in weiten Teilen der Welt. Der Zuwachs der Erdbevölkerung ist ungebrochen und nimmt wahrhaft verheerende Ausmaße an. Denn er führt zur immer weiteren Zerstörung der Naturräume. Wir in den Industrieländern denken vor allem an das zukünftige Weltklima. Menschen in Not denken an das Brot von heute. Sie werden erst dann lernen, die Kinderzahl zu begrenzen und die Natur zu schützen, wenn sich ihre Notlage bessert. Dies hängt auch von ihnen selbst ab, aber nicht weniger von unserer Hilfe und von den Weltmärkten, die wir beherrschen, nicht sie.
Noch leben wir in unverantwortlichem Ausmaß auf Kosten anderer Teile der Welt und zu Lasten der Zukunft. Ist uns das ganze Ausmaß drohender Klimaveränderungen wirklich bewußt? Wissen wir, daß wir einen Treibhauseffekt mitverursachen, der später weite, dichtbesiedelte Küstengebiete, Flußmündungen und Inselstaaten buchstäblich dem Untergang preisgeben kann? Mit wachsender Härte zwingen uns die Probleme umzulernen. Noch immer erscheint die Natur im Haushalt des Menschen nur als ein Rechnungsposten unter vielen. In Wahrheit aber ist der Mensch selber nur ein Faktor unter anderen im Haushalt der Natur. Er gehört der Natur an und muß lernen, das Ganze zu wahren, dessen Teil er ist. Er muß die Natur um ihrer selbst willen schützen ..."
(Aus der Rede des Bundespräsidenten Richard von Weizsäcker zum 40jährigen Bestehen der Bundesrepublik Deutschland; 25.5.1989)

In São Paulo:
Serafina de Santa Cruz

Sie ist eine Frau, Mulattin wie viele Millionen in Brasilien: Euridice Serafina de Santa Cruz, 31 Jahre alt, schaut aber aus wie Mitte vierzig, wohnhaft irgendwo am Rande von São Paulo. Sie ist Mutter von sechs Kindern, vier leben noch. Sie lebt, als sei sie der letzte Dreck! Manchmal hat sie das Gefühl, als sei sie nichts: nada, nada, nada. Nada! Und dabei gibt es ganz verschiedene Serafinas:

Serafina: „a filha" – die Tochter. Wo sie herkommt? Aus dem Nordosten – elf Jahre war sie alt – aus Pernambuco, dort, wo den meisten Menschen das Wichtigste fehlt: Land, Arbeit, Geld – und oft auch der Regen. Und wenn es einmal Arbeit gibt auf der Fazenda, auf dem „Gut", dann ist es ein Hungerlohn für eine unendliche Plackerei mit der Machete in glühend heißen Zuckerrohrfeldern. Und: Die Fazenda ist überall. Sie ist so groß, daß keiner genau weiß, wo sie eigentlich anfängt und wo sie aufhört. Nur der Besitzer und sein Verwalter haben in Serafinas Heimat das Sagen. Das bekam auch Serafinas Vater zu spüren, als er lautstark gegen den Hungerlohn aufmuckte: Er bekam einfach keine Arbeit mehr. Wie andere Leidensgenossen ging darauf Serafinas Familie in den Süden: voller Hoffnung auf ein besseres Leben in São Paulo. Aber wo endete die Flucht vor der Fazenda? Wie für viele Millionen Menschen wurde die Favela zur Endstation: eines der unzähligen und unsäglich elenden Viertel. Hier treibt die Hoffnung die aberwitzigsten Blüten. Hier, wo die Voyeure der Armut nicht ganz so auf ihre Kosten kommen wie in Rio, weil São Paulo sich nicht so farbenprächtig und so unverwüstlich lebenslustig zeigt. Wieso? Weil São Paulo so riesig und nüchtern geworden ist, so international wie eben eine moderne Industriemetropole ist. Hier werden mehr als zwei Fünftel der Industriewaren „made in Brazil" hergestellt. Trotzdem ist die Armut an jeder Straßenecke wahrzunehmen, weil sie sich so bizarr von der Mode, von den anderen Übertreibungen oder Untertreibungen der schwerreichen Geschäftemacher aus Europa, USA und Asien und aus dem eigenen Land abhebt.

Serafina: „a mulata" – die Mulattin. Das Unglück klebt an ihr wie an fast all ihren Vorfahren, die einmal als Sklaven hierher verkauft worden sind. Das gilt auch für die Familie Santa Cruz: Erst schaute Serafinas Leben einigermaßen hoffnungsvoll aus: Sie lernte bei Nonnen schreiben und lesen – und nähen. Aber dann starb ihr Vater an Lungenentzündung, mit 43 Jahren. Von ihrer Mutter lernte Serafina nun, wie man sich mit einer Handvoll Kinder auch ohne Mann durchschlägt. Mal als Haushaltshilfe, mal als Kinderfrau, manchmal sogar als Bettlerin. Ihre Mutter war tief enttäuscht von São Paulo, denn auf der Plantage in Pernambuco hatte sie sich als Mulattin oft wegen ihrer Hautfarbe dumm anreden lassen müssen. Sie hatte sich als Mulattin geschämt und gehofft, in der Großstadt werde es mehr Verständnis für Farbige geben. Aber auch hier hatte eine „branca", eine weiße Frau die besseren Chancen, wenn sie eine Arbeit suchte.

Im Unterschied zu ihrer Mutter kann Serafina die Stellenanzeigen entziffern, wenn sie einmal eine weggeworfene Zeitung in einem Abfallkorb findet. Aber immer wieder muß sie erleben, daß sich seit dem Tode ihrer Mutter vor 7 Jahren nicht viel geändert hat. Immer noch werden Hausgehilfinnen gesucht, von reichen „Senhoras", Damen, die als stolze Brasilianerinnen 1988 „100 Jahre Sklavenbefreiung" feierten und dann in der Zeitung verschämt nach Haushälterinnen mit einer „boa apparencia" suchten. „Schöne Erscheinung" heißt aber im Klartext, daß die Bewerberinnen Weiße sein sollen. Serafina schwankt zwischen Bitterkeit und Wut, wenn sie hört, wie die Politiker das friedliche Neben- und Miteinander der Rassen in Brasilien loben – und verschweigen, daß der Schmelztiegel Brasilien heute genauso wie früher eine Klassengesellschaft darstellt: Erst kommen die weißen Herren und ihr Anhang, dann die Mischlinge, schließlich die vielen Neger, und dann die, die am Rande leben, von allen verachtet und für dumm verkauft: die Waldindianer.

Serafina: „o trabhador" – der Arbeiter. Ja, sie muß arbeiten wie ein Mann, mehr als ein Mann. Erst die schier aussichtslose Suche nach Arbeit, aber dann die Akkordarbeit in einer Fabrik an der Nähmaschine. Oder die Schufterei in einer Großküche, wo sie zehn oder zwölf Stunden nur riesige gußeiserne Töpfe und Pfannen, Schwarzgeschirr, spült, während im Restaurant nach Herzenslust getafelt wird. Aber sie braucht die paar Cruzados, die oft schon am nächsten Tag weniger wert sind – und sie braucht die Küchenabfälle, damit sie ihre vier hungrigen Kinder satt bekommt. Sie riskiert viel, denn wer in der Küche etwas stiehlt, und sei es nur vom Abfall, fliegt sofort raus.

Serafina: „a mulher" – die Frau. Ja, Serafina ist eine Frau, eine der Millionen Frauen, die alle das selbe Los erleiden: Voller Hoffnung und blutjung hat sie einen Mann geheiratet, einen Mulatten aus dem Sertao. Er machte ihr große Versprechungen, hatte großartige Pläne – und wurde zusehends unzufriedener, weil er einfach keine Arbeit fand. Serafina war entweder schwanger oder stillte ihr Neugeborenes. Er war immer öfter betrunken, machte Schulden, und Serafina mußte oft tagelang warten, bis er einmal nach Hause kam. Ihm wurde das Geplärr der Kleinen immer lästiger. Er beschimpfte seine Frau, weil sie nichts Eßbares für ihn hatte. Als sie es wagte, ihn daran zu erinnern, daß er anstelle des Schnapses besser Reis kaufen sollte, verprügelte er sie. Danach verschwand der „macho" auf Nimmerwiedersehen. Das war vor fünfeinhalb Jahren. Seither lebt Serafina als „Alleinerziehende" mit vier Kindern am Rande der Riesenstadt, ohne Unterhalt, ohne Sozialhilfe, ohne Unterstützung durch Verwandte. Wenn sie einen Job in der Stadt bekommt, muß sie für Hin- und Rückfahrt mit dem Zug drei Stunden rechnen. Außerdem kostet die Fahrt die Hälfte des Lohns. Sie ist zu fast allem bereit, sie ist sogar einverstanden, auf den gesetzlich vorgeschriebenen Mindestlohn zu verzichten, wenn der „chefe" es zur Bedingung macht.

Serafina: „a mendiga" – die Bettlerin. Das ist manchmal der letzte Ausweg: das Betteln, mit dem blinden fünfjährigen Miguel auf dem Arm in der Avenida, auch wenn viele wegschauen. Nur eines lehnt sie ab: Sie will die Cruzados nicht als Straßenmädchen verdienen. Wenn sie genügend zu essen hätte, würde sie trotz ihres Alters hübsch aussehen. Nur manchmal wünscht sie sich, daß ihr einer der vielen reichen Ausländer ein Kind macht und dafür Alimente bezahlt, denn dann wäre sie „reich", und für ihre vier Kinder würde die Zukunft etwas hoffnungsvoller aussehen. Sie hat Angst, daß ihre Kinder so werden, wie viele Halbwüchsige in der Favela: aus Bettlern werden kleine Diebe, Zuhälter, später Kriminelle, die den Reichen oder Armen das ganze Arsenal an Drogen beschaffen. Sie hat Angst um ihre zwei Töchter, daß sie in ihrer Hoffnungslosigkeit früher oder später doch Prostituierte werden. Der ältere Sohn, Annibal, hilft mit, so gut er kann: vor kurzem brachte er von einem Altbau ein paar Kupferrohre mit, die sie günstig beim Altmetallhändler loswurden. Es war wie ein Festtag, weil sie sich endlich wieder einmal Reis und ein halbes Huhn leisten konnten. Das war, kurz bevor sie den Santa Cruz und den anderen in der Favela den Strom abgestellt haben, weil sie die Rechnungen nicht mehr bezahlen konnten. Serafinas Hütte ohne Strom: fünf auf drei Meter – mit vier Kindern... Serafina: „a enlutada?" Jawohl. Serafina de Santa Cruz ist im wahrsten Sinne des Wortes eine „Leidtragende": wie viele Millionen Brasilianerinnen, und wie viele Millionen Frauen in der Dritten Welt, die die Hauptlast der Not, aber auch die Hauptlast der Entwicklung tragen.

Die Frauen machen die Hälfte der Weltbevölkerung aus, aber
– sie leisten zwei Drittel aller Arbeitsstunden,
– sie erhalten ein Zehntel des Welteinkommens,
– sie besitzen ein Hundertstel des Welteigentums.
Niedriges Bildungsniveau, Mangel an eigenem Land, an eigenen Produktionsmitteln und notwendigen Krediten erschweren die Arbeit der Frauen, die mehrheitlich im Subsistenzbereich tätig sind.

(nach Kampmann 1988, S. 9)

Problem Nr. 1: Hunger und Überernährung

Was ist Hunger? Hunger bedeutet ein bohrendes Gefühl in der Magengegend, Schwäche, keine Kraft zum Arbeiten, Antriebslosigkeit, verminderte Denkfähigkeit bzw. Lernfähigkeit, Anfälligkeit für Krankheiten, womöglich den Tod, wenn ein Mensch auf Dauer zu wenig zu essen hat. Er sollte täglich über eine Nahrungsmittelmenge verfügen, die je nach Alter, Größe, Gewicht, Klima und Berufstätigkeit mindestens 2300 Kilokalorien (kcal) ausmacht.

Ratlosigkeit, Verzweiflung, Gewissensbisse oder Wut stellen sich bei den Menschen ein, die sich einerseits der Dringlichkeit von Hilfe bei Hungersnot bewußt sind, aber andererseits gleichzeitig beobachten, wie Hunger regelrecht gemacht wird. In Afrika reih(t)en sich Jahr für Jahr Dürre- oder Hungerkatastrophen aneinander, insbesondere im Sahel, dem „Hungergürtel". Nach Angaben der FAO brauchten Mitte der 80er Jahre 21 von 45 afrikanischen Staaten dringend Nahrungsmittelhilfen: Millionen von Afrikanern wären verhungert, wenn die USA, Kanada und die EG diesen Ländern nicht einen Teil ihrer Getreideüberschüsse überlassen hätten. Aber nach den Getreidelieferungen in die Hungergebiete zeigte sich bald auch die Widersprüchlichkeit dieser Maßnahme: Als es in den von Dürren betroffenen Regionen endlich wieder regnete, hatten sich die Hilfsbedürftigen nicht nur an die Hilfe aus dem Ausland gewöhnt, sondern ihre Eßgewohnheiten geändert, sie wollten jetzt statt Hirse Weizen, der in ihrem Land gar nicht wächst. Den „Experten" fehlten zudem die geeigneten Ideen und Mittel, um die Menschen von den Hilfscamps zurück in ihre Dörfer zu bringen, damit sie dort mit einer eigenen Ernte die nächste Dürre überstehen.

● Hunger ist nicht gleich Hunger. Kriege zwischen Stämmen und Staaten in Afrika verwüsten ganze Landstriche, vernichten die Ernten und verhindern die Bestellung der Felder. Die Zivilbevölkerung ist dem Hunger wie einer Waffe ausgeliefert, wenn beispielsweise die sozialistische Regierung in Äthiopien Stämme mit separatistischen Bestrebungen im Bürgerkrieg aushungert.

● Hunger heißt auch Hunger für Unterprivilegierte: Wenn eine Region in Not gerät, sind eher die Frauen, die Kinder, die Alten oder gar die stillenden Mütter unterernährt als die erwachsenen Männer. Es sind die Frauen, die vor Hunger geschwächt sind, weil sie zwar die Hauptlast der Feldarbeit zu tragen haben, aber nicht das Recht haben, angemessen zu essen. Hunger trifft immer die Ärmsten eines Landes.

● Hunger ist ein Geschäft. Das weiß niemand besser als die Agrarmultis, die nicht ohne Grund beschuldigt werden, „Afrika totzufüttern", indem sie es mit Babynahrung, Mais, Milchpulver und Weizen regelrecht überschwemmen und abhängig machen. Gleichzeitig sorgen sie aber in den Entwicklungsländern für die Agrarexporte in die reichen Länder, damit der gehobene Bedarf oder die Luxuswünsche der Menschen in den Industrieländern befriedigt werden können.

Und: Die Dürrekatastrophen der Jahre 1987 und 1988 in den Vereinigten Staaten, Kanada und China haben die Getreidevorräte der Welt nach Angaben des Washingtoner World Watch Institutes so stark wie nie zuvor auf einen Bedarf für 54 Tage reduziert. Die Vorräte werden künftig unter dem bisherigen Tiefstand von 1973 liegen, als sich die Getreidepreise wegen der knappen Versorgungslage mehr als verdoppelt hatten.

Thesen zum Hunger in der Welt

1. Auf der Erde muß niemand hungern, denn die heute produzierten Nahrungsmittel reichen für eine Weltbevölkerung, die doppelt so groß ist wie die derzeitige.

2. Die Bevölkerungsexplosion verschärft den Hunger in der Welt, aber sie ist nicht die Ursache für den Hunger. Es gibt auch Hunger in reichen Ländern wie den USA.

3. Die Selbstversorgung der Entwicklungsländer mit Grundnahrungsmitteln wurde zugunsten der weltmarktorientierten Produktion von „cash crops" aufgegeben.

4. Eine der wesentlichen Ursachen für den Hunger ist der ungleiche Besitz an Land, Wasser und anderen Produktionsmitteln. Eine Folge ist die Zurückdrängung der Subsistenzwirtschaft.

5. Auf die Dauer kann die Ernährungssituation nur verbessert werden, wenn die ausländischen „Helfer" nicht mehr die überwiegend kapitalkräftigen Großgrundbesitzer unterstützen.

6. Das Verschenken von landwirtschaftlichen Überschüssen löst das Hungerproblem langfristig nicht, denn es macht den Empfänger vom Spender abhängig, vor allem dann, wenn sich die Ernährungsgewohnheiten dadurch ändern und die einheimischen Bauern mit den billigen Importen preislich nicht mehr konkurrieren können.

7. Es fehlt nicht an Geld für behutsame standortgerechte ländliche Entwicklung, denn die Ausgaben für die Rüstung im Westen bzw. Osten, aber auch im Süden übersteigen die Ausgaben für Entwicklungspolitik um ein Vielfaches.

8. Die „großen Lösungen" von Technokraten ohne Bezug zur betroffenen Bevölkerung und zum betreffenden Standort sind mitschuldig am Hunger in ländlichen Räumen, denn mit Maschinen, Handelsdünger, Pestiziden und verbessertem Saatgut (= „Grüne Revolution") steigert man zwar die Agrarproduktion, aber nicht die Einkommenssituation der arbeitslos gewordenen ländlichen Bevölkerung. *(nach Nuscheler 1987, S. 167)*

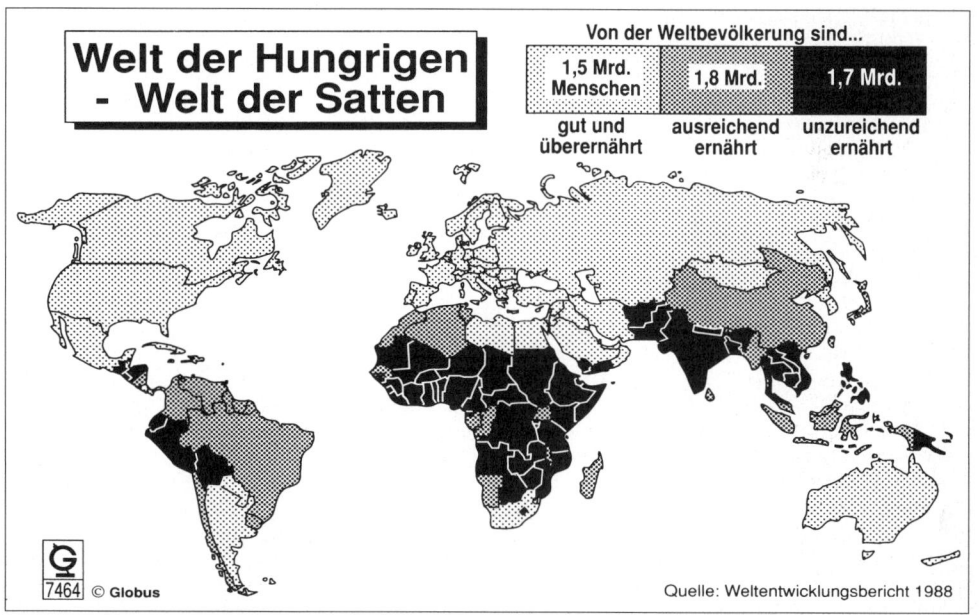

Quelle: Weltentwicklungsbericht 1988

Problem Nr. 2:
Baby X und das Bevölkerungswachstum

Niemand kennt Baby X, dennoch ist es weltberühmt: der fünfmilliardste Mensch auf der Erde, geboren in diesen Tagen. Wahrscheinlich wird Baby X farbig sein, denn neun von zehn Kindern kommen heute in den Entwicklungsländern zur Welt.

Ob Kind einer Mulattin in Rio de Janeiro, einer Fischerin an der Palmenküste im indischen Kerala, einer kambodschanischen Flüchtlingsfrau oder einer westafrikanischen Kleinhändlerin – falls Baby X nicht an Durchfall, Unterernährung oder gar Aids stirbt, wird es noch vor der Mitte des 21. Jahrhunderts die Welt mit vermutlich zehn Milliarden Menschen teilen. Dann endlich, so hoffen Demographen und Statistiker, könnte das aberwitzige Bevölkerungswachstum vorüber sein.

Trotz Pille, Pessar und Präservativ wird noch immer in rasendem Tempo geboren: 150 Säuglinge in der Minute, 220 000 Menschen am Tag. Die Weltbevölkerung steigt pro Jahr um 80 Millionen, mehr als die Einwohnerzahl der Bundesrepublik Deutschland und der DDR zusammen.

Dabei waren die Familienplaner weltweit hart im Einsatz. 1984, auf der Weltbevölkerungskonferenz in Mexiko-Stadt, beglückwünschten sich die Delegierten aus 156 Ländern, weil die Wachstumsrate in zehn Jahren von 2,0 auf 1,7 Prozent zurückgegangen war – ein schwacher Trost, ein Zeitgewinn: Die Weltbevölkerung wird sich demnach nicht mehr in 35, sondern lediglich in 40 Jahren verdoppeln.

Der Rückgang lag an der geringen Geburtenrate in den Industriestaaten und der disziplinierten Geburtenplanung von einer Milliarde Chinesen.

Während Europa, Nordamerika und auch die UdSSR auf dem Weg zu Greisenstaaten sind, in denen immer weniger Nachkommen einer wachsenden Zahl von Rentnern gegenüberstehen, quirlt in

Babystation auf den Philippinen:
„Die Betten des Elends sind fruchtbar."

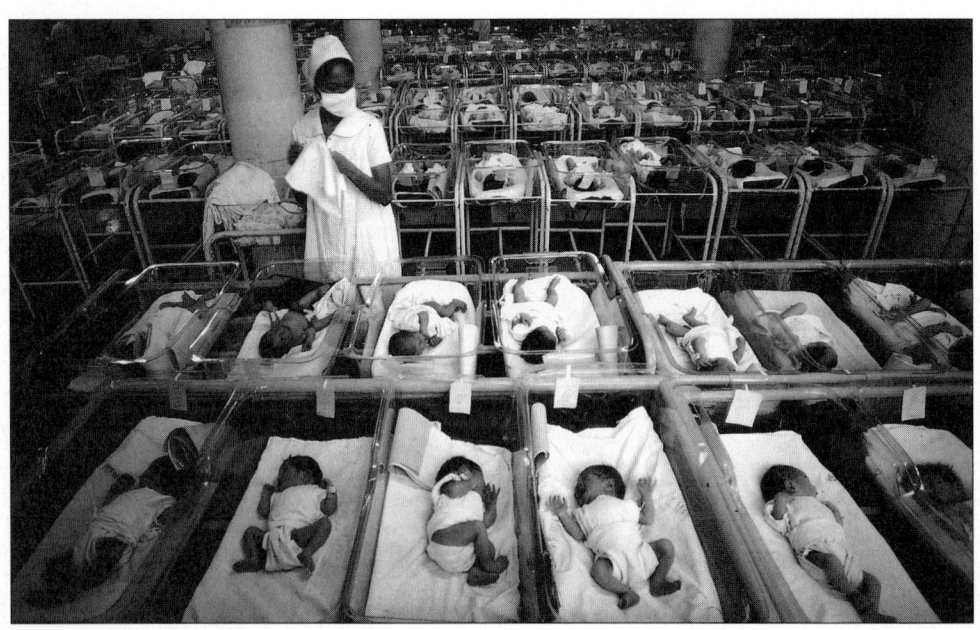

vielen Entwicklungsländern eine Mehrheit junger Menschen, die gerade erst ins gebärfähige Alter kommen, Kinder, die bald wieder neue Kinder zeugen.

Für die persönlichen Lebenschancen von Baby X kann es entscheidend sein, ob es in einem Land mit ungezügeltem Babyboom, etwa als 8. Kind einer Kenianerin oder als Zweitkind in einem Schwellenland wie Südkorea geboren wurde. „Höherer Lebensstandard und sinkende Fruchtbarkeit bedingen einander", sagt Lester Brown vom Washingtoner World Watch Institute, „unglücklicherweise summieren sich Bevölkerungswachstum und Umweltschäden zu einer Abwärtsspirale des Lebensstandards." Das trifft vor allem Afrika, riesengroß, aber bettelarm und kinderreich. Das schwindelerregende Wachstum von 2,8 Prozent bedeutet, daß der schwarze Kontinent in nur 24 Jahren die Infrastruktur für doppelt soviele Menschen schaffen müßte, wozu Europa bei fast Nullwachstum 272 Jahre Zeit hätte.

In Nigeria und Bangladesh werden bald so viele Menschen leben wie heute in den USA und der Sowjetunion zusammen. Pro Jahr benötigt Bangladesh dann 400 000 Tonnen Getreide mehr, 300 000 zusätzliche Behausungen und 11 000 neue Schulen – unmöglich zu beschaffen. Nicht so sehr die Nahrungsmittelproduktion, wohl aber ihre Verteilung dürfte eine der größten Sorgen des nächsten Jahrhunderts werden: Verschwendung in den Industriestaaten, Not in vielen Entwicklungsländern. Sicher ist, daß sich der Nord-Süd-Konflikt noch verschärfen wird, vor allem wenn sich die Industriestaaten abschotten, gepanzerte Inseln materieller Glückseligkeit, die sich den Rest der Welt als Schuldenzahler und Niedriglohnländer halten. Für viele Lateinamerikaner, Asiaten und Afrikaner bleiben nur die Möglichkeiten: vegetieren, revoltieren oder emigrieren. Durch Familienplanung allein können weder Hunger noch Armut, noch Unterentwicklung oder gar eine ungerechte Weltwirtschaftsordnung beseitigt werden. Sie ersetzt keine Landreform und keinen Umweltschutz, doch sie ist die conditio sine qua non jeglichen Fortschritts.

Deshalb bekennen sich inzwischen an die hundert Länder, angeführt von so unterschiedlichen Regimen wie dem kommunistischen Kuba oder dem kapitalistischen Hongkong, zur Geburtenplanung. Verhütung ist das Thema Nummer eins im katholischen Kolumbien wie im buddhistischen Thailand, im islamischen Indonesien, auf den Philippinen wie im christlich-animistischen Papua-Neuguinea geworden. Und selbst die Afrikaner ziehen nach. So etwas hat es früher nicht gegeben. Denn früher galt in vielen Ländern der Dritten Welt Familienplanung als teuflische Ausrottungsstrategie des CIA und der Weltbank, in manchen islamischen Staaten speziell als imperialistisch-zionistisches Komplott zur Schwächung der arabischen Welt.

Heute steht eine absurde konservative Allianz, gebildet aus den USA und dem Vatikan, mit einigen Moslem-Verbündeten gegen die Vorkämpfer der Familienplanung: China, die meisten Entwicklungsländer sowie die Weltbank.

(Der Spiegel Nr. 29 / 1987, S. 80 ff.)

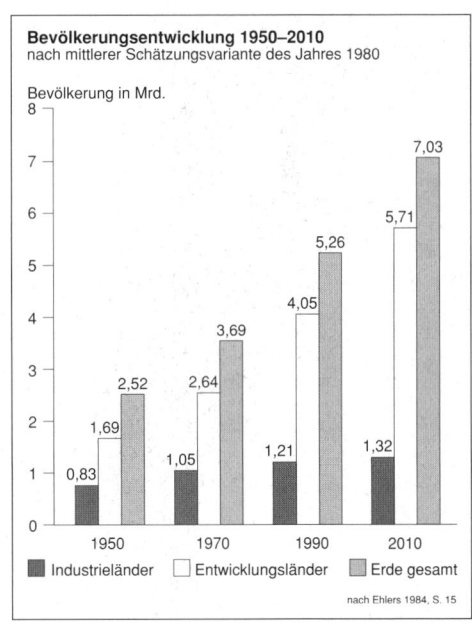

Bevölkerungsentwicklung 1950–2010
nach mittlerer Schätzungsvariante des Jahres 1980

Bevölkerung in Mrd.

	1950	1970	1990	2010
Industrieländer	0,83	1,05	1,21	1,32
Entwicklungsländer	1,69	2,64	4,05	5,71
Erde gesamt	2,52	3,69	5,26	7,03

nach Ehlers 1984, S. 15

Problem Nr. 3 und Problem Nr. 4: Rohstoffabhängigkeit und Verschuldung

Bolivien – „Bettler auf dem goldenen Thron"?

Warum wurde ein potentiell reiches Land wie Bolivien, das über einen großen Reichtum an Bodenschätzen verfügt, zum ärmsten Land Südamerikas? Warum ist dieses klassische Bergbauland, das ehemals die ergiebigste Silbergrube des spanischen Kolonialreiches und später der Welt größter Produzent von Zinn war, heute so arm und verschuldet? Liegt es vielleicht gerade an diesem Reichtum an Rohstoffen, der das Land auf Gedeih und Verderben in den Weltmarkt eingebunden und Auslandsinteressen unterworfen hat? Um an Devisen zu kommen, exportiert Bolivien nicht Fertigprodukte, sondern vor allem mineralische Rohstoffe. Trotz erheblichen Rückgangs der durch den Erzbergbau erzielten Erlöse war dieser Sektor Mitte der 80er Jahre noch für zwei Fünftel der erzielten Devisen verantwortlich.

Die außenwirtschaftliche Abhängigkeit Boliviens verschärft sich in dem Maße, wie das Land seine Einkünfte nur aus dem Export eines einzigen oder nur weniger Rohstoffe erlöst. Mit 60 Prozent Anteil der Bergbauprodukte am Export steht und fällt die außenwirtschaftliche Bilanz des Landes noch immer entscheidend mit den Exporterlösen durch Zinn. Die Abhängigkeit bedeutet für Bolivien Exportieren um beinahe jeden Preis, da es für Zinn wie für die anderen Metalle im Grunde keine inländische Weiterverarbeitung gibt. Ruinös wird die Abhängigkeit Boliviens vom Zinnexport schließlich dadurch, daß es als Andenstaat und Binnenstaat mit Ländern konkurrieren muß, die inzwischen über günstigere Standortbedingungen verfügen, so daß sie wesentlich billiger Zinn gewinnen können.

Wie viele Entwicklungsländer, so ist auch Bolivien auf den Export von Rohstoffen angewiesen. Umso schwerer wiegt die Tatsache, als sich damit im internationalen Handel, von wenigen Ausnahmen abgesehen, immer weniger erlösen läßt. Zum einen haben die mineralischen Rohstoffe wegen der Überproduktion oder des zunehmenden Recycling an handelspolitischer Bedeutung verloren. Zum anderen aber zeigt der Blick auf rohstoffarme Industrieländer wie die Bundesrepublik Deutschland, Japan oder die Schweiz, daß vor allem mit der Verarbeitung von Rohstoffen Wohlstand geschaffen wird.

(nach MISEREOR 1987, S. 40 f.)

Exporterlöse (in Milliarden US-Dollar)

Entwicklungsländer		Industrieländer
1960	180,8	287,3
1980	379,6	1210,1
1986	426,0	1443,6

Quelle: Weltbank 1988

Bolivien: bankrott

Auf die Dauer ließen sich die Nachteile der bolivianischen Zinnproduktion nicht ausgleichen: die Bergwerke mußten subventioniert werden. Das Geld dafür lieh sich die Regierung im Ausland. Dabei kam ihr zugute, daß die Banken in den USA und in Europa in den 60er und 70er Jahren Kredite sehr großzügig bewilligten, vor allem weil die Bergbauländer aufgrund ihrer Minen und Lagerstätten „Sicherheiten" vorweisen konnten. Außerdem verließen sich die westlichen Banken darauf, daß Staaten nicht pleite gehen können. Aber das Undenkbare geschah: Bolivien teilte 1984 seinen Gläubigern mit, daß es zahlungsunfähig sei.

Und der Höhepunkt des Dramas? Nach der Pleite des Staates kürzt oder streicht die Regierung die bisher gewährte Unterstützung für die Zinnminen. Die Mineros versuchen, sich gegen die drohenden Massenentlassungen zu wehren: Zuerst streiken sie, dann machen sie zusammen mit ihren Frauen und Kindern auf ihre verzweifelte Lage mit Blokkaden und Hungerstreiks in den Bergwerken, tagelangen Protestmärschen, ja Selbstmorden aufmerksam. Als die Militärregierung ein „Sanierungs- und Sparkonzept" beschließt, kommt es zum Generalstreik in Bolivien. Während die Regierung der USA das neue wirtschaftliche Konzept der bolivianischen Regierung gutheißt, wird der Ausnahmezustand ausgerufen. Alle namhaften Gewerkschaftsführer werden verhaftet. Sie geben der Politik des Internationalen Währungsfonds (IWF), dessen Auflagen von der Regierung akzeptiert werden, die Schuld an dem Drama. Bei der Sanierung des unrentablen staatlichen Zinnbergbaus werden von 27 000 Bergarbeitern 17 000 entlassen. Niedriglöhne werden festgelegt. Die Steuern werden erhöht. Die Regierung erreicht die Ziele ihres Sparprogramms: die Abschwächung der Inflation, die Reduzierung des Staatsdefizits und die Wiedererlangung der Kreditwürdigkeit des Landes. Ende 1986 sagt die Weltbank Bolivien wieder eine Finanzhilfe von 1,4 Milliarden DM zu. Erkauft wurde diese „Sanierung" mit einer schlimmen wirtschaftlichen Rezession – die Privatindustrie arbeitet nur mit einem Drittel ihrer Kapazität –, und die Massenarmut nimmt zu. Die amerikanische Regierung verspricht weitere Wirtschaftshilfen, allerdings nur unter der Bedingung, daß die USA selbst in Bolivien den Kampf gegen die Kokain-Mafia mit Spezialeinheiten führen dürfen. Im Mai 1987 kommt es zu Protestaktionen von mehr als 10 000 Indios. Das ist allerdings nur eine Minderheit, weil fast eine halbe Million Bolivianer von der Drogenproduktion leben. Experten schätzen Mitte der 80er Jahre, daß etwa die Hälfte der Welt-Kokain-Produktion aus Bolivien stammt. Kein Wunder also, wenn die Erlöse durch das Kokain, die nach Bolivien zurückfließen, die Summe aller regulären Exporterlöse übersteigen. Es sind etwa 1,5 Milliarden – ein verschwindend kleiner Anteil am Weltdrogengeschäft, wo jährlich für etwa 300 bis 400 Milliarden Dollar Drogen umgesetzt werden.

Die Dritte Welt am Tropf?

Ist von der Dritten Welt die Rede, glauben viele, die 109 Entwicklungsländer hingen „am Tropf". Das Vorurteil ist nicht kleinzukriegen, daß die Länder des Südens vom reichen Norden „durchgefüttert" werden. Tatsächlich sind die Verhältnisse nicht so. Die Weltbank hat in ihrem Jahresbericht 1988 eine Aufstellung der Zahlen vorgelegt: 84,3 Milliarden US-Dollar sind 1987 an privaten und öffentlichen Krediten in die Entwicklungsländer geflossen. Im gleichen Jahr zahlten sie aber 123,4 Milliarden für ihren Schuldendienst an die Industrieländer zurück. Der Geldfluß hat sich also umgekehrt – von Süd nach Nord. Nach jüngsten Schätzungen liegen die Schulden der Dritten Welt nicht bei 1250 Milliarden US-Dollar, wie angenommen, sondern tatsächlich bei 1600 Milliarden Dollar. Der Trend geht weiter. Nicht verwunderlich, fressen Zinszahlungen und Tilgungen doch die bescheidenen Wirtschaftsergebnisse dieser Länder wieder auf. Für Investitionen fehlen die Mittel. Diese „Entwicklung" droht sich durch die derzeitige Erhöhung der Zinsen noch zu verschärfen.

(Welthungerhilfe 1989, S. 8)

Problem Nr. 5:
Das Wettrüsten

„Ehrlich, du glaubst gar nicht, wie leid du uns tust!"

In jeder Minute sterben auf der Welt 30 Kinder an Hunger oder an den Folgen von Unterernährung. Im gleichen Zeitraum werden weltweit für Rüstung etwa 1,3 Millionen Dollar ausgegeben. Mit einer Umschichtung von Rüstungskosten auf die Haushalte für Entwicklung ist es aber kurzfristig, wie die Problematik der Nahrungsmittelhilfe zeigt, nicht getan.

Aufgrund des Ost-West-Konflikts kam es seit 1945 zu bisher in der Menschheitsgeschichte nie gekannten Rüstungsanstrengungen. Der rüstungstechnische und industrielle Fortschritt führte vor allem bei den konventionellen Waffen-Systemen, aber auch bei den ABC-Waffen zu einer immer weitergehenden Auf- und Nachrüstung, zu einer „Rüstungsspirale", mit der die Weltmächte und ihre Verbündeten Waffenarsenale einrichteten, die zu der irrsinnigen Möglichkeit des zehn- oder zwanzigfachen „overkills" führten. In derselben Zeit kam es zur Entkolonialisierung, zur Entstehung der Dritten Welt, die ihrerseits eine Aufrüstung einleitete, die sehr verschiedene Ursachen hat:

1. Die Entwicklungsländer sehen nach der Befreiung in ihren Armeen vor allem Garanten für ihre politische Unabhängigkeit.
2. Die neuen Eliten und Führer in der Dritten Welt setzen neben der Polizei Soldaten dazu ein, ihre Macht auszudehnen und zu erhalten.
3. Durch den Kolonialismus zufällig entstandene Grenzen sorgen ebenso für bewaffnete Konflikte wie Rivalitäten zwischen verschiedenen Gruppen und Mächten.
4. Die wirtschaftlichen und politischen Interessen der östlichen und westlichen Industrieländer führen zu einer militärischen oder rüstungstechnischen Unterstützung der alten und neuen Eliten in einzelnen Entwicklungsländern.

Das hatte weitreichende Konsequenzen: Es stiegen nicht nur die Waffenexporte in die Dritte Welt und damit die Ausgaben für Rüstung, sondern es kam immer mehr zu moderner Eigenproduktion der Waffen. Fast alle bewaffneten Konflikte in der Nachkriegszeit brachen in Ländern der Dritten Welt aus.

Verglichen mit den Militärausgaben in den Industrieländern sind die Mittel für Entwicklungshilfe äußerst gering. Und in den Entwicklungsländern lebt man mit hohen Militärausgaben über die Verhältnisse, d. h. man verschuldet sich nicht nur, sondern es fehlen damit die nötigen Ressourcen (Kapital, Rohstoffe, Fachkräfte und Forschungsmittel), um die Grundbedürfnisse der Menschen zu befriedigen.

Die Entwicklungsländer gaben 1986 etwa 250 Milliarden Dollar für die Soldaten und deren Waffen aus – das ist etwa ein Viertel der Weltrüstungsausgaben oder das Fünffache dessen, was die Dritte Welt als Entwicklungshilfe bekommt.

Insbesondere die Abrüstungsanstrengungen in Ost und West könnten also dazu führen, daß endlich in aller Welt Schritte ergriffen werden, um eine Umstellung von militärischer auf zivile Produktion vorzubereiten und die Mittel zur Lösung wirtschaftlicher und sozialer Probleme zu verwenden – nicht zuletzt jener der Entwicklungsländer.

Ausgaben für Militär und Gesundheit 1985
(in % des Staatshaushaltes)

	Militär	Gesundheit
Entwicklungsländer mit niedrigem Einkommen	18,6	3,7
Entwicklungsländer mit mittlerem Einkommen	11,0	4,4
Erdölexporteure mit hohem Einkommen	23,6	6,4
Westliche Industrieländer	16,8	11,4

Quelle: Weltentwicklungsbericht 1987

Problem Nr. 6:
Die Reichen in der Dritten Welt

Wenn ein Europäer die Gelegenheit bekommt, ein Entwicklungsland kennenzulernen, dann kehrt er oft doppelt schockiert zurück: Er berichtet von dem sattsam bekannten „Kulturschock", und er äußert sich schlichtweg entsetzt über die kaum mehr zu überbietenden Gegensätze zwischen Reichen und Armen. Auch Entwicklungshelfer leiden darunter, einerseits die bittere Not in den Slums oder auf dem Lande erleben zu müssen und andrerseits mit dem demonstrativen Konsum der Oberschicht konfrontiert zu sein. Es sind dabei eher die „neuen Eliten" als die alten Eliten, die sich mit Hilfe umfangreicher Leibgarden oder Privatarmeen in einem Villenviertel oder auf einem Landsitz im Umland der Metropole eingeigelt haben und die Ressourcen ihres Landes zum eigenen Vorteil von den Landsleuten und den Ausländern ausbeuten lassen.

Wer gehört zu diesen „neuen Eliten"? Oft sind es Einheimische, die in Westeuropa, in den USA oder im Ostblock gelernt haben, d. h. sie haben an einer Hochschule studiert und Zugang zur Macht, oder sie sind an einer Militär- oder Polizeiakademie ausgebildet worden. Wenn sie in ihr Heimatland zurückkehren, ist ihnen dieses eher fremd geworden, weil sie sich zu sehr an die „westlichen" oder „östlichen" Lebensbedingungen gewöhnt haben.

Die meisten Akademiker bleiben arm. Nur wenige kommen als Idealisten zurück: Juristen, Funktionäre, Verwaltungsfachleute, Ingenieure, Offiziere und Polizisten visieren nach Möglichkeit eine Karriere an, bei der sie wie die anderen Höhergestellten „auf eigene Rechnung" arbeiten. Dabei kommen ihnen nicht nur die Fachkenntnisse zugute, sondern Erfahrungen, wie man mit Hilfe von Europäern und willfährigen und korrupten Einheimischen, mit Hilfe von Geld und moderner Technik einen Apparat zur Propaganda, Unterdrückung und Ausbeutung aufbaut und benutzt. Der Minister für Tourismus in einem ostafrikanischen Land war vielleicht nur ein besonders bizarres Beispiel für die Bereicherung bestimmter Einheimischer: Er sollte mit Hilfe von Staatsgeldern und EG-Krediten dafür sorgen, daß die für den Fremdenverkehr so wichtige Großtierwelt erhalten bleibt. Er betrieb aber nicht nur die landesübliche Vetternwirtschaft, sondern er organisierte insgeheim Wilderer-Trupps, die die Elefanten massenweise umbrachten, damit er mit dem im Ausland begehrten Elfenbein für harte Devisen illegale Geschäfte machen konnte.

Es ist in den Ländern der Dritten Welt keine Seltenheit, daß ein General seine jungen skrupellosen, karrieresüchtigen Offiziere mitsamt der Truppe für seine politischen oder wirtschaftlichen Zwecke benutzt:
– Gemeinsam unterschlägt man Proviant, Baumaterialien oder Staatsgelder.
– Gemeinsam hält man die aufmüpfigen Armen in Schach, weil man sich mit den Grundherren bei deren Ausbeutung einig ist.
– Gemeinsam rechtfertigt oder verschleiert man Verstöße gegen die Menschenrechte, wenn man Oppositionelle verhaftet, foltert, bestraft und umbringt.
– Gemeinsam putscht man sich womöglich an die Macht.

Erinnert sei in diesem Zusammenhang an den Staatspräsidenten eines der größten afrikanischen Länder, Mobutu in Zaire, der 1965 durch einen Militärputsch an die Macht kam und mehr als zwanzig Jahre zusammen mit seiner Familie das Land aussaugte und damit fast jeglichen Fortschritt verhinderte. Für den Fall, daß er wegen der zunehmenden Unzufriedenheit von der Bevölkerung vertrieben wird, hat er vorgesorgt: sein Geld liegt inflationssicher auf diversen Banken in westlichen Ländern. Aber er ist nicht der einzige, der sich in dem ressourcenreichen zentralafrikanischen Land bereichert.

Unter der Überschrift „Teure Ruinen der Entwicklungspolitik" schreibt der Korrespondent der „Süddeutschen Zeitung" vom Elektrostahlwerk Maluku (Zaire):

Westliche Diplomaten in Kinshasa stimmen darin überein, daß Großprojekte wie das Stahlwerk in Maluku – Investitionen für über 700 Millionen – heute wohl von keiner Seite mehr finanziert werden würden. Schon bald nach der Inbetriebnahme stellte sich heraus, daß die als Rohstoffbasis eingeplanten Schrottmengen in Zaire nicht aufzutreiben waren, auch fehlte es an Mangan. Devisen für Importe wurden von Mobutus Staatsbeamten nicht zur Verfügung gestellt. Von einer betriebswirtschaftlich auch nur halbwegs akzeptablen Auslastung konnte nie die Rede sein.

Doch auch weniger aufwendige Vorhaben präsentieren sich in der Umgebung von Kinshasa heute als Entwicklungsruinen. Da gibt es zum Beispiel eine Konservenfabrik, die niemals ihre eigentliche Funktion erfüllte. Auch ein großer Agrarkomplex ist zu besichtigen, der einst als Gemüse-, Obst- und Milchversorgungszentrum für die Maluku-Region vorgesehen war. Doch die Kühe, die noch aus belgischen Tagen auf das „Gut des Präsidenten" kamen, sind längst geschlachtet, die später von den Israelis mit großem Können angelegten Ananas-, Tomaten- und Gemüse-Plantagen verkamen nach deren Abzug, und die von den Chinesen und Koreanern bearbeiteten Reisfelder interessierten nach Übernahme in die Staatsregie niemanden mehr.

Ob Stahl, ob Reis, ob Milch, ob Ananas – hier in Zaire klappt nichts, wenn staatliche Stellen die Verantwortung tragen. Denn überall gibt es Vorgesetzte, die ihrerseits gute Geschäfte mit importierten Baustählen und Nahrungsmitteln machen. Warum dann die Konkurrenz im eigenen Land hochkommen lassen? Vor allem, wenn bei den Entwicklungsprojekten die Provisionen kassiert sind? Dem Kritiker ist zuzustimmen. Denn die Vermutung ist kaum zu widerlegen, daß das Maluku-Stahlwerk nicht wegen seiner volkswirtschaftlichen Bedeutung, sondern ausschließlich wegen der zu erwartenden Vermittlungsprovisionen gebaut wurde. Ob diese nun bei drei oder bei acht Prozent liegen – bei Auftragssummen von mehreren hundert Millionen DM kommt einiges an „nützlichen Abgaben" zusammen. Die Firmen – im Falle von Maluku ein italienisches Firmenkonsortium unter Mitwirkung der deutschen DEMAG – aber kalkulieren diese „Vermittlungsgebühren" in ihre Preise von vorneherein ein. Sie wissen: Die eigenen Regierungen und die internationalen Organisationen werden im Rahmen ihrer jeweiligen „Strategien" schon dafür aufkommen. Zur Kasse gebeten aber wird der Steuerzahler...

(Süddeutsche Zeitung vom 16. 5. 1989)

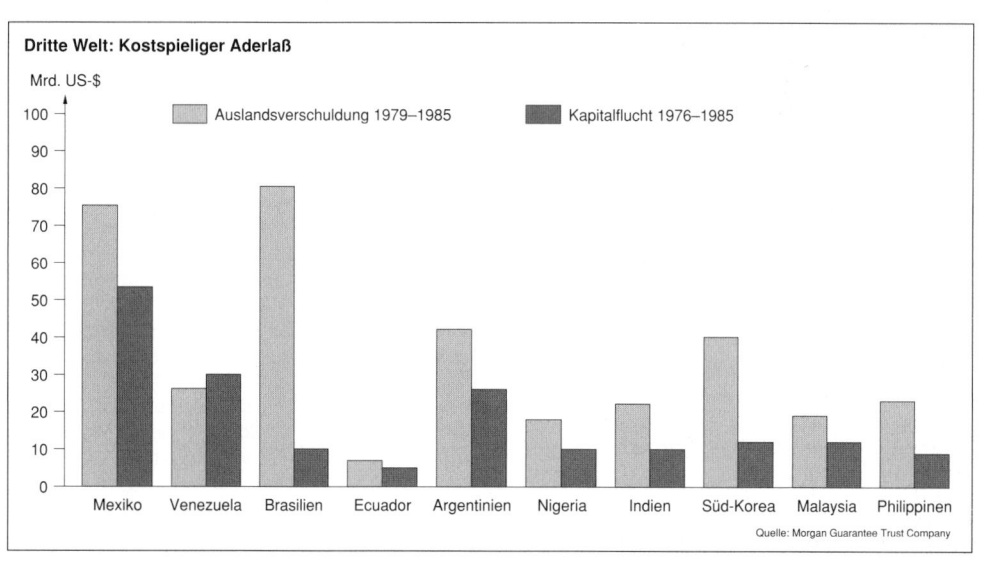

Die Entwicklung der Entwicklungsländer

Was heißt da eigentlich „Entwicklung"?
Für viele Wirtschaftswissenschaftler in den Industrieländern scheint nichts Mehrdeutiges damit verbunden zu sein. Für sie ist klar:
- Entwicklung ist Wachstum, vor allem wirtschaftliches Wachstum, und die Wissenschaftler benutzen meist das Pro-Kopf-Einkommen als (einzigen) Indikator, um damit den „Fortschritt" zu messen. Vor allem anhaltendes Wachstum führt nach ihrer Meinung allgemein zu materiellem Wohlstand. Nach wie vor fragen auch die wirtschaftlichen „Weisen" kaum: Welches Wachstum? Für wen? Wozu? Auf wessen Kosten? Und: Wie lange noch?
- Entwicklung ist Wachstum plus Wandel: so sagen die Kritiker der „Wachstums-Strategen", und zielen damit auf Veränderung, vor allem auf mehr soziale Gerechtigkeit, auf Verhaltensänderungen, auf Wertewandel, d. h. auf einen „Kulturwandel". Anders ausgedrückt: Man kann nicht von Fortschritt reden, wenn es nicht zu sozialen Reformen, zu politischer Teilhabe, zur Verwirklichung der Menschenrechte für alle kommt.

Zweifel an der Wachstumsstrategie stellten sich ein, nachdem in den 60er Jahren den Entwicklungsländern diese Art der Modernisierung als Allheilmittel auf dem wirtschaftlichen und technischen Sektor angepriesen wurde. Trotz der riesigen „Kapitalspritze" der Industrieländer, dem „big push" nahmen die Probleme dort oft zu. Und: Der Wohlstand der Ersten Welt wuchs, nicht der Dritten Welt. Das hat den vielgeschmähten Sozialwissenschaftlern der Dritten Welt recht gegeben, die in der Modernisierung ihrer Länder nur eine
- „Entwicklung der Unterentwicklung" sahen und darin kein Stadium, sondern eine Struktur erkannten, das Ergebnis jahrhundertelanger Abhängigkeit (= Dependenz) und internationaler Arbeitsteilung. Sie sagen:

- Entwicklung ist Unabhängigkeit, d. h. mehr Eigenständigkeit in politischer und vor allem wirtschaftlicher Hinsicht. Statt Kolonialismus oder Neokolonialismus alternative Entwicklung, besser bekannt als „self-alignment" oder „collective alignment".

Die Dependenztheoretiker haben deutlich gemacht, daß es um die Qualität des Wachstums geht, vor allem um die „Sozialverträglichkeit" von Entwicklungspolitik.

Alle reden von der Entwicklung der Entwicklungsländer, verdrängen aber insbesondere in den westlichen Industrieländern eine mehr als 200 Jahre dauernde Entwicklung auf der Basis eines intensiven Einsatzes aller verfügbaren Ressourcen. Das anhaltende Bevölkerungswachstum, die Industrialisierung und die Intensivierung der Landwirtschaft führen unausweichlich zu globalen Klimaveränderungen, deren Ursachen weniger auf das Konto der Entwicklungsländer gehen, sondern in erster Linie auf das Konto der Industrieländer.

- Entwicklung ist also mehr denn je Umweltverträglichkeit. Wenn, wie Meadows 1972 vorausgesagt hat, die „Grenzen des Wachstum" allenthalben sichtbar werden, dann geht es längst nicht mehr um politische Vormachtstellung wie im „Kalten Krieg", sondern es gilt, die „Soziale Frage des 21. Jahrhunderts" zu lösen: die Verhinderung des ökologischen Kollaps durch eine umweltgerechte Entwicklung. Und das ist mittlerweile gesicherte Erkenntnis: daß sich vor allem die Wohlstandsinseln, die westlichen Industrieländer ändern müssen. Wenn die Dritte-Welt-Staaten wenigstens etwas Raum zur eigenständigen Entwicklung erhalten sollen, dann müssen die Industrieländer gewaltig zurückstecken.

- Entwicklung wäre danach ein Wandel hin zu mehr Weltpolitik, die es sich zum Ziel setzt, die lebenserhaltende Luft-, Wasser- und Bodenhülle und die lebenswichtigen Ökosysteme zu schützen. Und weltweit auf die Bildung eines ökologischen Bewußtseins hinzuarbeiten.

(nach D. Nohlen und F. Nuscheler)

LDC-MSAC-NIC

In der entwicklungspolitischen Auseinandersetzung war in den 60er und 70er Jahren meist nur von den „Entwicklungsländern" oder der „Dritten Welt" die Rede. Allmählich setzte sich die Einsicht durch, daß sich die Länder in Asien, Afrika und Lateinamerika historisch und kulturell deutlich unterscheiden, und diese Tatsache ist für die jeweilige Entwicklung höchst bedeutsam. Außerdem zeigte sich mehr und mehr, daß die Entwicklungsfähigkeit wesentlich von der Ausstattung mit Ressourcen abhängt. Rohstoffreiche Entwicklungsländer werden stärker in den Weltmarkt eingebunden und haben teilweise die Chance, eine umfassende Industrialisierung vorzunehmen, zu „Schwellenländern" zu werden.

Nicht so die Ärmsten der Armen: sie gerieten trotz der Zunahme des Welthandels ins Abseits. Während der Wohlstand in den Industrieländern wuchs, blieben sie arm. 1979 wurde international beschlossen, die Gruppe der **„Least Developed Countries" (LDC, gelegentlich auch LLDC)** mit einem besonderen Hilfsprogramm zu fördern. 1988 lebten schätzungsweise 300 Millionen Menschen in diesen 40 Ländern. Die Liste der LDC umfaßte 1988 folgende Staaten: In Afrika: Äquatorialguinea, Äthiopien, Benin, Botswana, Burkina Faso, Burundi, Djibuti, Gambia, Guinea, Guinea-Bissau, Kap Verde, Komoren, Lesotho, Malawi, Mali, Mauretanien, Niger, Ruanda, São Tomé und Principe, Sierra Leone, Somalia, Sudan, Tansania, Togo, Tschad, Unganda, Zentralafrika;
in Asien/Ozeanien: Afghanistan, Bangladesh, Bhutan, Myanmar (Birma), AR Jemen, DVR Jemen, Kiribati, Laos, Malediven, Nepal, Samoa, Tuvalu;
in Lateinamerika: Haiti.

Merkmale:
– niedriges Niveau des Pro-Kopf-Einkommens (Schwellenwert: 355 US-Dollar, Bruttoinlandsprodukt pro Kopf im Durchschnitt 1980–1982)
– niedrige Alphabetisierungsrate: unter 20 Prozent
– niedriger Anteil der industriellen Produktion am Bruttosozialprodukt: unter 10 Prozent

Die wirtschaftlichen Rahmenbedingungen dieser Länder haben sich in den 80er Jahren drastisch verschlechtert, obgleich sich die Industriestaaten 1981 im „Substantial New Programme of Action" verpflichtet hatten, jährlich mindestens 0,15 Prozent ihres Bruttosozialprodukts als öffentliche Hilfe an die „am wenigsten entwickelten Länder" zu leiten.

Nach der Ölkrise 1973 wurde zudem die Bezeichnung **„Most Seriously Affected Countries" (MSAC)** für Staaten eingeführt, die sich durch die Verteuerung der Erdöleinfuhren oder/und andere besondere Umstände wie ungünstige Terms of Trade stark verschuldet haben. Zu den MSAC zählen zur Zeit 45 Länder mit 1,25 Milliarden Menschen.

Keine verbindlichen Abgrenzungskriterien gibt es für die Entwicklungsländer, für die die genannten Merkmale immer weniger zutreffen, weil sie sich durch zunehmende Industrialisierung sozusagen auf der Schwelle zum Eintritt in die Welt der Industrieländer befinden. Sie werden daher Schwellenländer, **„Newly Industrializing Countries" (NIC)** oder „take-off-countries" genannt. Zu ihnen zählen derzeit etwa 25 der insgesamt 127 Entwicklungsländer.

Entwicklungstheorien: Modernisierungstheorie

Entwicklung ist ein Prozeß nationalen Wachstums und „Fortschritts". Unterentwicklung wird als das Resultat traditionsverhafteter Strukturen in den Entwicklungsländern angesehen, durch die sie in einem niedrigen Entwicklungsstand verharren. Der Mangel an Modernität wird dafür verantwortlich gemacht, daß bestimmte Dinge fehlen: Kapital, Technik, Infrastruktur, Nahrungsmittel, Bildung. Danach unterscheidet man entwickelte (developed) und in der Entwicklung begriffene Länder (developing countries), d. h. daraus entstand als Leitbild für die Modernisierung die Idee von Übernahme bzw. dem Transfer „westlicher" technischer und sozialer, wirtschaftlicher und politischer Errungenschaften.

In der Industrialisierung der Dritten Welt und in der Ausweitung des Handels zwischen den Entwicklungs- und Industrieländern sieht man Möglichkeiten, die sozialen und regionalen Disparitäten weltweit bzw. in einem Entwicklungsland abzubauen, d. h. alle Bewohner der Erde nehmen am weltwirtschaftlichen Fortschritt teil.
(nach Flora 1974, Nohlen 1984).

Dependenztheorie

In Lateinamerika entwickelten Sozial- und Wirtschaftswissenschaftler Ende der 60er Jahre Analysen, in deren Mittelpunkt die „dependencia" (= Abhängigkeit) stand und steht. Danach ist Unterentwicklung die durch Kolonialismus, Imperialismus und Neokolonialismus erzwungene Einordnung der Ökonomien der Dritten Welt in die Ökonomien der „Metropolen", aufgrund derer sich das kapitalistisch beherrschte Weltwirtschaftssystem herausgebildet hat.

Diese Eingliederung beruht(e) auf einer weltweiten Arbeitsteilung, der zufolge sich die Dritte Welt auf die Produktion und den Export von unverarbeiteten Rohstoffen spezialisieren mußte, während die Industrieländer sich auf die Herstellung und den Export von verarbeiteten Produkten spezialisierten. Diese Strukturen werden nachgewiesen durch
- die ungleiche Verteilung des Reichtums, weltweit und national;
- die gesellschaftliche Verteilung des Grund- und Bodeneigentums;
- den Anteil der außerhalb des primären Sektors Beschäftigten und den Anteil der erzeugten Industriegüter am Export;
- die „feudale" Handelsstruktur.

(Hennings 1989, S. 26/27)

Es entwickeln sich moderne, dynamische, aktive Sektoren und Räume, die für den Markt produzieren, neben den traditionellen, statischen, passiven Sektoren und Räumen, in denen vor allem die Selbstversorgung vorherrscht (= Subsistenzwirtschaft). Aber auch das unverbundene Nebeneinander von traditionellen und modernen sozioökonomischen Strukturen wird bisweilen als Ursache für Unterentwicklung angesehen.

Die Darstellung der wesentlichen Merkmale der Unterentwicklung ist nicht gleichzusetzen mit den Ursachen der Unterentwicklung. Es gibt zahlreiche Theorien, mit denen die Unterentwicklung beschrieben und erklärt wird. Es gibt auch Entwicklungstheorien mit einem deterministischen Ansatz, d. h. die Entwicklung in der Dritten Welt wird entweder nur mit Hilfe der „ökologischen Benachteiligung der Tropen" begründet (= Geodeterminismus) oder mit den entwicklungshemmenden historischen und sozioökonomischen Determinanten (= Sozialdeterminismus).

Wachstumsorientierte Entwicklungsstrategien

Sie zielen in erster Linie auf die Steigerung des Wirtschaftswachstums, dessen Basis eine „Modernisierung" nach westlichem Vorbild ist. Um den Rückstand gegenüber den Industrieländern aufzuholen, soll das Bruttosozialprodukt gesteigert werden.
Mit dem zunehmenden Wirtschaftswachstum erhofft man sich auch einen Ausgleich der Einkommensunterschiede, d. h. die durch Kapitaltransfer ausgelösten Wachstumsprozesse sollten auch die Lebensverhältnisse breiter Bevölkerungsschichten verbessern. Dazu werden folgende Teilstrategien ergriffen:
- Industrialisierung mit verstärktem Kapitaleinsatz, vor allem an rohstofffreichen Standorten; Schaffung eines binnenländischen Kapitalmarktes;
- Passivsanierung der Landwirtschaft durch Beschäftigungsanreize nach Investitionen im sekundären und tertiären Sektor;
- Ausbau der exportorientierten Wirtschaftszweige ebenso wie der Industrie zur Importsubstitution;
- Übernahme arbeitsintensiver Produktionsprozesse aus den Industrieländern wegen der niedrigen Löhne (internationale Arbeitsteilung).

(nach Bohnet 1977, Addicks 1979)

Bedürfnisorientierte Entwicklungsstrategien

Sie zielen auf die Bekämpfung der Massenarmut, wobei man von den Grundbedürfnissen (basic needs) der Menschen in der Dritten Welt ausgeht, die unbedingt zu befriedigen sind:
- „Bereitstellung" von Nahrungsmitteln, Wohnung, Heizmaterial und Bekleidung;
- Gewährleistung von öffentlichen Diensten wie Trinkwasser, Stromversorgung, Abwasserbeseitigung, Schulen, Gesundheitseinrichtungen;
- Ermöglichung einer angemessenen bezahlten Arbeit.

Es soll damit nicht nur das Existenzminimum ermöglicht werden, sondern auch soziales und menschliches Wohlbefinden erreicht werden, wie gesunde Umwelt, Bildung, soziale Sicherheit, kulturelle Identität und politische Selbstbestimmung und Teilhabe, also ein menschenwürdiges Dasein.
Wichtige Teilstrategien sind
- eine Förderung der ländlichen Entwicklung, vor allem die Steigerung der Arbeits- und Flächenproduktivität in der Landwirtschaft;
- Agrarreformen, die eine Umverteilung von Land zum Ziele haben oder Neusiedlungsprojekte;
- arbeitsintensive Produktionsformen beim Ausbau der Handwerksbetriebe und der Kleinindustrie, Ziel: Importsubstitution.

Insgesamt geht es um eine Umverteilung der Arbeit, des Bodens, des Kapitals und des Know-hows zugunsten der Armen. *(nach Nohlen 1984)*

Die Einwände gegen wachstumsorientierte Entwicklungsstrategien nahmen vor allem deshalb zu, weil
1. der Agrarsektor und die Produktion von Grundnahrungsmitteln vernachlässigt wurden,
2. industrielle Großprojekte viel Kapital verschlangen, zur Verschuldung führten, aber nicht die erhofften Beschäftigungseffekte erbrachten,
3. die Massenarmut nicht abnahm, sondern sogar zunahm,
4. die Industrieländer sich gegen billige Konkurrenzprodukte durch Handelshemmnisse abschotteten.

Bei der vorwiegend ökonomischen und sozialen Diskussion um den effektivsten Weg zur Überwindung der Unterentwicklung drängte sich im letzten Jahrzehnt immer

Zentrum-Peripherie-Modell

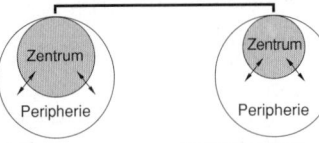

Industrieland

Ballungszentren
Wirtschaftliches Wachstum,
Industriekonzentrationen...
Machtkonzentration,
Bevölkerungskonzentration

Peripherie
strukturschwache Gebiete
z. B. Berggebiete

Entwicklungsland

Zentren
Städte als Wachstumsinseln
mit moderner Industrie- und
Machtkonzentration.
Exportenklaven

Peripherie
strukturschwache Gebiete
z. B. kaum erschlossenes
Hinterland

Deparde/Menke 1980, S. 51

Es geht auf die Imperialismustheorie (von J. Galtung) zurück: Danach verfügt jede Region, jedes Industrieland, aber auch jedes Entwicklungsland über „Zentren" und über eine „Peripherie", die sich allerdings aufgrund ihrer Größe und Struktur unterscheiden. Die Zentren der Industrieländer halten die Entwicklungsländer nicht nur in der Rolle der Rohstofflieferanten (= indirekte Ausbeutung durch ungleichen Austausch, terms of trade), sondern verstärken die „strukturelle Abhängigkeit". Beispielsweise gründen die Multis mit Hilfe der politischen und wirtschaftlichen Eliten Unternehmen, mit denen sie den Binnenmarkt beherrschen (= direkte Ausbeutung durch Gewinntransfer). Oft hatte dies zur Folge, daß in den Entwicklungsländern die sozialen und regionalen Disparitäten zwischen Zentrum und Peripherie zunahmen.

Zum Beispiel: Niger (Daten von 1980–1985)

1. Größe: a) Fläche: 1 187 000 km^2
   b) 6,1 Millionen Einwohner (1985)
2. Demographische Daten:
   Geburtenziffer: 51,0
   (Durchschnitt: 1980–1985)
   Sterbeziffer: 22,9
   Gestorbene im 1. Jahr
   (je 1000 Lebendgeborene): 140
   Lebenserwartung bei der Geburt (1984)
   Männer 42 Jahre
   Frauen 45 Jahre
   Religion: 90% Moslems, 8% Animisten, 2% Christen, nur 10% städtische Bevölkerung
3. Ernährung: Kalorienverbrauch (1983)
   2271 kcal/je Einwohner/Tag
4. Gesundheitsfürsorge:
   Einwohner je Krankenhausbett: 1389
   Einwohner je Arzt: 41 500
   Einwohner je Zahnarzt: 871 000
5. Bildungswesen: Analphabeten, 15 Jahre und älter (1985): 86%
   1983/84 Grundschüler: 261 000
   1980/81 Sekundarschüler: 37 000
   1983/84 Studenten: 2400
6. Einkommen:
   Bruttosozialprodukt zu Marktpreisen je Einwohner (1984) in US-Dollars: 190
7. Landwirtschaft: hohe Agrarquote, d. h.
   80 Prozent der Bevölkerung leben davon.
   Etwa 70% der Produktion entfallen auf den Ackerbau, ca. 30% auf die Viehzucht.
   Zusammen werden hier rund 45% des Bruttoinlandsproduktes geschaffen
   Bodennutzung:
   Ackerland (1983): 3 560 000 Hektar
   Dauerwiesen: 9 220 000 Hektar
   Waldfläche: 2 720 000 Hektar
   Sonstige Flächen: 111 200 000 Hektar
   Bewässerte Flächen: 34 Hektar
   (Quelle: Länderbericht Niger 1987)

---

mehr die Frage nach geeigneten ökologischen Strategien in den Vordergrund, weil die Umweltzerstörungen in der Dritten Welt weitaus dramatischer zunahmen als in den gemäßigten Breiten.

Die Bewohner der Entwicklungsländer stecken in einer „Ökologischen Armutsfalle". Dies hängt nicht nur mit dem ungeheuren Bevölkerungswachstum zusammen, sondern mit den heutigen technischen Möglichkeiten, die nie dagewesene Eingriffe in den Naturhaushalt erlauben. Das Zivilisationsmodell der Amerikaner und Europäer hat fast weltweit dazu geführt, daß bedingungslos auf Wirtschaftswachstum gesetzt wird und zu diesem Zweck alle verfügbaren Ressourcen in Nord und Süd ausgebeutet werden.

Strukturdaten: notwendig und fragwürdig zugleich

● Was steckt hinter dem Durchschnittswert 190 US-Dollar Bruttosozialprodukt für die Bewohner von Niger? Er kommt dadurch zustande, daß der jährliche monetäre Wert (in US-Dollars!) des Bruttoinlandproduktes, d. h. das Ergebnis aller Produktionsprozesse (Waren und Dienstleistungen) innerhalb der Grenzen von Niger, durch die Bevölkerungszahl des Jahres 1984 dividiert wird. Das klingt zunächst ganz unverfänglich.
Aber wie ist es in einem Entwicklungsland wie Niger möglich, genaue Angaben über die Einwohnerzahl zu machen? Man erinnere sich, wie schwierig es sogar bei uns ist, eine Volkszählung durchzuführen. Es gibt viele Gründe, gegenüber dem Zähler die Daten zu verheimlichen, zu erfinden, nach oben oder nach unten zu korrigieren. Die Ergebnisse eines Zensus sind auch deswegen fragwürdig, weil auch in der Dritten Welt die grenzüberschreitende Mobilität zu berücksichtigen ist: Traditionell ist sie in Niger bei den nomadisierenden Tuaregs, zunehmend etwa bei Wander- oder Gastarbeitern. Und: Wer zählt und dividiert, und welche Ziele verfolgt er (inter-)national mit einer Manipulation der Bevölkerungszahlen?
● Was ist im Bruttoinlandsprodukt nicht enthalten? Es fehlen nicht nur die Transferleistungen, zum Beispiel von Arbeitern, die im Ausland sind, sondern es mangelt an verläßlichen Daten über eine mehr oder weniger verbreitete „Schattenwirtschaft", gemeint ist Schwarzarbeit, illegale Produktion oder Handel mit Drogen, Elfenbein oder Waffen. Was ist enthalten, aber unter- bzw. überbewertet? Vielfach zu niedrig eingeschätzt ist der Agrarsektor, insbesondere die Subsistenzwirtschaft. Wie wird der Wert von einer kostenlosen Wohnung oder einer ärztlichen Betreuung in Ansatz gebracht?
● Und: Wie aussagekräftig ist eigentlich ein Durchschnittswert wie das Pro-Kopf-Einkommen, wenn er nichts sagt über die Kaufkraft von 190 US-Dollars in Niger, nichts über das individuelle Realeinkommen und erst recht nichts über regionale Disparitäten oder über soziale Einkommens- und Besitzunterschiede der verschiedenen Stämme?
● Oder was soll der Leser sich in einem Sahelland unter „2,7 Millionen Hektar Wald" vorstellen? Was ist mit der Bezeichnung „Dauerwiesen" gemeint? Ist es Dauergrünland oder ein Gebiet, das ausschließlich der Beweidung dient?
● Noch fragwürdiger sind Kennzahlen, die den kulturellen Stand eines Landes verdeutlichen sollen. Wer zählt zu den 86 Prozent Analphabeten? Sind wirklich alle Personen über 15 Jahren erfaßt, die eine kurze einfache Aussage aus dem Alltagsleben mit Verständnis weder schreiben noch lesen können (UNO-Definition)? Wurden auch die Personen dazu gezählt, die die Grundschule vorzeitig abgebrochen haben?
Trotz des begrenzten Aussagewerts des Pro-Kopf-Einkommens oder der Analphabetenrate werden weiterhin solche Indikatoren gebraucht, nicht nur weil es bis heute kaum bessere Maßstäbe für den Entwicklungsstand gibt, sondern weil die Ökonomen Strukturdaten zum Messen der „Armut" und des „Wachstums" brauchen, auch wenn diese „die entscheidenden Elemente der sozialen Wohlfahrt, der Rechte des einzelnen sowie andere in Mark und Pfennig nicht meßbare Werte außer acht" lassen (Brandt-Report 1980, S. 65).
Noch komplizierter wird es, wenn zukünftig mehr vom „Entwicklungsstand aus ökologischer Sicht" die Rede sein wird. Wenn also nach der Müllmenge pro Kopf und Jahr, nach dem Energieverbrauch, nach der Höhe des Nitratgehalts von Trinkwasser gefragt wird. Die Darstellung solcher „Variablen" in einer Weltkarte würde womöglich dazu führen, daß die Bewohner der Industrieländer nicht mehr zur „Ersten" oder „Zweiten" Welt gehören. Die Gebiete mit Subsistenzwirtschaft würden vermutlich nicht mehr zur „Dritten Welt" gehören, weil sich diese Wirtschaftsform durch eine naturangepaßte Lebensweise und weitgehendes Recycling auszeichnet.

Entwicklungsländer in Zahlen

	Lebenserwartung bei Geburt (Jahre)		Säuglingssterblichkeit (je 1000 Lebendgeb.)		Einwohner je Arzt		Tägliches Kalorienangebot je Einwohner		Schüler (in % d. Altersguppe) an Grundschulen*		Schüler (in % d. Altersguppe) an höheren Schulen	
	1965	1988	1965	1987	1965	1984	1965	1986	1965	1986	1965	1986
Die am wenigsten entwickelten Länder LDC (Least Developed Countries)												
Äthiopien	42	48	165	154	70 190	77 360	1 832	1 704	11	36	2	12
Bangladesh	44	51	153	119	8 400	6 730	1 964	1 804	49	60	13	18
Myanmar (Birma)	47	60	122	70	11 860	–	1 928	2 508	71	102	15	24
Nepal	40	51	184	128	46 180	32 710	1 931	1 997	20	79	5	25
Sudan	40	50	160	108	23 500	10 110	1 874	2 168	29	49	4	19
Tansania	43	53	138	106	21 700	–	1 970	2 316	32	72	2	3
Uganda	45	51	121	103	11 110	21 900	2 383	2 483	67	–	4	–
Entwicklungsländer (Less Developed Countries)												
Ägypten	49	61	172	85	2 300	790	2 435	3 257	75	85	26	62
Algerien	50	63	154	74	8 590	2 330	1 682	2 799	68	94	7	51
Chile	60	72	107	20	2 100	1 230	2 591	2 544	124	109	34	69
VR China	53	70	90	32	3 790	1 000	2 034	2 620	89	124	24	39
Côte d'Ivoire	42	53	149	96	20 640	–	2 357	2 308	60	78	6	20
Ecuador	56	66	112	63	3 000	830	1 942	2 005	91	114	17	55
Ghana	47	54	119	90	13 740	14 890	1 949	1 785	69	66	13	39
Indien	45	58	151	99	4 880	2 520	2 100	2 126	74	92	27	35
Indonesien	44	61	136	71	31 740	9 460	1 792	2 476	72	118	12	39
Irak	52	64	119	69	5 000	1 740	2 138	2 891	74	100	28	55
Iran	52	63	157	65	3 800	2 690	2 140	3 115	63	112	18	46
Kamerun	45	57	143	94	26 720	–	2 043	2 080	94	107	5	23
Kenia	48	56	112	72	13 280	10 100	2 287	2 214	54	94	4	20
Kolumbien	56	66	96	46	2 500	1 190	2 174	2 588	84	117	17	50
Kuba	67	76	38	–	1 150	–	2 371	3 088	121	105	23	85
Madagaskar	43	54	201	120	10 620	10 000	2 486	2 452	65	121	8	36
Malaysia	58	70	55	24	6 220	1 930	2 249	2 601	90	99	28	53
Marokko	49	61	145	82	12 120	15 610	2 182	2 729	57	81	11	31
Mosambik	37	48	168	141	18 000	37 950	1 982	1 617	37	84	3	7
Nigeria	41	52	177	105	29 530	7 980	2 185	2 139	32	92	5	29
Nordkorea	56	69	63	25	–	–	2 330	3 113	–	–	–	–
Pakistan	45	55	149	109	–	2 900	1 747	2 180	40	47	12	17
Peru	50	62	130	88	1 650	1 040	2 324	2 120	99	122	25	65
Philippinen	55	64	72	45	–	6 700	1 936	2 260	113	106	41	65
Saudi-Arabien	48	64	148	71	9 400	690	1 866	3 057	24	69	4	42
Sri-Lanka	64	71	63	33	5 800	5 520	2 155	2 485	93	103	35	63
Südafrika	51	61	124	72	2 050	–	2 643	2 926	90	–	15	–
Syrien	52	65	114	48	5 400	1 260	2 144	3 235	78	108	28	61
Thailand	56	65	88	39	7 230	6 290	2 200	2 399	78	97	14	30
Venezuela	63	70	65	36	1 210	700	2 321	2 485	94	108	27	45
Vietnam	–	66	–	46	–	1 000	2 031	2 281	–	100	–	43
Zaire	43	53	141	98	35 130	–	2 188	2 151	70	98	5	57
Schwellenländer NIC (Newly Industrializing Countries)												
Argentinien	66	71	58	32	600	370	3 009	3 216	101	108	28	70
Brasilien	57	65	104	63	2 500	1 080	2 405	2 657	108	104	16	35
Mexiko	59	69	82	47	2 080	1 240	2 643	3 126	92	115	17	55
Südkorea	56	70	63	25	2 700	1 170	2 255	2 806	101	96	35	94
Industrieländer zum Vergleich												
Bundesrep. Deutschland	70	75	24	8	640	380	3 143	3 519	–	96	–	74
UdSSR	69	69	28	30	480	270	3 231	3 332	103	106	72	99
USA	70	75	25	10	670	470	3 292	3 682	–	101	–	99

Berücksichtigt wurden in dieser Tabelle Entwicklungsländer und Schwellenländer mit einer Bevölkerungszahl über 10 Millionen.
*Werte >100 kommen zustande, wenn Schüler jünger oder älter sind als das amtliche Grundschulalter.
Qellen: The World Bank Atlas 1989, Weltenwicklungsbericht 1989, The Development Data Book 1988.

Bevölke-rung in Mill.	Ø jährliches Bev.-wachstum	Bevölke-rung in Mill.	Stadtbevölke-rung in % der Gesamtbev.		Bruttosozial-produkt je Ew. (in US-$)	Ø jährl. Zuwachs	Beschäftigte in der Landwirtschaft		Energie-verbrauch pro Kopf (in kg Öleinheiten)		Waren-ausfuhr (in Mill. US-$)	Öffentliche Auslandsschulden (in % des BSP)	
1988	1980-1988	2000	1965	1987	1988	1980-1988	1965	1980	1965	1987	1987	1970	1987
46,1	2,5	65	8	12	120	−1,4	86	80	10	21	402	9,5	45,6
108,9	2,8	145	6	13	170	0,8	84	75	−	47	1 074	0,0	50,6
40,2	2,2	52	21	24	200	2,3	64	53	39	73	219	4,9	45,3
18,1	2,7	24	4	9	170	1,9	94	93	6	23	151	0,3	32,5
23,8	3,1	34	13	21	340	−4,2	82	71	67	58	482	15,2	97,3
24,7	3,5	37	6	29	160	−1,3	92	86	37	35	348	19,5	143,7
16,2	3,2	23	6	10	280	−2,5	91	86	36	26	320	7,3	29,7
51,4	2,7	65	41	48	650	2,8	55	46	313	588	4 040	22,5	105,4
23,8	3,1	33	38	44	2 450	0,0	57	31	226	1 003	9 029	19,3	30,5
12,8	1,7	14	72	85	1 510	−0,1	27	17	657	822	5 091	25,8	89,4
1 083,9	1,2	1279	18	38	330	9,2	81	74	178	525	39 542	−	8,1
11,6	4,2	17	23	44	740	−3,7	81	65	101	175	2 982	18,7	89,5
10,2	2,8	13	37	55	1 080	−1,1	55	39	162	625	2 021	11,8	92,9
14,0	3,5	20	26	32	400	−1,4	61	56	76	129	1 056	22,5	44,7
814,0	2,1	1 000	19	27	330	3,3	73	70	100	208	12 548	14,7	15,1
174,8	2,1	207	16	27	430	1,7	71	57	91	216	17 206	25,2	62,6
17,7	3,6	27	51	72	−	−	50	30	399	732	9 014	−	−
48,6	3,0	69	37	53	−	−	49	36	537	955	−	−	−
11,2	3,2	17	16	46	1 010	3,0	86	70	67	144	1 714	11,8	22,9
23,0	4,2	36	9	22	360	−0,2	86	81	110	99	961	20,6	57,9
30,0	1,9	37	54	69	1 240	1,2	45	34	413	757	5 024	18,5	40,8
10,4	0,9	11	58	−	−	−	33	24	604	1 086	−	−	−
11,3	3,3	16	12	23	180	−3,4	85	81	34	39	310	10,4	163,2
16,9	2,6	21	26	40	1 870	1,3	59	42	312	771	17 865	9,5	65,4
23,9	2,7	30	32	47	750	0,8	61	46	124	242	2 807	18,2	115,6
15,0	2,7	22	5	23	100	−7,5	87	85	81	86	89	−	−
110,1	3,4	164	15	33	290	−4,3	72	68	34	133	7 365	3,4	109,8
21,9	2,5	28	45	−	−	−	57	43	1 196	2 174	−	−	−
105,7	3,1	150	24	31	350	3,0	60	55	135	207	4 172	30,6	38,0
20,7	2,2	27	52	69	−	−1,2	50	40	395	485	2 605	12,0	28,0
59,7	2,4	76	32	41	630	−2,4	58	52	160	241	5 649	8,8	65,0
14,0	3,7	20	39	75	6 170	−5,9	68	48	1 759	3 292	23 138	−	−
10,6	1,5	20	20	21	420	2,8	56	53	107	160	1 393	16,1	62,9
33,9	2,3	45	47	57	2 290	−1,0	32	17	1 744	2 465	20 066	−	−
11,7	3,6	17	40	51	1 670	−3,1	52	32	212	900	1 357	10,8	15,3
54,5	1,9	65	13	21	1 000	3,8	82	71	81	330	11 659	4,6	29,6
18,8	2,8	24	72	83	3 170	−2,4	30	16	2 319	2 394	10 567	5,7	52,3
66,7	2,6	88	−	21	−	−	79	68	106	88	1 054	−	−
33,6	3,1	48	19	38	170	−2,1	82	72	74	73	1 594	9,1	139,5
31,5	1,4	36	76	85	2 640	−1,6	18	13	975	1 472	6 360	8,6	61,7
144,4	2,2	180	50	75	2 280	1,2	49	31	286	825	26 225	8,2	29,1
83,6	2,2	107	55	71	1 820	−1,4	50	37	604	1 299	20 887	8,7	59,5
42,6	1,4	49	32	69	3 530	7,7	55	36	237	1 475	47 172	20,3	20,7
61,0	−0,1	59	79	86	18 530	2,0	11	6	3 197	4 531	293 790	0,2	8,2
285,7	0,9	312	52	66	−	−	34	20	2 603	4 949	−	−	−
245,9	1,0	263	72	74	19 780	2,1	5	4	6 535	7 262	252 567	−	−

Verbreitung der Tropen

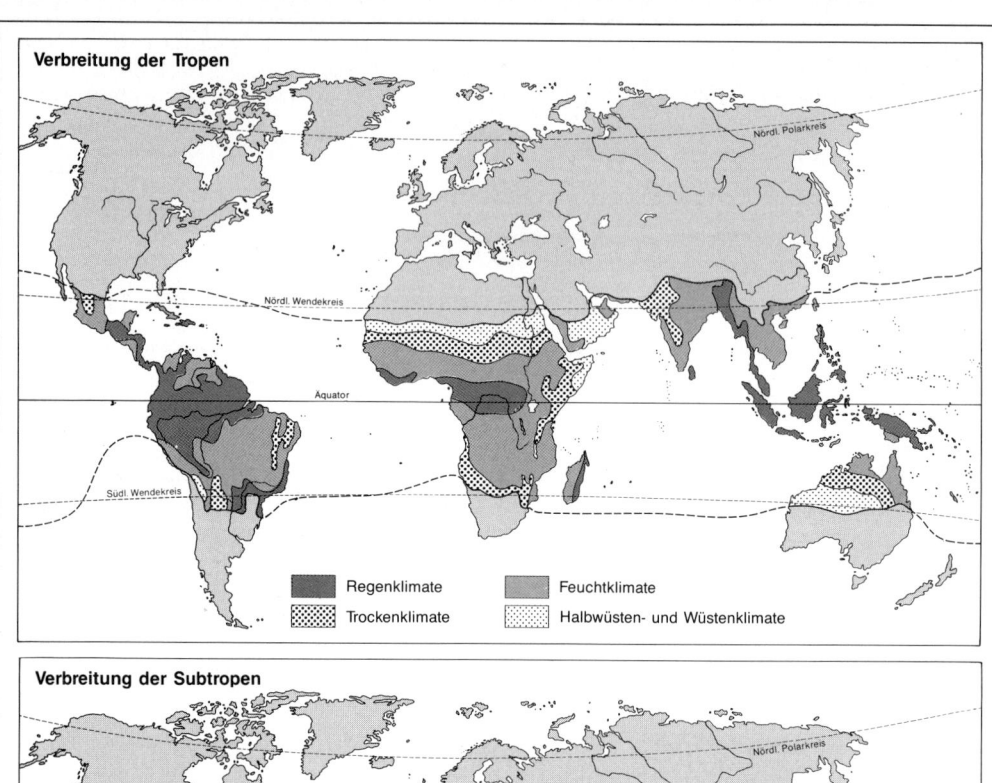

- Regenklimate
- Feuchtklimate
- Trockenklimate
- Halbwüsten- und Wüstenklimate

Verbreitung der Subtropen

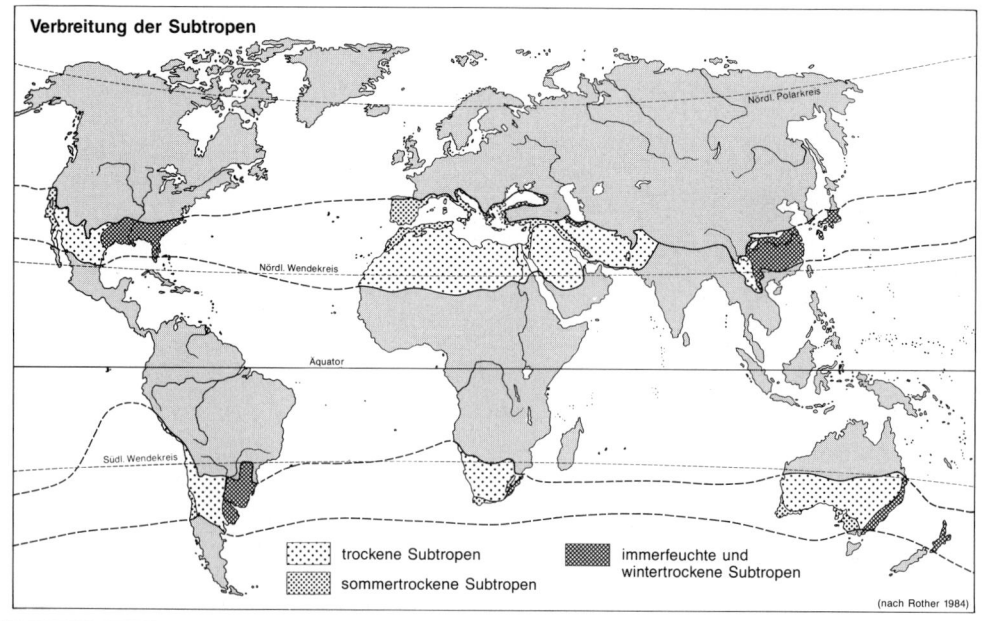

- trockene Subtropen
- sommertrockene Subtropen
- immerfeuchte und wintertrockene Subtropen

(nach Rother 1984)

Das naturgeographische Potential der Tropen und Subtropen

„Südland und die Utopie Thule"

hat der Philosoph Ernst Bloch ein Kapitel in seinem berühmten Werk „Das Prinzip Hoffnung" genannt. Auf unnachahmliche Weise werden hier die Sehnsüchte des Mittel- und Nordeuropäers nach Licht und Wärme aus der Wirkung des Klimas auf das seelische Empfinden des Menschen gedeutet.

„Sehr leibhaft tritt ein einfacherer Traum des Fahrens auf, der südliche. Er ist zugvogelhaft, von den kälteren Ländern her, nach der Sonne gerichtet. . . . Und je weiter nach Süden, desto ungeahnter schien italienischer, arabischer Glanz zu steigen. Die klimatische Qual der Tropen war zwar bekannt, doch sie wirkte nicht abschreckend; denn Ferne oder staunender Besuch milderten sie. Unbekannt dagegen war, daß auch auf der südlichen Halbkugel die Kälte wieder zunimmt. Das blieb aber so lange wenigstens verborgen, bis Magellan in die Nähe des stürmisch-eisigen Kap Hoorn nach Süden vorgedrungen war. Dennoch hielt sich der der menschlichen Natur so tief eingeschriebene Zug nach wachsender Wärme und Licht, dieser Zug nach einem gleichsam profanen, keines Glaubens bedürftigen Eden. Wobei nicht einmal der treibendmagische Zusatz gänzlich fehlte: im Süden, der den Frühling früher kennt und aus dem der Sommer herzieht, wurde der Sitz der *Lebensquelle* überhaupt vermutet. Lehrreich hierfür die Richtung, in der gerade ein Offizier des Kolumbus, Ponce de León, diese mythische Lebensquelle gesucht hat. Nämlich nicht im Ostpunkt eines irdischen Paradieses, sondern in den Tropen schlechthin, wo er sich befand; und eine indianische Sage genügte ihm, um das Jugendwasser in Florida zu erwarten. So eng auch dieser Quell in den Überlieferungen mit der Nähe Edens verknüpft ist, also, seit der Alexandersage, mit Indien, so sehr ist es doch das Tropische, das gerade das Lebenswasser dort erhoffen ließ."

(Bloch 1959, S. 909/910)

Tropischer Traumstrand (Curumba, Malediven)

Die Grundzüge des Klimas

So groß auch unser Interesse am exotisch anmutenden „Süden" ist, so sehr werden wir dort in der realen Situation doch von der Fremdartigkeit überrascht: von dem plötzlichen Wolkenbruch in der Sahara, von der beklemmenden Schwüle an der ostafrikanischen Küste, vom raschen Wechsel von Tag und Nacht, der keine lauschige Dämmerung zuläßt.

Die Einstrahlung der Sonne auf die Erde ist im wesentlichen verantwortlich für das Klima. Seine Vielfalt wird durch den Formenreichtum der Oberflächengestalt und die Neigung der Achse bestimmt. Der Wandel der Jahreszeiten und die Wechselwirkungen von Land und Wasser, Wäldern und Wüsten, Gebirgen und Ebenen, Meeresströmungen und Windrichtungen haben zwischen den Polen eine Vielzahl unterschiedlicher Klimazonen geschaffen. Die meisten von ihnen liegen auf der nördlichen Halbkugel, auf der dreimal mehr Landmasse versammelt ist als auf der südlichen. In der Wasserwüste zwischen Feuerland und Neuseeland etwa passiert nicht viel mehr, als daß die Westwinde, die „Roaring Forties", das ganze Jahr über ungehindert um die Erde jagen. Vom Äquator bis zum Nordpol aber liegt stündlich etwas in der Luft, das das Wetter von morgen gestaltet.
(nach GEO Spezial Wetter, 1982, S. 59)

Planetarische Luftdruckgürtel und globale atmosphärische Zirkulation

1. Schematische Gliederung der Erde in Luftdruckgürtel auf Meeresniveau

Die Nordhalbkugel läßt sich in einer Nord-Süd-Abfolge vereinfacht in Zonen unterschiedlichen Luftdrucks gliedern. Als Folge des Druckgefälles vom subtropischen Hochdruckgürtel zum innertropischen Tiefdruckgürtel weht bis in eine Höhe von 2000 Metern der Passat. Er wird unter dem Einfluß der Corioliskraft nach SW in Richtung äquatoriale Tiefdruckrinne abgelenkt. Auf der Südhalbkugel vollzieht sich ein gleicher Vorgang mit umgekehrten Vorzeichen.

Eine skizzierte feste Zonierung der Luftdruckgürtel ist eine „klimatologische Fiktion", ein vereinfachtes Erklärungsschema. In Wirklichkeit kann die Atmosphäre nicht starr gürtelhaft gegliedert werden, sondern ihr dynamisches Gefüge ist wechselnd.

2. Der Einfluß der Jahreszeiten und der Land-Wasser-Verteilung

Der subtropisch-randtropische Hochdruckgürtel wird im Sommer über allen Kontinenten der Nord- und Süd-Hemisphäre von Hitzetiefs unterbrochen. Deren Umfang und Intensität hängen von der Größe der jeweiligen Landmasse ab. Im Winter, wenn über den Ozeanen die subtropisch-randtropischen Hochs äquatorwärts verschoben sind, bauen sich über dem Innern Nordamerikas und Eurasiens kontinentale Kältehochs auf. Diese liegen mit ihren Kernen etwas polwärts von der Normalposition des subtropisch-randtropischen Hochdruckgürtels.

3. Der tropische Zirkulationsmechanismus

Es existiert eine großräumige Strömung oberhalb der Bodenreibungszone (in der Troposphäre) von Ost nach West. Sie wird auch Zone der tropischen Ostwinde oder „Urpassat" genannt. In der von der Bodenreibung beeinflußten Schicht der Troposphäre erhält die Strömung wegen der Corioliskraft eine meridionale Komponente.

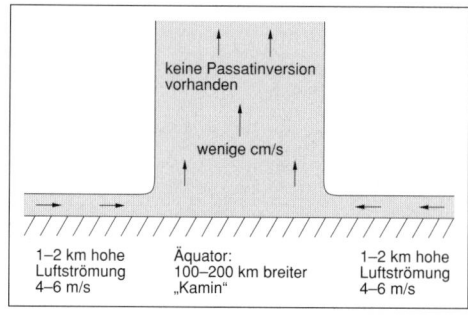

| 1–2 km hohe Luftströmung 4–6 m/s | Äquator: 100–200 km breiter „Kamin" | 1–2 km hohe Luftströmung 4–6 m/s |

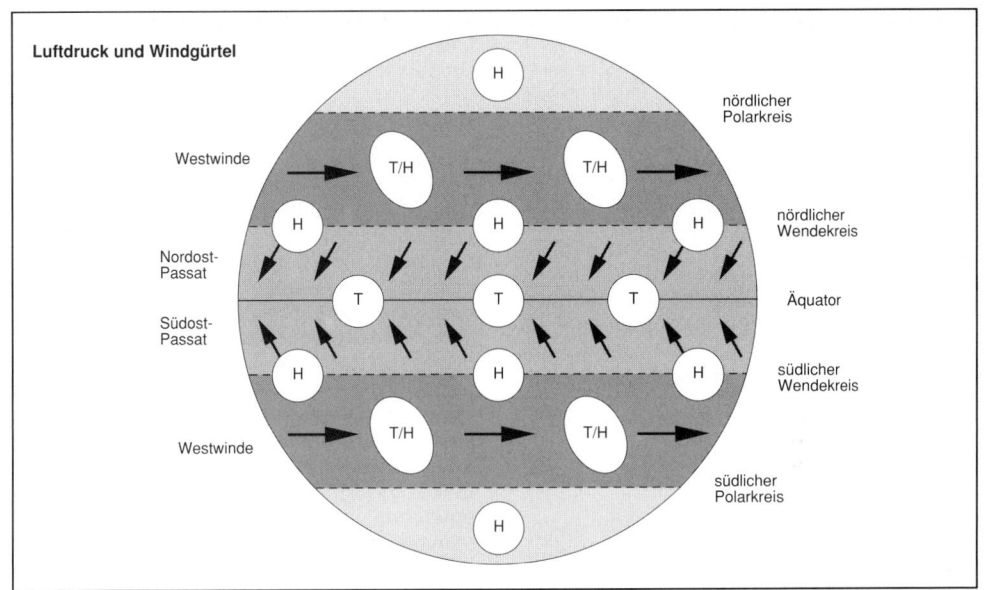

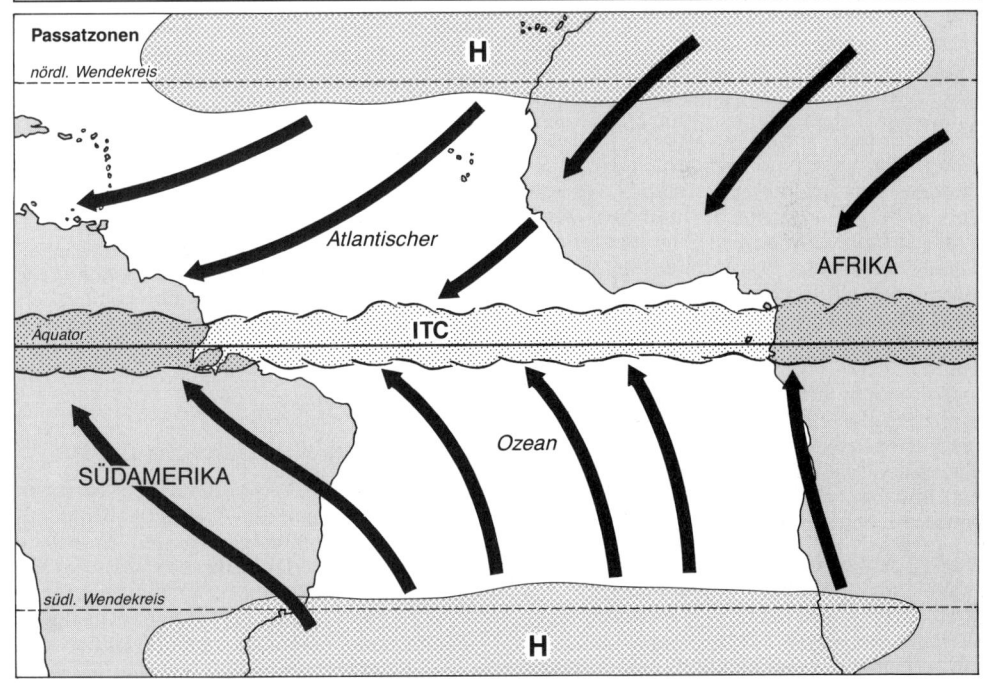

Luftdruck und Windgürtel

- Westwinde
- Nordost-Passat
- Südost-Passat
- Westwinde

- nördlicher Polarkreis
- nördlicher Wendekreis
- Äquator
- südlicher Wendekreis
- südlicher Polarkreis

Passatzonen

- nördl. Wendekreis
- Äquator
- südl. Wendekreis

AFRIKA
SÜDAMERIKA
Atlantischer Ozean
ITC
H

Dabei nimmt mit Annäherung an den Äquator die Corioliskraft ab, die Auswirkungen von Luftdruckgradient und Reibung nehmen zu. Es existiert eine große zeitliche und räumliche Konstanz der Passate nach Richtung und Stärke.

Die Passate sind über den Ozeanen am „reinsten" ausgeformt. Über den Kontinenten existieren erhebliche Abwandlungen. Die Passate der Südhalbkugel (Wasserhalbkugel) sind daher weiter und kräftiger verbreitet. In der Folge treten sie während des Südwinters (= Nordsommers) auf die Nordhalbkugel als Monsun über. Die Passate sind zudem am besten auf der Ostseite der tropischen Ozeane ausgebildet.

In der kräftigen Passatströmung existiert eine gleichsam stabile Luftschichtung, die Passatinversion, durch Überlagerung entgegengesetzter Bewegungen:
– durch eine Absinktendenz mit sich erwärmender, trockener Luft bei gleichzeitiger Anreicherung mit Wasserdampf,
– durch eine konvektive Aufwärtsbewegung wasserdampfhaltiger Luft.

Die Höhenlage der Passatinversion steigt von 500–600 Meter in den äußeren Tropen auf 1500–2000 Meter in den inneren Tropen an.

Mit Annäherung an den Äquator verlieren die Passate ihren Charakter als stabile, wolken- und niederschlagsarme Strömungen. Beide Passatströmungen stoßen im äquatorialen Bereich zusammen und formen die innertropische Konvergenzzone (ITC). Ein Ausweichen ist nur nach oben möglich: daher existiert eine kräftige Aufwärtsentwicklung der Luftmassen. Unterstützt durch Konvektion (maximale Sonneneinstrahlung = stärkste Erhitzung der Luft) nimmt die Wolken- und Niederschlagsbildung zu. Besitzen die Luftmassen genügend Wasserdampfgehalt, können hochreichende Cumulonimben mit Gewitter und heftigen Schauern auftreten.

Die ITC ist keine Front, sondern eine relativ breite Zone verstärkter Konvektion. Es existieren Schwankungen und jahreszeitliche Verlagerungen der ITC. Die Tropopause, die den gesamten Wasserdampf der Lufthülle enthält, ist am Äquator mit 17 000 Meter deutlich angehoben (Pole 8000 m, gemäßigte Breiten 12 000 m).

4. Zum Wasserumsatz

Je wärmer die Luft, umso größer ist bekanntlich das Wasseraufnahmevermögen. Die am Äquator stark mit Feuchtigkeit angereicherte Luft kühlt beim Aufstieg (1°C je 100 m) bei gleichzeitiger Abnahme des Druckes ab. In der Folge sinkt das Wasseraufnahmevermögen, es kommt zu Kondensation, Wolkenbildung und heftigen Niederschlägen. Wegen der stärkeren Aufheizung der Landoberfläche gibt es dort höhere Regenmengen als über dem Meer.

Die Wolkentürme, die bis in 10 000 Meter Höhe reichen können, bilden oft amboßartige Eiswolken mit starken Turbulenzen aus. Es entstehen weniger großflächige Wolkenansammlungen, sondern einzelne Wolkenzellen mit weiten, wolkenfreien Bereichen dazwischen. Die Zellen von Konvektionswolken liegen 40 bis 60 Kilometer auseinander. Jede Zelle benötigt zur Wasserdampfversorgung ein Gebiet, das 100mal größer ist als ihre eigene Grundfläche und zwischen 5000 und 7000 Quadratkilometer umfaßt.

5. „Antipassat" oder die Hadley-Zirkulation

Allein schon die allgemeinen physikalischen Zirkulationsmechanismen erfordern in der Höhe eine gegenläufige Luftbewegung. Da sich der Antipassat in einer etwa fünfmal mächtigeren Luftschicht bewegt als der Passat, ist seine Strömungsgeschwindigkeit entsprechend geringer.

6. Die Sonne als Steuerungsfaktor

Die jährliche „Sonnenwanderung zwischen den Wendekreisen", in Wirklichkeit bedingt durch eine Schiefstellung der Erdachse, führt zu einer Verlagerung der ITC: Sie liegt im März und September (Sommer) über dem Äquator. Die dann vorhandene maximale Einstrahlung mit maximaler Konvektion verursacht zwei Regenzeiten.

Absinktendenz mit
Wasserdampfanreicherung
Luft
warm, trocken
Passatinversion
konvektive
Aufwärtsbewegung
Luft
wasserdampfhaltig

17–18 km Höhe
„Antipassat“
9–10 km Höhe
Passat 1–2 km Höhe
Äquator

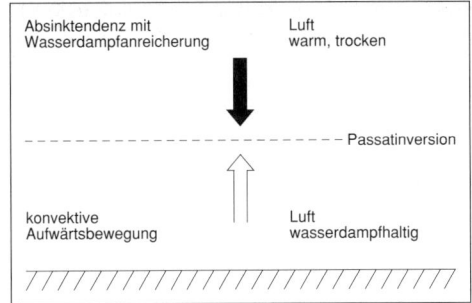

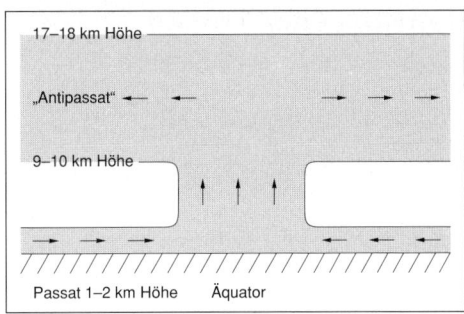

Das Windsystem der Erde

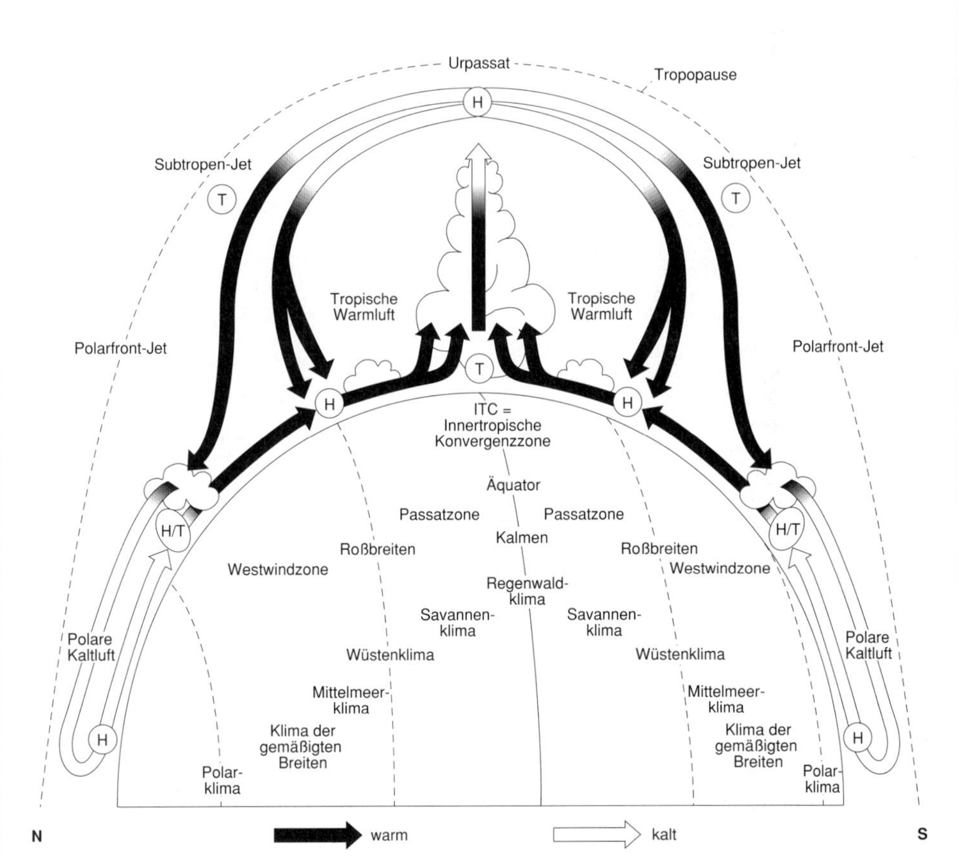

Urpassat
Tropopause
Subtropen-Jet
Subtropen-Jet
Tropische
Warmluft
Tropische
Warmluft
Polarfront-Jet
Polarfront-Jet
ITC =
Innertropische
Konvergenzzone
Äquator
Passatzone
Passatzone
Kalmen
Roßbreiten
Roßbreiten
Westwindzone
Westwindzone
Regenwald-
klima
Savannen-
klima
Savannen-
klima
Wüstenklima
Wüstenklima
Mittelmeer-
klima
Mittelmeer-
klima
Klima der
gemäßigten
Breiten
Klima der
gemäßigten
Breiten
Polar-
klima
Polar-
klima
Polare
Kaltluft
Polare
Kaltluft
H
T
H/T
N
S
warm
kalt

Das Klima der Tropen

„Als die Spanier das tropische Amerika entdeckten und besiedelten, fanden sie dort ein Klima vor, das den ihnen gewohnten Wechsel eines kühlen regenreichen Winters und eines heißen Sommers nicht kannte, wohl aber den Wechsel von Regen- und Trockenzeiten bei ganz geringen Wärmeunterschieden. Sie nannten daher die nasse Jahreszeit „Invierno" (= Winter), die trockene „Verano" (= Sommer). Dies ist ein Ausdruck dafür, daß in den Tropen ganz allgemein die Jahreszeiten von Niederschlag, Luftfeuchtigkeit und dem Wechsel von Feucht- und Trockenzeiten bestimmt werden.

Die Menge der Niederschläge fällt dabei durch die tägliche Erwärmung und das konvektive Aufsteigen der Luftschichten in sogenannten Zenitalregen, die gewöhnlich in Form von nachmittäglichen Wärmegewittern niedergehen. Entsprechend dem zweimaligen Zenitstand der Sonne am Äquator, dem einmaligen an den Wendekreisen rücken die zenitalen Regenperioden gegen die Wendekreise allmählich zu einer Regenzeit zusammen.

Nicht alle tropischen Regenwälder liegen im Gebiet der äquatorialen zenitalen Niederschläge. Es gibt noch einen anderen weit verbreiteten Klimatyp mit Regen zu allen Jahreszeiten, bei dem aber zwei ihrer Entstehung nach verschiedene Regenzeiten abwechseln, eine sommerliche Zeit der Zenitalniederschläge und eine winterliche Zeit mit Passatregen. Passatniederschläge entstehen dort, wo die winterlichen Passate, die in den Nordtropen als Nordostpassate, in den Südtropen als Südostpassate wehen, zum Aufsteigen gezwungen werden, also vor allem an den Ostabdachungen der Gebirge und an den Ostseiten der Festländer (Ostseite Mittelamerikas, Osthang der Anden von Peru, Bolivien und Nordwestargentinien, Ostküste Brasiliens und Serra do Mar, Ostabdachung Madagaskars, Queensland). In diesen Fällen wirkt dann die Zeit der winterlichen Steigungsregen meist als die feuchtere Jahreszeit, da die ständig wehenden Passate hohe Luftfeuchtigkeit, Nebel und Nieselregen erzeugen, während die Zeit der sommerlichen Zenitalregen mit tageszeitlichen Gewittergüssen zwar hohe Niederschlagssummen ergibt, dazwischen aber viel heiteres Wetter mit geringerer Luftfeuchtigkeit hat.

Regenzeit und Trockenzeit beherrschen das Natur- und Menschenleben in den Tropen wie Winter und Sommer in unseren Breiten. Der Jahresrhythmus des Tierlebens nach Brunst und Brutzeit, der Zug der Vögel und die Wanderung der Heuschreckenschwärme, das Auftreten parasitärer Krankheiten für Mensch und Tier, die Wanderung des Weideviehs zwischen nassen und trockenen Futterplätzen, alles spielt sich im Wechsel der Regen- und Trockenzeit ab. Der Beginn der Regenzeit ist in den wechselfeuchten Tropen das Erwachen der Natur, und so kündigt sich der „Tropenfrühling" dadurch an, daß bestimmte trockenkahle Bäume und Sträucher schon vor Einsetzen des Regens und vor der Belaubung ihre Blüten entfalten.

Aride und humide Jahreszeiten beherrschen die Tropenklimate auch in den größeren Meereshöhen, wo den niedrigen Temperaturen entsprechend schon geringere Niederschläge ausreichen, um eine bestimmte Humidität des Klimas zu erreichen. Dies ist für Tropenländer, bei denen sich die Kernlandschaften zu großen Meereshöhen erheben, wie in Mittel- und Südamerika oder in Ostafrika, von großer Wichtigkeit.

In den randlichen Tropen, namentlich im trockenen Innern der Kontinente (Sudan, Kalahari, Nordaustralien, Dekkanplateau) kann die tageszeitliche Wärmeschwankung schon Werte erreichen, die dem ozeanischen Westen Europas gleichkommt. An tropischen Küsten und in tropischen Gebirgen können die hygrischen (niederschlagsbedingten) Jahreszeiten durch Nebelbildungen verändert werden. Bekannt sind die nebelreichen Kaltwasser- und Wüstenküsten in Südwestafrika und an der Atacamaküste Südamerikas."

(Troll/Paffen 1964, S. 5ff)

Das Klima der Subtropen

Die Subtropen sind klimatisch uneinheitlicher aufgebaut als andere Zonen. Anders als in den äquatorwärts anschließenden Tropen mit ihrem Tageszeitenklima überwiegen in den Subtropen die jahreszeitlichen Temperaturschwankungen. Jahreszeitenklimate haben aber auch die kühlgemäßigten und kalten Breiten der Erde. Die Subtropen empfangen freilich größere Wärmesummen als die polwärts anschließenden Klimazonen und kennen in der dortigen Vegetation keine jahreszeitlich andauernde Kälteruhe. Sie sind jedoch auch kühler als die Tropen und nicht frostfrei. Die drei hygrischen Klimatypen, in die man die Subtropen gliedern kann, haben eine charakteristische Verbreitung. Anders als in den Tropen, in denen die hygrischen Klimatypen weitgehend breitenparallel aufeinanderfolgen, tritt in den Subtropen vielmehr der Gegensatz von Ozeanität und Kontinentalität, die Lage an den West- und Ostseiten der Landmassen hervor.
(nach Rother 1984, S. 10–12)

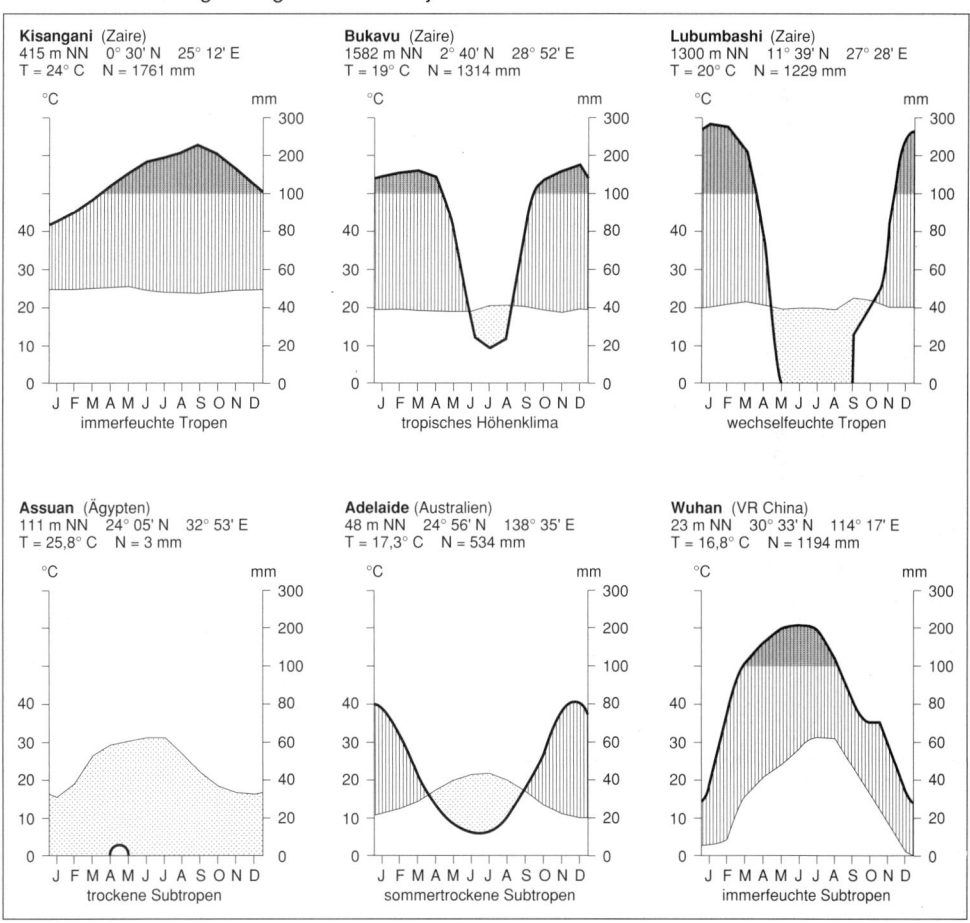

Kenia: In einem Jahr blieb der große Regen aus.

Das ist ein furchtbares, gewaltiges Erlebnis, und der Farmer, der es durchgemacht hat, wird es nie vergessen. Noch Jahre später, fern von Afrika, im feuchten Klima des Nordens, wird er nachts beim Geräusch eines plötzlichen Regenschauers erwachen und aufschreien: „Endlich, endlich!"

In gewöhnlichen Jahren setzte die große Regenzeit in der letzten Woche des März ein und hielt an bis Mitte Juni. Bis zum Beginn des Regens wurde die Welt täglich immer heißer und dürrer, sie fieberte wie in Europa vor einem schweren Gewitter, nur noch heftiger. Die Massai, meine Nachbarn auf dem anderen Flußufer, legten um diese Zeit Feuer an die strohdürre Steppe, um beim ersten Regen neues grünes Gras für ihr Vieh zu haben, und die Luft über den Steppen bebte von den mächtigen Flammen, die langen regenbogenfarbigen Rauchschwaden wälzten sich über das Gras, und die Hitze und der Brandgeruch wogten herüber auf das bebaute Land wie aus einem Hochofen. Riesenhafte Wolken ballten sich und zergingen wieder über der Landschaft, ein leichter, ferner Regenschauer malte schräge blaue Streifen überm Horizont. Alles dachte nur den einen Gedanken.

Wenn dann ein rasch anschwellendes Rauschen über die Köpfe hinging, dann war es der Wind in den hohen Bäumen des Waldes, aber nicht der Regen. Wenn es am Boden hinlief, dann war es der Wind in den Büschen und im langen Gras, aber nicht der Regen. Wenn es nahe über der Erde raschelte und prasselte, dann war es der Wind in den Maisfeldern – der so ganz dem Regen ähnlich klang, daß man sich immer wieder täuschen ließ und doch schon dankbar war, das Ersehnte wenigstens in der Einbildung vorzufühlen –, aber nicht der Regen.

Aber wenn die Erde wie ein Schallbogen mit tiefem brünstigem Dröhnen antwortete und die ganze Welt ringsum in allen Richtungen des Raumes in der Höhe und der Tiefe zu singen anhub – das war der Regen. Das war wie das Heimkehren an den See, nach langem Fernsein, und wie die Umarmung des Geliebten." *(Blixen 1986, S. 57/58)*

Klimazonen der Tropen

1. Tropische Regenklimate
   12–9,5 Monate humid
   immergrüner tropischer Regenwald; Übergangswälder, die zum Teil Laub abwerfen
2. Tropische Feuchtklimate
   9,5–7 Monate humid
   regengrüne Feuchtwälder; Übergangswälder, die zum Teil Laub abwerfen; feuchte Grassavannen
3. Wechselfeuchte Trockenklimate
   7–4,5 Monate humid
   regengrüne Trockenwälder, Trockensavannen
4. Tropische Trockenklimate
   4,5–2 Monate humid
   tropische Dorn-Sukkulenten-Wälder, Savannen
5. Tropische Halbwüsten- und Wüstenklimate
   2–0 Monate humid
   tropische Halb- und Vollwüsten

Klimazonen der Subtropen

1. Immerfeuchte Subtropen
   10–12 Monate humid
   Hochgrasfluren besonders der Südhalbkugel; Feuchtwälder (Lorbeer- und Nadelgehölze)
   6–9 Monate humid
   Kurzgrassteppen, hartlaubige Monsunwälder und -waldsteppen
2. Sommertrockene mediterrane Subtropen
   über 5 Monate humid
   Hartlaub- und Nadelgehölze
3. Trockene Subtropen
   weniger als 5 Monate humid
   Gras- und Strauchsteppen; Dorn- und Sukkulentensteppen
   weniger als 2 Monate humid
   Halb- und Vollwüsten ohne strenge Winter

(vereinfacht nach Troll/Paffen 1964; Rother 1984, S. 12)

Klimatische Merkmale der Tropen und Subtropen

Tropen

- Bereich zwischen den Wendekreisen (23,5° n. Br. und s. Br.)
- Bereich des Tageszeitenklimas mit relativ geringen jahreszeitlichen Schwankungen
- Bereich, wo die Mitteltemperaturen des kältesten Monats im tropischen Tiefland über 18 °C liegen
- Bereich, in dem die Niederschläge vom Äquator polwärts abnehmen

Subtropen

- Bereich zwischen den Wendekreisen und 40° n. Br. und s. Br.
- Bereich der Jahreszeitenklimate mit einem kältesten Monat von 2 °C bis 13 °C
- Bereich wintermilder Ebenen und Hügelländer, ohne jahreszeitlich andauernde Kälteruhe der Pflanzen, aber nicht frostfrei
- Bereich mit unterschiedlicher Verteilung der Niederschläge entsprechend Ozeanität/Kontinentalität

Irrtum in der Hölle der Hyläa

Tagebuchnotiz des berühmten Forschungsreisenden Alexander von Humboldt:

10. Mai 1800 – „In der Nacht war unser Kanu geladen worden, und wir schifften uns etwas vor Sonnenaufgang ein, um wieder den Rio Negro bis zur Mündung des Cassiquiare hinaufzufahren und den wahren Lauf dieses Flusses, der Orinoco und Amazonenstrom verbindet, zu untersuchen.

14. bis 21. Mai 1800. – Die Üppigkeit des Pflanzenwuchses steigerte sich in einem Grade, von dem man sich keinen Begriff macht, selbst wenn man mit dem Anblick der tropischen Wälder vertraut ist. Ein Gelände ist gar nicht mehr vorhanden; ein Pfahlwerk aus dicht belaubten Bäumen bildet das Flußufer. Man hat einen breiten Kanal vor sich, den zwei ungeheure mit Laub und Lianen bedeckte Wände einfassen.

Wir versuchten öfters zu landen, konnten aber nicht aus dem Kanu kommen. Im Boot konnten wir die Nacht aber unmöglich zubringen. Die Moskitos, die uns den Tag über plagten, setzten sich gegen Abend haufenweise unter das Dach aus Palmenblättern, das uns vor Regen schützte. Nie waren Hände und Gesicht so stark geschwollen gewesen. Mitten im Wald konnten wir uns nur mit schwerer Mühe Brennholz verschaffen. Denn in diesen Ländern am Äquator, wo es beständig regnet, sind die Äste so saftreich, daß sie fast gar nicht brennen. Wo es kein trockenes Ufer gibt, findet man auch so gut wie kein altes Holz, das, wie die Indianer sagen, an der Sonne gekocht ist."

Die „Reise in die Äquinoktial-Gegenden", die Humboldt 1799 bis 1804 zusammen mit dem französischen Botaniker Aimé Bonpland unternahm, brachte reiche und neue Erkenntnisse über den tropischen Regenwald, damals die „Hyläa" genannt. Die überwältigende Pflanzenfülle verleitete auch Humboldt zu dem Schluß, daß diese Üppigkeit einer ebenso großen Fruchtbarkeit der Böden entspringt. Ein Irrtum, wie wir heute wissen, – ein Irrtum, der für den tropischen Regenwald tödliche Konsequenzen hatte und hat.

Regenwald im Amazonastiefland (Rio Negro)

Von der ökologischen Benachteiligung der Tropen

Die Tropen wurden (werden), soweit sie genügend Regen empfangen, allgemein für fruchtbare Gebiete gehalten. Umso alarmierender und unbegreiflicher wirken Berichte über mangelhafte agrarische Produktion, Unterernährung und Hungerkatastrophen.
Aus dem Zusammenwirken von Wasserhaushalt, Bodenbildungsprozessen, Nährstoffkreislauf in der Vegetation und Formungsvorgängen bei der Ausgestaltung der Erdoberfläche ergeben sich in den Tropen bestimmte begrenzende Faktoren. Diese zwingen die mögliche agrarische Produktion auf ein Niveau, das erheblich unter dem vergleichbarer Anbaugebiete in den Subtropen und Mittelbreiten liegt.
Der Klimageograph Weischet spricht davon, daß die Tropenbewohner seit jeher ein von der *natürlichen Umwelt vorgegebenes Handicap* in der Kulturentwicklung zu tragen gehabt haben. Besonders die Nährstoffarmut der Böden hat bis heute weithin die Anlage von Dauerkulturen des Ackerbaus (zum Beispiel Reis) in Afrika und Südamerika verhindert.

Tropenböden — Schlüssel zum Verständnis der ökologischen Zusammenhänge

Die Böden der Tropen, insbesondere der humiden Tropen, zeichnen sich durch folgende Merkmale aus
— Hoher Anteil an Klein- und Kleinstlebewesen im Boden
— Enorm vermehrter Säuregehalt
 Säurelieferanten sind:
 a) das Niederschlagswasser
 b) lebende organische Substanz (über 50%)
 c) abgestorbene organische Substanz, die Humusstoffe und mineralisierte Huminstoffe liefert, die sich über die ganze Bodendecke verteilen.
— Hoher Säuregehalt, ständige Feuchte, gleichmäßige hohe Temperaturen führen zu einer großen Verwitterungsaggressivität und einer außerordentlichen Tiefgründigkeit der Bodenbildung. Sie besitzt eine durchschnittliche Mächtigkeit von 3 bis 30 Metern (Außertropen: 1,5 bis 2 m).
— Darüber entwickelt sich nur eine wenige Zentimeter dünne Humusschicht (Außertropen: 25 bis 30 cm).
— Trotz der hohen Niederschläge verhindert eine natürlich vorhandene Pflanzendecke eine intensive Abtragung; fehlt die schützende Pflanzendecke, kommt es zu Flächenspülung und erosiver Zerschneidung.
— Es findet ständig eine starke Auswaschung der Böden statt durch
 a) einen ständig vorhandenen Wasserüberschuß (hohe Niederschläge!)
 b) einen ständigen, zum Grundwasser gerichteten Bodenwasserstrom
 c) eine Verminderung von Basen und Kieselsäure, Anreicherung von Aluminium- und Eisenoxiden (Rotfärbung = „Ferralite")
 d) völliges Fehlen von Kalk, nur spurenartiges Vorkommen von Stickstoff- und Phosphorverbindungen
 e) geringe pH-Werte von 4 bis 5.
— Die Intensiv-Verwitterung führt zum Verlust der Tonmineralien an Silizium.
— Die Böden besitzen nur eine geringe Beziehung zum Ausgangsgestein.
— Die Böden zeigen keine oder nur schwache Horizontierung (also kein Reifeprofil wie zum Beispiel in den gemäßigten Breiten); es handelt sich um sogenannte Arbeitsböden in ständiger Umwandlung.

Der Kohlensäuregehalt der Bodenluft beträgt:	
in den	
Polargebieten	0,02 bis 0,05%
gemäßigten Breiten Winter	0,5%
gemäßigten Breiten Sommer	2,5%
humiden Tropen	20%

Wesentliche Einflußfaktoren der Bodenbildung neben dem Klima sind:

Der Restmineralgehalt, das heißt die nach der physikalischen und chemischen Gesteinsaufbereitung im Bodenskelett (Steine) verbliebene Menge an Mineralbruchstücken des Muttergesteins, ist die eigentliche Quelle der mineralischen Pflanzennährstoff-Kationen, die für das Pflanzenwachstum unabdingbar sind.

Als Folge der etwa hundertfach schneller ablaufenden chemischen Verwitterung in den feuchten Tropen sind bis in große Tiefen keine Reste des Ausgangsgesteins, also keine Restmineralien als Nährstoffvorräte mehr vorhanden. Die Böden sind nährstoffarm.

Die Humusstoffe liefern zunächst beim schrittweisen Abbau der organischen Substanz eine gewisse Menge in ihr enthaltener mineralischer Nährstoffe, die wieder in den Nährstoffkreislauf der Pflanze einbezogen werden kann. Huminsäuren sind gleichzeitig Träger der Austauschkapazität.

In den Tropen dominieren die kieselsäure- und mineralstoffarmen Endprodukte Kaolinit und Gibbsit.

Die Kationenaustauschkapazität ist die Fähigkeit des Bodens, ihm zugeführte Pflanzennährstoffe, die meist (positiv geladene) Kationen sind, durch Anlagerung an bestimmte Bodenbestandteile zu speichern, um sie später an die Bodenlösung oder im Wirkungsfeld der Nährwurzeln der Pflanzen an diese abzugeben. Die mengenmäßig entscheidenden Träger der Austauschkapazität sind Humusstoffe und Tonminerale.

Das entscheidende Problem besteht darin, daß die Austauschkapazität nicht beeinflußt (verbessert) werden kann. Ist sie gering, so geht eine höhere Düngerzufuhr verloren und dringt nur ins Grundwasser ein oder wird rasch über Fließwasser abgeführt.

Das Austauschvermögen der tropischen Böden ist an wenige oberflächennahe Zentimeter und dort an organische Materie oder deren Mineralisationsprodukte gebunden.

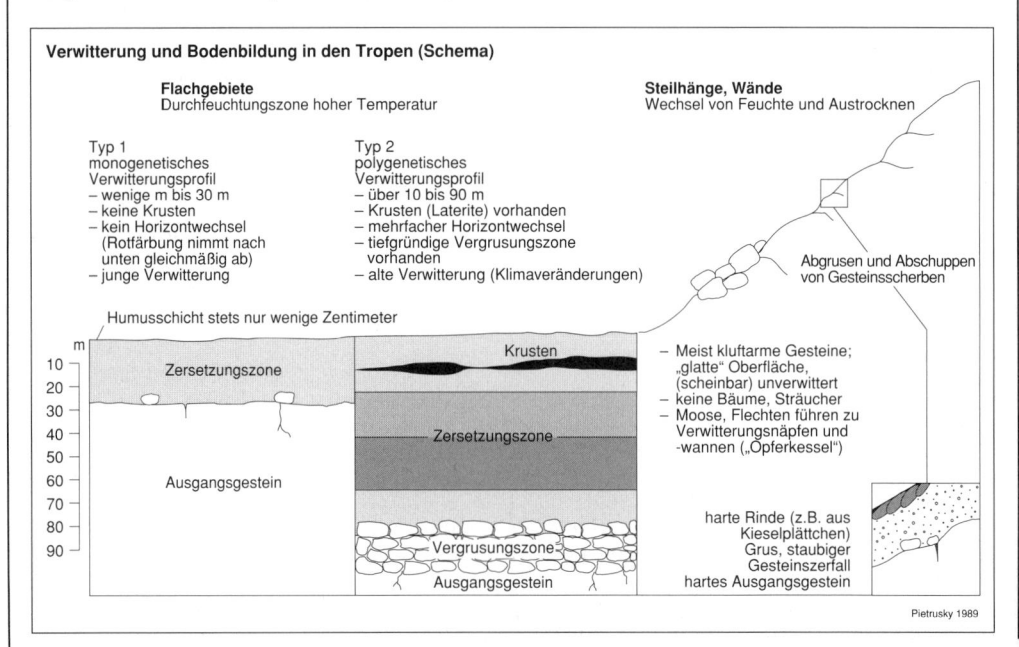

Verwitterung und Bodenbildung in den Tropen (Schema)

Flachgebiete
Durchfeuchtungszone hoher Temperatur

Steilhänge, Wände
Wechsel von Feuchte und Austrocknen

Typ 1
monogenetisches
Verwitterungsprofil
– wenige m bis 30 m
– keine Krusten
– kein Horizontwechsel
  (Rotfärbung nimmt nach
  unten gleichmäßig ab)
– junge Verwitterung

Typ 2
polygenetisches
Verwitterungsprofil
– über 10 bis 90 m
– Krusten (Laterite) vorhanden
– mehrfacher Horizontwechsel
– tiefgründige Vergrusungszone
  vorhanden
– alte Verwitterung (Klimaveränderungen)

Abgrusen und Abschuppen von Gesteinsscherben

Humusschicht stets nur wenige Zentimeter

Krusten
Zersetzungszone
Ausgangsgestein
Zersetzungszone
Vergrusungszone
Ausgangsgestein

– Meist kluftarme Gesteine; „glatte" Oberfläche, (scheinbar) unverwittert
– keine Bäume, Sträucher
– Moose, Flechten führen zu Verwitterungsnäpfen und -wannen („Opferkessel")

harte Rinde (z.B. aus Kieselplättchen)
Grus, staubiger Gesteinszerfall
hartes Ausgangsgestein

Pietrusky 1989

Vorgang der Flächenspülung

	Am Ende der Trockenzeit ist – die Vegetation verdorrt – der ausgetrocknete Boden an der Oberfläche durch Kleintiere (Termiten) aufbereitet. Niederschläge in Form von Starkregen führen zur **oberflächlichen Abspülung** des Fein- und Lockermaterials.
	Nach ersten Regengüssen erfolgt entlang von Trockenrissen, Wurzelbahnen und Röhren langsame **Infiltration**. Die mächtige, fein zersetzte Bodendecke hält das Bodenwasser stark zurück. Folge: Grundwasserspiegel in großen Tiefen, keine oberflächennahen Quellen/Brunnen (meist 10–30 m tief!)
	Nach mehreren Tagen der Infiltration **Quellung** der Tonmineralien; Risse an der Oberfläche schließen sich; Wasserfilm an der Oberfläche; Oberflächenabfluß nimmt zu: zahlreiche Regenrinnsale und Spülrinnen entstehen. „Suspension" an der Oberfläche wird abgespült.
	Im Laufe der (Regen) Zeit bilden sich Spülmulen und -scheiden bzw. Spülmuldentäler
	Bei größerer Wasserführung entstehen „tallose Flüsse" bzw. Flachtäler: – nur sandiges Alluvium vorhanden – Korngröße des Schweb entspricht derjenigen der Latosole – Geröll, Schotter als Werkzeug für Erosion fehlen – passive Transportleistung, keine aktive Tiefen-, Seitenerosion – Sandbett des Flußes nicht eingetieft – Flächen entstehen

Pietrusky 1989

Verwitterung und geomorphologischer Formenschatz

Die Verwitterung greift (nach Büdel) auf zwei Ebenen an:
– der Spüloberfläche
– der Verwitterungs-Basisfläche mit Intensivverwitterung

Die Tiefgründigkeit der Böden ermöglicht ein Vordringen in große Tiefen. Das intensive Ineinandergreifen von
– rascher Materialumwandlung
– Tonmineralneubildung
– vertikalem und horizontalem Stofftransport

führt zu sehr großen, feinkörnigen und an der Oberfläche leicht abspülbaren Verwitterungsmassen, den Rotlehmen oder Roterden (= Latosole).

Der geomorphologische Formenschatz wird entsprechend Verwitterung und Bodenbildung nach wechselfeuchten und immerfeuchten Tropen getrennt betrachtet. Dabei ist der Kenntnisstand zur Geomorphologie der immerfeuchten (inneren) Tropen relativ gering.

Formengesellschaften der Tropen

Wesentliche geomorphologische Formenelemente der Tropen sind:
- Rumpfflächen und Spülmulden
- Inselberge
- Aufschüttungslandschaften
- Rumpfstufen, Rumpftreppen
- Rücken-, Hügelrelief.

Der morphologisch wichtigste Wesenszug der *wechselfeuchten Tropen* besteht nach dem Geomorphologen Büdel in der Fähigkeit zur Bildung von Rumpfflächen auf tektonisch ruhenden oder sich nur schwach hebenden Schollen. Die nach Büdel so genannte „exzessive Flächenbildung" vollzieht sich dabei vor allem während der 6- bis 9-monatigen Regenzeit. Die dann verstärkt auftretende Flächenspülung führt allgemein zur Abtragung der verwitterten und somit beweglich gewordenen Teilchen. Aufschüttungslandschaften sind in den Tropen selten vorhanden. Beispiele: Pantanal/Mato Grosso; Sud am Weißen Nil/Südsudan. Deltaebenen im Mündungsbereich großer Flüsse (z.T. mit Mangroven bestanden) sind durch hohe Sedimentführung entstanden.

Die Entwicklung von Rumpfstufen bzw. Rumpftreppen vollzieht sich analog zur Bildung von Hängen an Inselbergen. Der Typus des „tropischen Hügellandes" ist eher selten, da das Relief überwiegend durch den Wechsel von Fläche und (steilem) Hang geprägt wird. Die Gebirge der wechselfeuchten Tropen weisen einige markante Besonderheiten auf:

Mechanismus der doppelten Einebnungsflächen
(besonders ausgeprägt in den wechselfeuchten Tropen)

0

1. Die Spüloberfläche

2. Mächtige Tieflandsböden (Rotlehme; Latosole)
- hoher Anteil an Klein(st)lebewesen
- hoher Säuregehalt
→ hohe Verwitterungsaggressivität

Unterfläche:
- keine Temperaturschwankungen
- ständige Feuchte vorhanden
→ besonders hohe Verwitterungsaggressivität

20

40

3. Verwitterungs-Basisfläche mit Intensiv-Verwitterung

4. Scharfer Übergang
von frischem Gestein zu Tonboden in schaliger Rinde von 2–2,5 cm

5. „Dekompositionssphäre"
unter der Pedosphäre 100–200 m mächtig
- 20–30 m tiefe Klüfte (Kluftverwitterung)
- rotlehmgefüllte Schlotten
- Vergrusung (Halbzersatz)

60

Pietrusky 1989

- Das Längsprofil der Flüsse steigt über viele Stufen steil an,
- die Flüsse haben sich nur über kurze Distanz eingetieft,
- Talboden wie Schotter fehlen,
- linienhafte Eintiefung erfolgt vor allem durch chemische Verwitterung entlang von Schwächelinien im Gestein.

In den *immerfeuchten Tropen* erreicht die chemische Verwitterung die höchste Intensität. Das natürliche, dichte Pflanzenkleid fördert zusätzlich die Bildung von Säuren und damit die Intensiv-Verwitterung. Der Großbau des Reliefs ist ähnlich dem der wechselfeuchten Tropen. Die Flächen sind überwiegend fossil, also Vorzeitformen, und nur zum geringen Teil in Bildung (Büdel: Zone der partiellen Flächenbildung). Die Formen sind offensichtlich überwiegend in voreiszeitlichen Perioden mit Trockenphasen entstanden.

Es existiert in den Gebirgen eine hohe Taldichte mit steilflankigen Riedeln und schmalen Firsten. Mächtige Bodendecken überziehen auch noch Hänge von 50° bis 80° Neigung. Solange diese Hänge eine natürliche Vegetation oder traditionelle Kulturpflanzen bedecken, bleiben die Hänge stabil. Großflächige Rodungen führen zu Bergstürzen, Rutschungen und zu Bodenfließen.

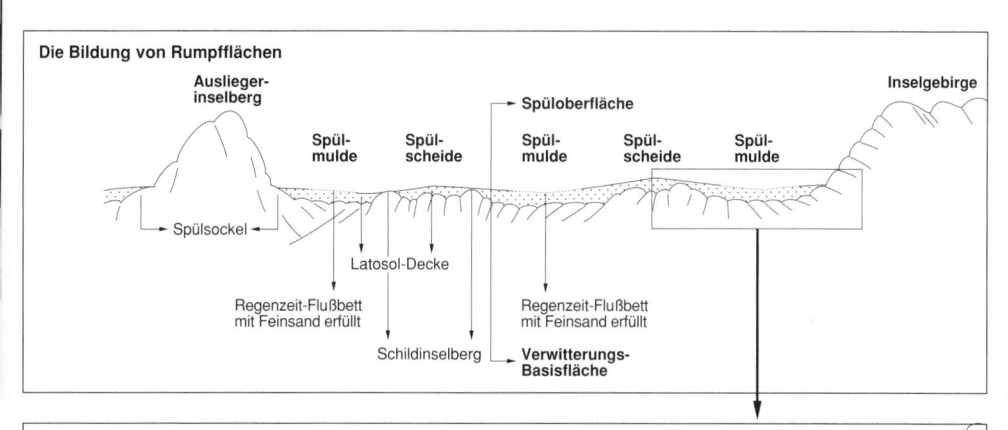

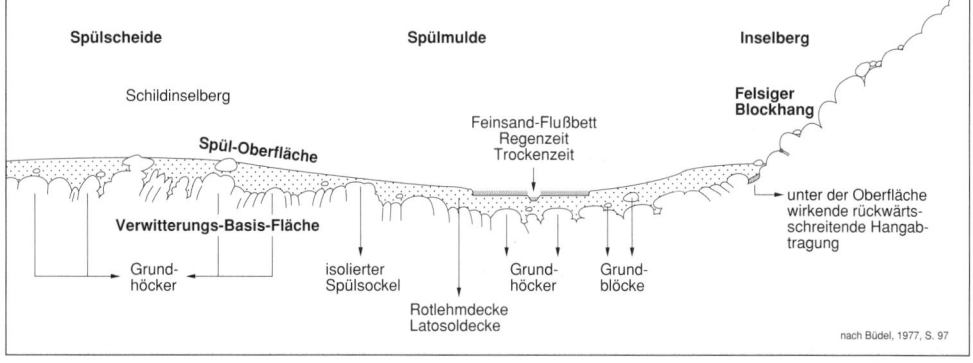

Die Bildung von Rumpfflächen

nach Büdel, 1977, S. 97

Relief und Böden der Subtropen

Aufgrund der im Durchschnitt geringeren Niederschläge in den Subtropen kommt es dort nur relativ selten zu linearem Abfluß, Tiefenerosion und Talbildung, also einer fluviatilen Reliefgestaltung. Die Materialaufbereitung, und das ist für die Bodenbildung von besonderer Bedeutung, erfolgt nur in bescheidenem Maße durch die chemische Verwitterung. Das durch mechanische (physikalische) Verwitterung aufbereitete Lockermaterial kann in den Subtropen durch die geringen Wassermengen nicht abtransportiert werden. Es sammelt sich an den Hangfüßen und Gebirgsrändern, die Gebirge „ertrinken" gleichsam in ihrem eigenen Schutt.

Als reliefprägender Faktor wirkt in den Trockengebieten der Wind so stark wie in keinem anderen Landschaftsgürtel der Erde. Spektakulärste Erscheinungen finden sich in den Sandwüsten, den „ergs", die gemeinhin als der Prototyp der Wüste angesehen werden. Trotzdem ist ihr Flächenanteil sehr bescheiden. Wesentlich weiter verbreitet sind jeweils die meist trostlosen Felswüsten („hamadas"), Stein- und Schuttwüsten („regs") und Kieswüsten („serir"). Trotz der seltenen Niederschläge fehlen fluviatile Formen nicht ganz. Sie sind aber meist Vorzeitformen feuchterer Phasen, die sich bis heute nahezu unverändert erhalten haben. In geringem Maße spielt auch die Lösungsverwitterung eine Rolle.

Böden können sich in extremen Wüsten überhaupt nicht mehr entwickeln. Die Bereiche der genannten Wüstentypen sind sehr humusarm (unter 1%), stickstoffarm und besitzen einen nahezu unverwitterten, also nicht wirksamen, Mineralbestand. In den Übergangszonen mit höheren Niederschlägen können unter einer schütteren Vegetationsdecke sogenannte graue Böden entstehen, die einen leicht höheren Humusanteil (1–2%) besitzen und sehr kalkreich sind.

Der Bodenwasserhaushalt spielt eine große Rolle für Bodenbildung und Vegetation. Tonige Oberflächen lassen das Niederschlagswasser kaum eindringen. Sandige und felsige Standorte, die in humiden Klimaten relativ ungünstige Standorte bilden, sind in ariden Gebieten von der Wasserversorgung her die günstigsten. So konnten auf felsigem Untergrund der Sahara im Hoggar 2000 Jahre alte Olivenbäume, im Tassili bis 4000 Jahre alte Zypressen überleben.

Bald nach einem Regen kehrt sich der Bodenwasserstrom um und führt in Kapillaren zu einem Aufsteigen der im Untergrund gelösten Salze, von Kalk und Eisen- und Manganverbindungen. Sie können an der Oberfläche Salz- oder Gipskrusten oder als dünne Häutchen den sogenannten „Wüstenlack" ausbilden. Die Anreicherung von Salzen, besonders in abflußlosen Senken, kann durch falsche Bewässerungstechniken vom Menschen verstärkt werden, wobei nach wenigen Jahren richtige „Salzwüsten" entstehen. Die großflächige *Versalzung des Bodens* ist vor allem im Zweistromland am Unterlauf von Euphrat und Tigris sowie in der Indusebene zu einem kaum lösbaren Problem geworden.
(nach Müller-Hohenstein 1981, S. 109–112)

Ahaggar-Gebirge in der algerischen Sahara

Der tropische Regenwald ist bedroht!

Alle tropischen Regenwaldgebiete der Erde sind heute durch wachsenden Bevölkerungsdruck, durch den Einsatz moderner Rodungs- und Kultivierungstechniken sowie durch großflächige Plantagenwirtschaft und durch extensive Weidewirtschaft in ihrem Bestand unmittelbar bedroht. Sollte die Vernichtung im heutigen Tempo weitergehen, so werden in wenigen Jahrzehnten sämtliche tropischen Urwälder verschwunden sein. Immerhin schätzten Experten noch 1975, daß auf etwa 60 Prozent (= 9,4 Mill. km^2) ihres maximal möglichen Areals (= 16 Mill. km^2) die tropischen Regenwälder noch im natürlichen oder naturnahen Zustand waren. Dagegen ist von den natürlichen Wäldern in den Subtropen oder gemäßigten Breiten fast nichts mehr erhalten!

Mehr als die Hälfte der ursprünglich vorhandenen etwa 16 Millionen Quadratkilometer tropischer Feuchtwälder wurden bis 1985 abgeholzt. Die Geschwindigkeit der Waldzerstörung nimmt laufend zu. Die „Clearing-Rate" ist von der Mitte der 60er Jahre bis zur Mitte der 70er Jahre auf das Doppelte gestiegen. Die Abnahme der Waldflächen in Entwicklungsländern betrug Ende der siebziger Jahre etwa 200 000 Quadratkilometer jährlich. Die durchschnittliche Vernichtungsrate der Wälder der gesamten immerfeuchten Tropen wurde auf jährlich 1,5 bis 2 Prozent, die des Amazonasbeckens auf 4 Prozent geschätzt. Zwischen 1975 und 1985 sind allein in Amazonien 130 000 Quadratkilometer Wald vernichtet worden: das ist knapp die doppelte Waldfläche der Bundesrepublik Deutschland. Bei gleichbleibender Rodungsrate dürften die vorhandenen Amazonaswälder (2,8 Mill. km^2) in weniger als 30 Jahren verschwunden sein.

Halten Raubbau und Abforstung im gegenwärtigen Umfang an, dann werden die tropischen Regenwälder in weniger als 80 Jahren unwiederbringlich verschwunden sein. Würden wir unseren Wäldern mit gleichem Tempo zu Leibe rücken, sie wären in weniger als einem halben Jahr zerstört!

Maschinelle Rodung im Regenwald

Ökosystem mit Widerspruch: arme Böden – reiche Vegetation!

Die Produktionskraft natürlicher tropischer Regenwälder ist rund zweieinhalbmal größer als in den Außertropen. Von der gesamten Biomasse der Erde entfallen etwa 55 Prozent (= 1000 Mrd. t) auf die tropischen Regenwälder. Diese scheinbar ungeheure Produktivität veranlaßte ursprünglich Wissenschaftler, später vor allem Politiker, zu einer einfachen Folgerung: Bei solch hoher natürlicher pflanzlicher Produktionskraft müssen sich „künstliche" agrarische Nutzungssysteme ähnlich verhalten, wenn sie richtig behandelt werden. Dieser Schluß erwies sich als voreilig und falsch, als „technological quickfix".

Die Wissenschaft fand bereits vor Jahrzehnten die Lösung:
- Fast der gesamte Nährstoffvorrat des Regenwaldes findet sich nicht im Boden, sondern im lebenden und gerade abgestorbenen Material. Letzteres wird vor der Mineralisierung, ja schon vor der Humifizierung, über Pilze, den Mykorrhizae, den Saugwurzeln der lebenden Pflanzen in organischer Form wieder zugeführt.
- Dieser Kreislauf wirkt außerordentlich schnell und direkt.
- Dieser Kreislauf ist aber sehr sensibel: Störungen wirken sich katastrophal aus!

Die hervorragende Funktion der Wurzelpilze

Mykorrhizae („Wurzelpilze") leben an/in Wurzeln höherer Pflanzen in einem „Dienst auf Gegenseitigkeit". Sie umgeben die Wurzeln der Pflanzen als feines, dichtes Geflecht und dringen in deren äußere Zellschichten ein. Dieser Vorgang funktioniert in den Regenwäldern in zweifacher Weise:
- Mykorrhizae transformieren manche Mineralverbindungen, die sonst für die Pflanzen nicht zugänglich sind, in solche, die von ihnen aufgenommen werden können (z. B. Phosphor). Sie schließen aus verwitterter Biomasse Nährstoffe auf und stellen sie den Pflanzen bereit („Nährstoff-Pumpen").
- Pilze wirken als lebende „Nährstoff-Fallen". Nährelemente im Raum zwischen den Wurzeln werden rasch und nachhaltig von den Pilzen aufgenommen und später langsam für die Pflanzenwurzeln freigesetzt.

Die mineralischen Nährstoffe stammen dabei aus der Waldstreu und deren Zersetzung und werden bereits in den obersten Bodenschichten von den Mykorrhizae abgefangen und optimal mineralisiert. Als Gegenleistung für ihre Dienste bekommen die Pilze von der Pflanze lebensnotwendige Stoffe für die Photosynthese. Das Nährstoff-Recycling geschieht so perfekt, daß im intakten System keine Nährstoffe verlorengehen.

Anpassungsformen der Vegetation im tropischen Regenwald

- Flach streichendes Wurzelwerk (Wurzeln würden auch in größerer Tiefe wegen der Auswaschung keine Nährstoffe erreichen!).
- Stockwerkartige Gliederung der bis zu 60, 80 Meter hohen Baumschicht.
- Mehrfacher Kronenschluß (drei Kronenstockwerke), wobei der untere Stammraum frei bleibt und die Krautschicht fehlt.
- Nur etwa 0,1–3 Prozent des Freilandlichtes gelangen bis zum Boden. Das Dämmerlicht wird nur kurzzeitig und stellenweise durch wandernde Lichtflecke aufgehellt.
- Das dichte Laubdach erzeugt ein „Mikroklima", das besonders gleichförmig ist.
- Bei stets vorhandener Wärme und Feuchte herrscht ein ständiger Kampf um den verbleibenden Minimumfaktor: das Licht.
- Im Regenwald dominieren die Holzgewächse in der Vegetation wie sonst nirgends auf der Welt. Allein im Amazonasbecken wachsen mindestens 2500 verschiedene Baumarten, in Afrika sind es nicht wesentlich weniger, und im indonesischen Raum dürften es über 3500 sein.

Das Ökosystem Regenwald im Vergleich

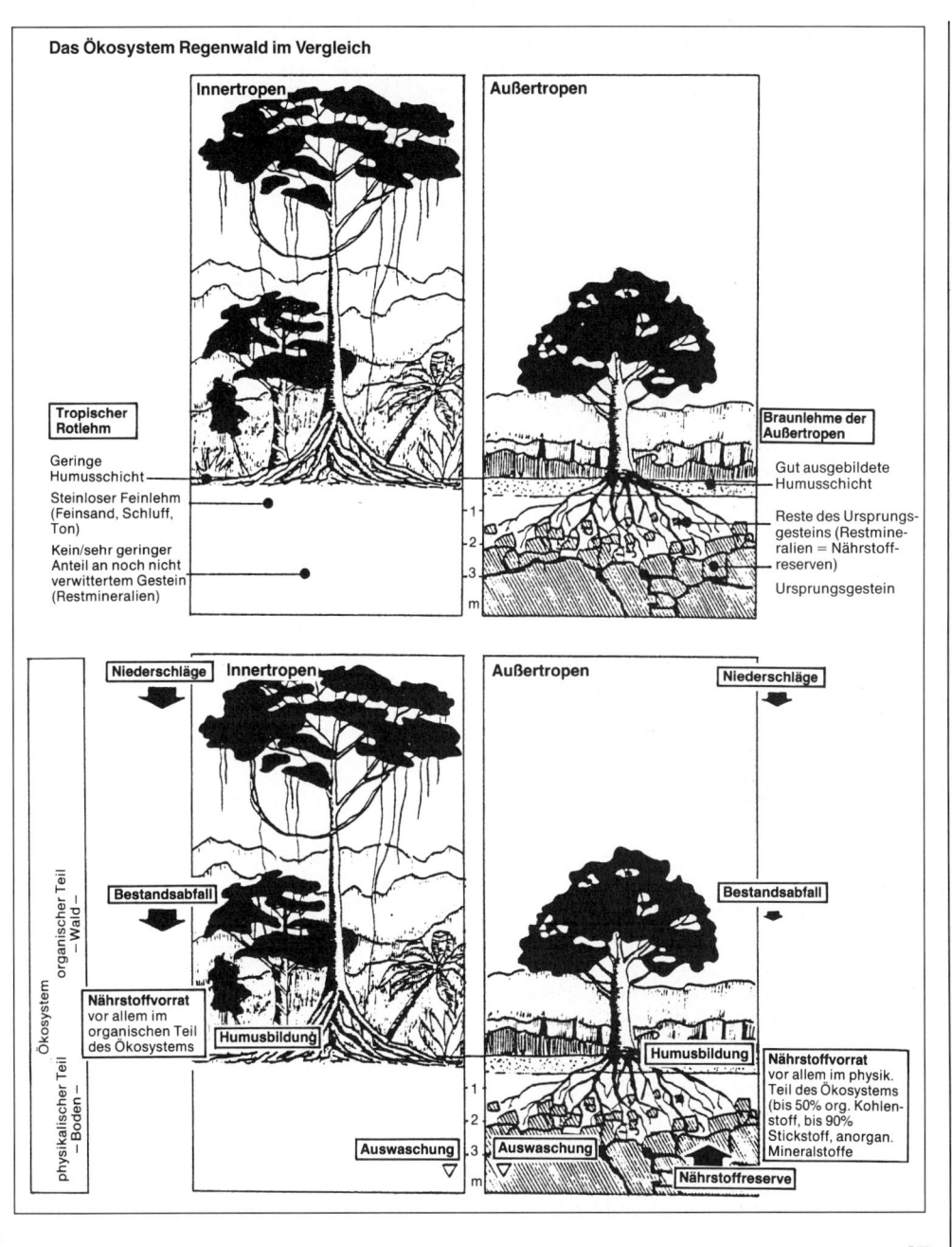

Innertropen

Tropischer Rotlehm
- Geringe Humusschicht
- Steinloser Feinlehm (Feinsand, Schluff, Ton)
- Kein/sehr geringer Anteil an noch nicht verwittertem Gestein (Restmineralien)

Außertropen

Braunlehme der Außertropen
- Gut ausgebildete Humusschicht
- Reste des Ursprungsgesteins (Restmineralien = Nährstoffreserven)
- Ursprungsgestein

Innertropen
- Niederschläge
- Bestandsabfall
- **Nährstoffvorrat** vor allem im organischen Teil des Ökosystems
- Humusbildung
- Auswaschung

Außertropen
- Niederschläge
- Bestandsabfall
- Humusbildung
- **Nährstoffvorrat** vor allem im physik. Teil des Ökosystems (bis 50% org. Kohlenstoff, bis 90% Stickstoff, anorgan. Mineralstoffe)
- Auswaschung
- Nährstoffreserve

Ökosystem
- organischer Teil – Wald –
- physikalischer Teil – Boden –

Nährstofftransport und -Bilanz im intakten tropischen Regenwald

Phytomasse (500–700 t/ha/J)

Bestandsabfall (Biomasse) (6–25 t/ha/J)

Waldstreu (Humusschicht) **Nährstoff-Falle**

geschlossenes System

Nährstoffeintrag über Regen

= (geringe) Nährstoffrücklage

Extreme Flachwurzelteller: Flachwurzeln mit Mykorrhizae = Rückgewinnung von Nährstoffen bevor sie in den Boden gelangen

Afrika: 80% der gesamten Wurzelmasse in obersten 30 cm
Amazonien: 70% der gesamten Feinwurzeln in obersten 45 cm

Extrem geringe Nährstoffverluste

geringe Nährstoffreserve aus Mineralverwitterung der tieferen Schichten

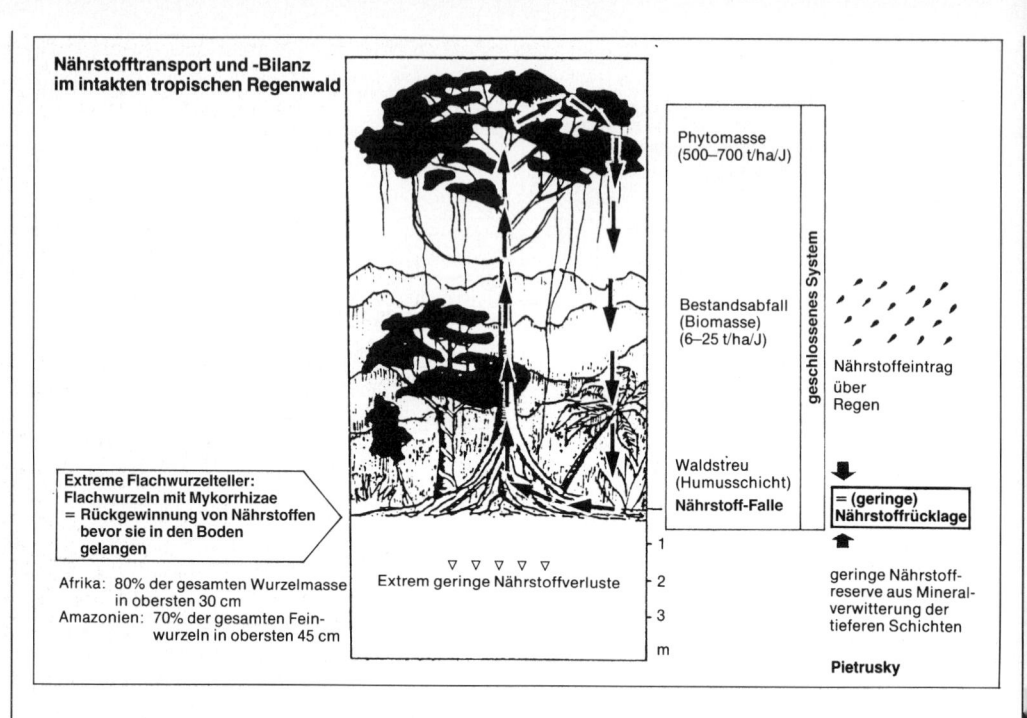

Pietrusky

Typische Detailformen im tropischen Regenwald

- Die Baumformen zeichnen sich aus durch hohen Wuchs, kleine Krone, erst weit oben ansetzende Verzweigung und Brett- oder Stelzwurzeln (als ökologische Anpassung, statische Hilfen).
- Heterophyllie (= unterschiedliche Blattbildung): unten (im Schatten) große weiche Blätter; am selben Baum oben kleine, ledrige Blätter (Schutz gegen intensive Sonneneinstrahlung).
- Unregelmäßige Laub-, Blüten- und Fruchtbildung (keine Jahreszeit!).
- „Laubschütten": Büschel junger, schlaffer Blätter; Bildung des Festigungsgewebes hält mit der Entwicklung nicht Schritt.
- Kauliflorie (= Stammblütigkeit), wie auch beim Kakao; die Bestäubung erfolgt häufig durch stammbewohnende Vögel (Kolibris), Fledermaus- und Flughundearten.
- Lianen: besonders typische Lebensform für den Kampf ums Licht; von Natur aus auf lichtere Standorte konzentriert; können über 100 Meter lang werden; Verbreitung durch Eingriffe (Rodungen, Straßenbau) gefördert.
- Epiphyten (Orchideen, Farne): da im Stamm- und Kronenraum, jedenfalls am Anfang, wasserspeichernde Humuslagen fehlen, werden die Niederschläge in Blatttrichtern und Blattschuppen eingefangen und im Blatt und in Sproßknollen gespeichert; viele Farne bilden mit der Zeit auf Bäumen ihren eigenen Boden.

Beispiele spezieller Gesellschaften

Weite Bereiche des tropischen Regenwaldes werden von *Flußufergesellschaften der Tieflandsflüsse* eingenommen (Amazonas, Kongo). Zwischen den Hochufern des „Festlandes" (Terra firme) bilden sich dammförmige Einfassungen des eigentlichen Flußbettes: Es entstehen Dammflüsse.

- Infolge der chemischen Verwitterung transportiert der Strom nur feinkörniges Material (Flußtrübe, -schwebe); grobkörniges Material als Werkzeug für Tiefen- oder Seitenerosion fehlt weitgehend.
- Allmählich erhöht sich das Flußbett in den gefällsarmen, trägen Tieflandsflüssen.
- Am Ufer kommt es mit Hilfe der bremsenden und auskämmenden Vegetation (fängt Schweb- und Sinkstoffe auf) zur Wallbildung.
- Hochwässer zerstören gelegentlich wieder Dämme und überfluten angrenzende Bereiche.

Im Amazonasbecken unterscheidet man drei Typen:
- Weißwasserflüsse aus den Anden mit vielen mineralischen Schwebstoffen,
- Schwarzwasserflüsse aus Sumpfwaldgebieten mit hohem Anteil an gelösten Humusstoffen,
- reine Klarwasserflüsse aus Gebieten mit geringer Reliefenergie.

Immerfeuchter Regenwald der „inneren" Tropen

Klima:
10–12 humide Monate, meist über 2000 mm Jahresniederschlag, hohes Monatsmittel (25–27 °C) der Temperatur, Tagesschwankungen größer als Jahresamplitude, Luftfeuchtigkeit 80% bis Sättigungsgrenze.

Vegetation:
tropischer, immerfeuchter Regenwald, tropischer Gebirgsregenwald (Nebelwald)

Ökosystem:
hohe Biomasse-Produktion innerhalb eines kurzgeschlossenen, sensiblen Nährstoffkreislaufs
Nährstoffarmut, geringe Austauschkapazität und hohe Versickerungsrate des Wassers im Boden; hoher Artenreichtum in Flora und Fauna.

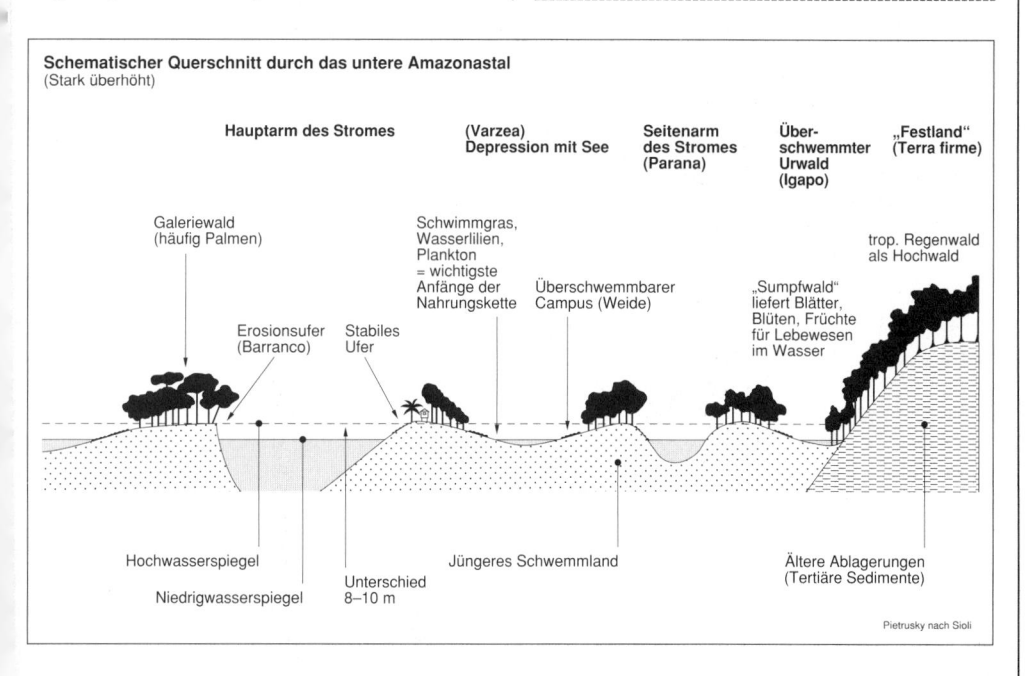

Schematischer Querschnitt durch das untere Amazonastal
(Stark überhöht)

- Hauptarm des Stromes
  - Galeriewald (häufig Palmen)
  - Erosionsufer (Barranco)
- (Varzea) Depression mit See
  - Schwimmgras, Wasserlilien, Plankton = wichtigste Anfänge der Nahrungskette
  - Stabiles Ufer
- Seitenarm des Stromes (Parana)
  - Überschwemmbarer Campus (Weide)
- Überschwemmter Urwald (Igapo)
  - „Sumpfwald" liefert Blätter, Blüten, Früchte für Lebewesen im Wasser
- „Festland" (Terra firme)
  - trop. Regenwald als Hochwald

Hochwasserspiegel
Niedrigwasserspiegel
Unterschied 8–10 m
Jüngeres Schwemmland
Ältere Ablagerungen (Tertiäre Sedimente)

Pietrusky nach Sioli

Fruchtbare Ausnahmegebiete der immerfeuchten Tropen

Intensiver Ackerbau in 2000 Meter Höhe im Dreiländereck Unganda, Zaire, Ruanda

Die fruchtbaren Gebiete in den immerfeuchten (inneren) Tropen liegen dort, wo den Böden permanent neuer Restmineralgehalt zugeführt wird.

1. **Gebiete mit Weißwasserflüssen und periodischen Überschwemmungen**
- Feine Mineralauflagen stammen aus den Schwebstoffen der Ströme (Kongo-, Amazonasbecken).
- Das nicht erschlossene Potential an Schwemmlandböden ist bedeutend und soll im Amazonasgebiet (Varzea) etwa 1 Million Hektar umfassen. Nicht dränierte Schwemmlandböden eignen sich besonders gut für Reisanbau.

2. **Gebiete mit Vulkanismus**
- Aschendüngung nach Vulkanausbrüchen,
- oberflächennahe Verwitterung junger, basischer Vulkanite mit relativ nährstoffreichen und austauschstarken Andosolen (Zentral-, Ostafrika, Java)
- ermöglichen einen ertragreichen Dauerfeldbau

3. **Hochländer und Gebiete mit stark hängigem Gelände**
- Die permanent frische Gesteinssubstanz des Untergrundes der „Gebirgsskelettböden" bringt einen relativ hohen Gehalt an mineralischer Restsubstanz.
- Die mit der Höhe abnehmenden Temperaturen und Niederschläge setzen die chemische Verwitterung und Auswaschung der Böden herab. Die gemäßigte Stufe (1500–2000 m) tritt als Vorzugsraum hervor.
- Daher sind die Tropen mit einem großen Flächenanteil von Hochgebirgen Vorzugsgebiete der Agrarwirtschaft. Im asiatischen Teil konzentrieren sich zwei Drittel der Tropenbewohner auf Hochgebirge, Stromebenen und Vulkanlandschaften.

Im Gebirge kommen klimatische Gunstfaktoren hinzu, die wiederum die gesundheitlichen Lebensbedingungen verbessern:
- angenehme Temperatur,
- geringe Infektionsgefahr für Malaria, Schlafkrankheit sowie Viehseuchen.

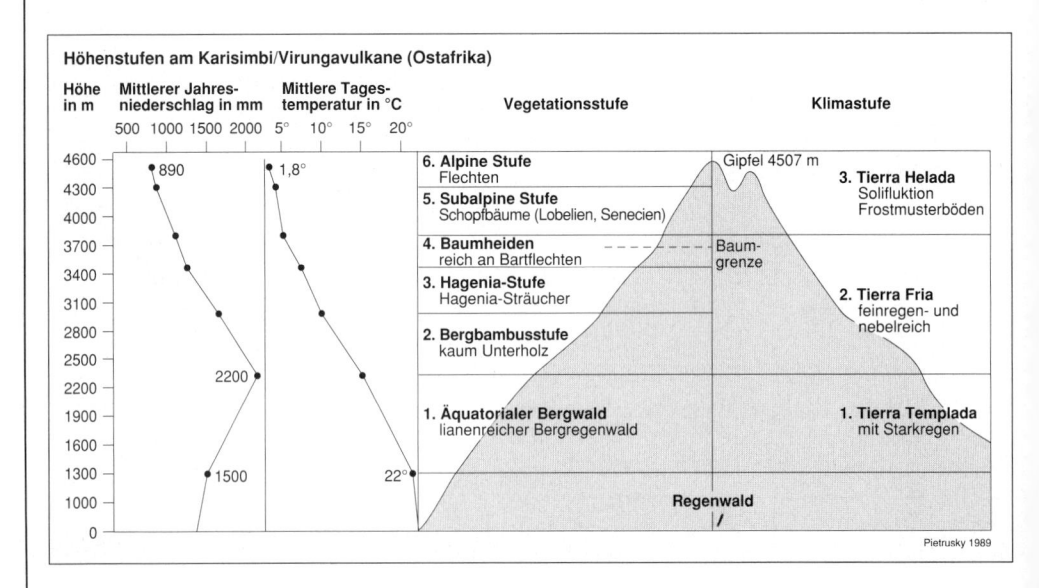

Höhenstufen am Karisimbi/Virungavulkane (Ostafrika)

Höhe in m	Mittlerer Jahresniederschlag in mm	Mittlere Tagestemperatur in °C	Vegetationsstufe		Klimastufe
4600	890	1,8°	**6. Alpine Stufe** Flechten	Gipfel 4507 m	**3. Tierra Helada** Solifluktion Frostmusterböden
4300			**5. Subalpine Stufe** Schopfbäume (Lobelien, Senecien)		
4000					
3700			**4. Baumheiden** reich an Bartflechten	Baumgrenze	
3400			**3. Hagenia-Stufe** Hagenia-Sträucher		**2. Tierra Fria** feinregen- und nebelreich
3100					
2800			**2. Bergbambusstufe** kaum Unterholz		
2500					
2200	2200				
1900			**1. Äquatorialer Bergwald** lianenreicher Bergregenwald		**1. Tierra Templada** mit Starkregen
1600					
1300	1500	22°		Regenwald	
1000					
0					

Pietrusky 1989

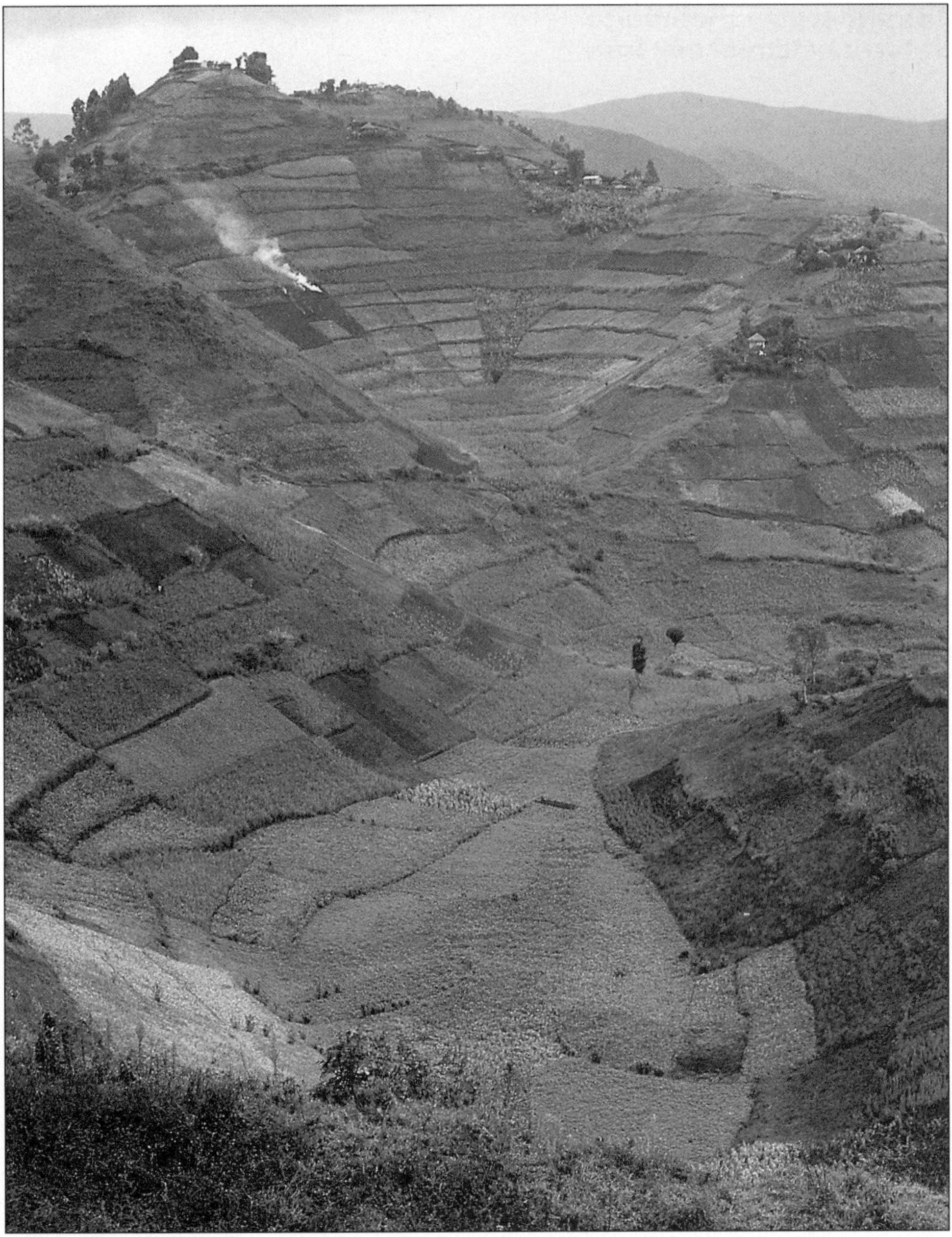

Das außergewöhnlichste Naturschauspiel der Erde

In der nördlichen Serengeti, Tansania

Statistisch gesehen nimmt es das Guinness-Buch der Rekorde wohl nicht so genau. Die größte Show der Welt muß doch wohl Serengeti-Mara in Ostafrika sein: eine Gesellschaft von drei Millionen Akteuren, in einer Arena von vielen Tausend Quadratkilometern mit einem Non-Stop-Programm über 12 Monate – und das seit zwei Millionen Jahren!

Bei der letzten Zählung 1980 kam man auf 1 400 000 Streifengnus, 500 000 Gazellen, 200 000 Zebras, 64 000 Impalas (Schwarzfersenantilopen) und viele andere Grasfresser, die den ostafrikanischen Wanderzirkus beleben. Zu denen, die immer in der gleichen Arena agieren, zählen Löwen sowie eine Menge anderer Raubkatzen. 95 Säugetier-, Amphibien- und Reptilienarten bevölkern das Reservat, dazu 485 Flugtierarten, Tsetsefliegen und andere lästige Insekten nicht mitgerechnet.

In diesem außergewöhnlichen Zirkus spielt das Gnu den Clown; sein Aussehen scheint es dafür zu prädestinieren: ein viel zu großer Kopf auf einem dürren Gerippe und dünne Beine, eine überlange Schnauze, zu kleingeratene Hörner und ein dünner weißer Mandarinbart. Über weite Strecken übernehmen die Gnus auch die Narrenrolle. Dann krümmen sie den Rücken und wiegen auf und nieder, als wollten sie den Ipid-Tanz der Massai nachahmen. Doch hinter der Bühne wird es tragisch. Ein Tier, das Pirouetten dreht, ist dem Tod geweiht: Eine Dasselfliege ist ihm ins Gehirn gekrochen. Ist der tödliche, scheinbar sinnlose Sprung von Hunderten von Tieren in eine Schlucht nur eine schnelle Erlösung?

Wie soll jenes erschütternde Ritual erklärt werden, wonach Mutter- und Jungtiere sich beim Durchschwimmen eines Sees trennen? Sie schwimmen hin und zurück, immer wieder aneinander vorbei, bis sie schließlich aufgeben. Ihre Schnauzen, die als einziges aus dem Wasser ragen, sind wohl lustig anzusehen, doch welche Tragik, wenn die Kleinen wimmernd ans Ufer kriechen und eine leichte Beute der Räuber werden.

„Mara" bedeutet „buntes Durcheinander" und ist eines der 30 Adjektive, mit denen die Massai das Muttertier mit seinen Hauttönungen und Mustern beschreiben. Mara könnte auch für die Landschaft stehen, jene „Grünen Hügel Afrikas", die mit Akazienhainen und dichtem Gestrüpp durchsetzt sind. Wahrscheinlicher klingt die Theorie, daß Mara auf die Millionen Gnus und anderer Pflanzenfresser zurückgeht, die zweimal im Jahr das Land bevölkern. Wenn die Gnus die Wahl hätten, würden sie niemals in das Mara-Reservat mit seinem mannshohen Gras heraufkommen. Sie würden lieber in der Serengeti-Ebene weiden, weil sich dort die Räuber nicht anschleichen können. Wenn sie jedoch das kurze Gras im Süden abgefressen haben, müssen sie auf der Spur des „langen Regens" in nordwestlicher Richtung davonziehen.

Es gibt keinen geordneten Start. Bis auf einige Leitbullen unter den 1,4 Millionen Tieren, die durch Schnuppern den Aufbruch herausfinden, hat keines der Tiere eine Ahnung, was vor sich geht. Dann setzen sich die Bullen an die Spitze des Zuges zum Victoria-See. Die anderen folgen ihnen, vereinzelte Tiere, kleine Gruppen, Tausende, zu einer langen breiten Linie vereint, die aus dem Flugzeug wie eine Kolonne von Ameisen auf Safari aussieht. Vor dem See biegen sie ab, ziehen über den Mara River geradewegs ins nördliche Kenia; dort, so wissen sie, gibt es gutes Gras. Sie unterbrechen ihren Zug und breiten sich an den Hügeln und auf dem „golden gras" der Täler aus, der rotbraunen Themeda triandra-Savanne. Sobald sie merken, daß ein „Oktober-Kurzregen" von Süden her im Anzug ist, formieren sich die Herden und setzen ihren Zug fort. Diesmal – niemand weiß warum – sind die Reihen enger: der Bogen nach Südosten, wo alles seinen Ausgang nahm, steht bevor.

(Apa Guides Kenia 1987, S. 133–135)

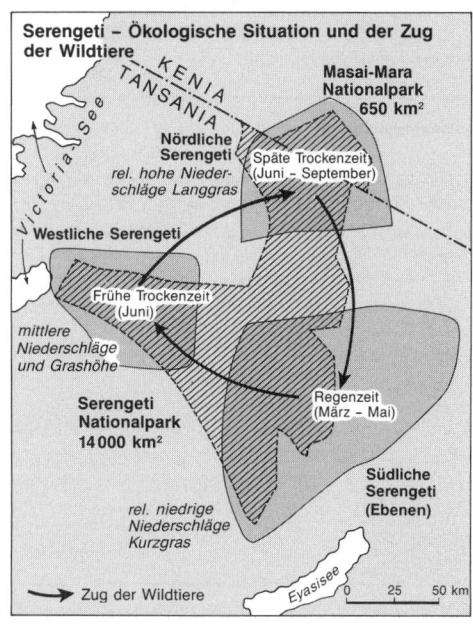

Serengeti – Ökologische Situation und der Zug der Wildtiere

Masai-Mara Nationalpark 650 km²

Nördliche Serengeti – rel. hohe Niederschläge Langgras

Späte Trockenzeit (Juni – September)

Westliche Serengeti – mittlere Niederschläge und Grashöhe

Frühe Trockenzeit (Juni)

Regenzeit (März – Mai)

Serengeti Nationalpark 14 000 km²

rel. niedrige Niederschläge Kurzgras

Südliche Serengeti (Ebenen)

→ Zug der Wildtiere

KENIA / TANSANIA — Victoriasee — Eyasisee

0 25 50 km

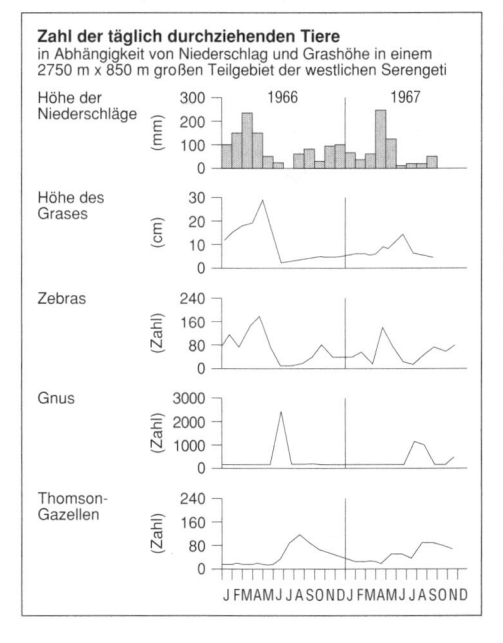

Zahl der täglich durchziehenden Tiere
in Abhängigkeit von Niederschlag und Grashöhe in einem 2750 m x 850 m großen Teilgebiet der westlichen Serengeti

- Höhe der Niederschläge (mm): 0–300
- Höhe des Grases (cm): 0–30
- Zebras (Zahl): 0–240
- Gnus (Zahl): 0–3000
- Thomson-Gazellen (Zahl): 0–240

1966 | 1967
J F M A M J J A S O N D J F M A M J J A S O N D

53

Grasländer der Tropen – die Savannen

Den immerfeuchten oder auch inneren Tropen werden innerhalb des tropischen Landschaftsgürtels im allgemeinen die wechselfeuchten oder äußeren Tropen gegenübergestellt. Letztere besitzen ebenfalls ein gemeinsames klimatisches Merkmal: im Verlauf eines Jahres wechseln trockenere und feuchtere Perioden ab. Auch der Begriff „Savanne", der aus dem Spanischen kommt und dort Grasebenen umschreibt, erlaubt Rückschlüsse auf gewisse Gemeinsamkeiten in der Vegetation. Es hat sich eine Gliederung durchgesetzt, die in der Theorie Feucht-, Trocken- und Dornsavanne unterscheidet. In der Realität sind die Übergänge sehr fließend, die Unterscheidung oft sehr schwierig: während der Regenzeit erscheint die Dornsavanne im üppigen Grün, die Feuchtsavanne während der Trockenzeit ausgedörrt! Natürliche Savannen, die kaum mehr vorhanden sind, setzen sich aus Holzpflanzen und Gräsern zusammen.

Die Feuchtsavanne

Mit Entfernung vom Äquator nehmen die Temperaturunterschiede im Jahresverlauf langsam zu. Die Jahresmitteltemperatur liegt bei 25 °C, die des kältesten Monats noch über 20 °C. Wichtiger sind die Feuchteverhältnisse. Die mittleren Jahresniederschläge von 1500 bis 2000 Millimeter teilen sich in eine niederschlagsarme bis -freie, kühlere und in eine niederschlagsreiche, wärmere Jahreszeit. Bedeutsam für das Pflanzenwachstum ist, daß die niederschlagsreiche Zeit mit der wärmsten zusammenfällt.

Trotz vieler Gemeinsamkeiten mit der Regenwaldzone nimmt die Bodengüte zu:
- Bei geringerem Wasserangebot geht die Intensität der chemischen Verwitterung zurück.
- Die Auswaschung ist weniger stark, die Entwicklungstiefe ist geringer.

Die Hänge werden allerdings nur mehr in der Regenzeit mit ausreichend Feuchtigkeit versorgt. Senken und Ebenen, wo sich Wasser sammelt, sind feuchter.

Die Holzpflanzen der Feuchtsavanne haben ein sehr weit- und tiefreichendes Wurzelsystem, das größere Tiefen und auch das anstehende Gestein erschließt. Die Bäume besitzen zum Ausgleich des Wasserhaushalts die Möglichkeit, in Trockenphasen die Transpiration einzuschränken. Der Schattenwurf der Bäume drängt den natürlichen Graswuchs zurück. Ursprünglich waren wohl in Feuchtsavannen mit mehr als 1000 Millimeter Jahresniederschlag keine natürlichen Grasländer vorhanden. Ihre heute weite Verbreitung ist auf massive menschliche Eingriffe (Brandrodung) zurückzuführen.

In Arealen mit schütterem Baumbestand herrscht eine Langgrasflur mit zwei bis drei Meter hohen Gräsern vor. In Südamerika nennt man die grasbestandenen Senken, die zum Teil überschwemmt werden, Campos limpos. Dem weitgehenden Offenlandcharakter der Feuchtsavannen sind Großtiere angepaßt, die häufig in großen Herden und auffallenden Gesellschaftstypen leben. Das Auftreten in Herden, das Jagen in Rudeln und Schwärmen stellt eine Anpassung an die offene „Parklandschaft" dar.

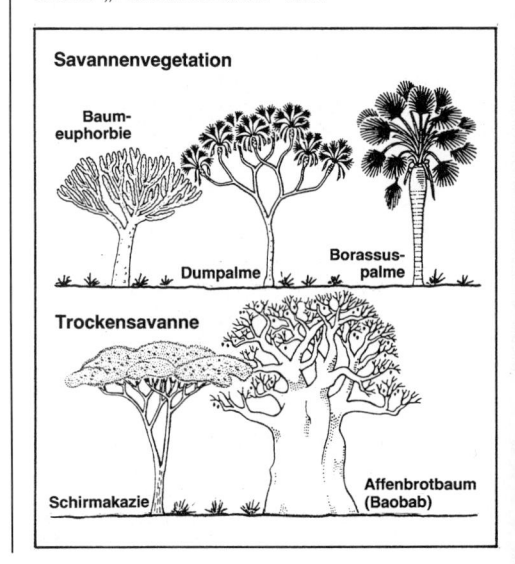

Savannenvegetation: Baumeuphorbie, Dumpalme, Borassuspalme

Trockensavanne: Schirmakazie, Affenbrotbaum (Baobab)

Die Trocken- und die Dornsavanne

Mit Annäherung an die Wendekreise verringert sich die humide Phase auf eine kurze Regenzeit in den Sommermonaten. Das Jahresmittel der Niederschläge schwankt zwischen 300 und 1000 Millimeter. Nicht so sehr die relativ geringen Niederschläge sind das Problem, als vielmehr das Risiko, daß der Regen für ein oder mehrere Jahre ganz ausbleibt. Die Jahresmitteltemperatur liegt bei 25 °C, die Schwankung um 13 °C.

Die in den inneren Tropen so typische Rotfärbung der Böden hört auf. Die rotbraunen bis braunen Böden der Trocken- und Dornsavanne besitzen eine geringere Entwicklungstiefe, da die chemische Verwitterung sehr eingeschränkt ist. Die Böden werden lehmiger, sandiger und auch steiniger. Da eine Auswaschung fast nicht mehr stattfindet, sind die Böden mineral- und nährstoffreich. Dennoch sind das Pflanzenwachstum und die Nutzung beschränkt: durch das immer geringer werdende Wasserangebot. Gleichzeitig nimmt die Gefahr der Versalzung und der Erosion zu.

Klimatisch bedingt herrschen Gräser vor. Sie erreichen in der Trockensavanne eine Höhe von 0,5 bis 1,5 Meter, in der Dornsavanne einen halben Meter. Die Gräser beschränken ihre Vegetationsperiode auf die Regenzeit, da sie keinen Verdunstungsschutz besitzen und bis auf den Vegetationskegel vertrocknen.

Regengrüne Wälder oder Trockenwälder finden sich nur mehr in wenigen Taleinschnitten und an Flußufern (Galeriewälder). Mittelhohe, dornige Schirmkronenbäume mit oft fiedrigblättrigem Laub sind die Charakterbäume der afrikanischen Trocken- und Dornsavanne: Akazien und Leguminosenbäume.

In der Dornsavanne können sich neben den Dornbüschen nur mehr jene Bäume behaupten, die über ausgereifte wassersparende und wasserspeichernde Organe verfügen. Es sind dies Kakteen (Amerika), Euphorbien, Affenbrot- und Flaschenbäume (Afrika).

Sind es unter den Tieren die Läufer, Springer und Späher, die die Feuchtsavanne bevölkern, so spielt sich in der Trocken- und Dornsavanne das Leben vor allem im Erdboden ab. Die Graber wie Ameisen, Termiten und Heuschrecken suchen Schutz vor Feinden und den hohen Temperaturen. In Trocken- und Dornsavannen bilden sich die Verderben bringenden Schwärme der Wanderheuschrecken.

Savanne
= (spanisch) Grasebene der wechselfeuchten, äußeren Tropen
(Steppe: Grasländer der subtropischen und kühlgemäßigten Zonen)

Klima: Im Verlauf eines Jahres wechseln trockene und feuchte Perioden ab; die Einschränkungen für die Vegetation sind durch Trockenheit (nicht wie in den Steppen durch Kälte) bedingt.

Vegetation: Die Vegetation ist wichtigstes Unterscheidungsmerkmal zu den humiden Tropen, aber auch innerhalb der wechselfeuchten Tropen:

Feuchtsavanne: 8–10 humide Monate; Trockenzeit vorwiegend im Winter; tropische halbimmergrüne oder laubabwerfende (wechselgrüne) Regen-/Feuchtwälder, regengrüne Monsunwälder sowie Galerie- und Uferwälder; (Südamerika: Campos Cerrados); natürliches Grasland (Langgras)

Trockensavanne: 3–6 humide Monate; tropischer Trockenwald mit trockenen, brandharten Gehölzen; besonders verbreitet sind Fiederlaubbäume (Afrika: Miombo-, Mopanewälder)

Dornsavanne: 2–4 humide Monate; Dornsträucher, trockene und wasserspeichernde Gehölze (Südamerika: Caatinga); Grasland (Kurzgras); Akazienbäume und -sträucher, Euphorbien, Kakteen, Flaschen- und Schopfbäume

Das Nutzungspotential der Tropen

Bäuerliche Brandrodung in Amazonia

Möglichkeiten, Formen und Grenzen agrarischer Nutzung

„Nicht die Axt, das Feuer bedroht den Tropenwald", verkündete verharmlosend der Titel eines Heftes über „Fragen der Ökologie im Tropenwald" aus dem Jahre 1981. Die Beiträge von meist namhaften Fachwissenschaftlern versuchten sehr subtil nachzuweisen, daß der tropische Regenwald weniger durch die ausländischen Holzgesellschaften als vielmehr durch die einheimischen Bauern und Holzsammler und deren unterschiedliche Formen der Brandrodung und Nutzung bedroht sei. Herausgegeben wird die Zeitschrift von einem „verantwortungsbewußten Furnierhersteller" in Süddeutschland, der Urwaldkonzessionen (Einschlagsrechte) in der Elfenbeinküste, Kamerun (140 000 ha) und Zaire (1 902 000 ha) besitzt.

Wanderfeldbau (shifting cultivation)

Die traditionelle, angepaßte landwirtschaftliche Nutzung des tropischen Regenwaldes ist die *Brandrodung*. Hierbei werden von den Familien sehr kleine Flächen von höchstens einem halben Hektar bearbeitet. Solange nicht mehr als 4 bis 5 Einwohner pro Quadratkilometer Brandrodung mit *Wanderfeldbau* betreiben und angemessene Brachezeiten einhalten, nimmt das Ökosystem tropischer Regenwald keinen oder kaum Schaden. Im Gefolge der raschen Bevölkerungszunahme hat die Rodungstätigkeit in den letzten Jahrzehnten rasch zugenommen und ist in Teilen der Tropen im wahrsten Sinne des Wortes zum brennenden Problem geworden.

Dem Wanderfeldbau fallen gegenwärtig jährlich zwischen 100 000 und 200 000 Quadratkilometer tropischen Regenwaldes zum Opfer. In Asien werden in den kommenden Jahren

Agrarland in Afrika
(1981; in Millionen Hektar)

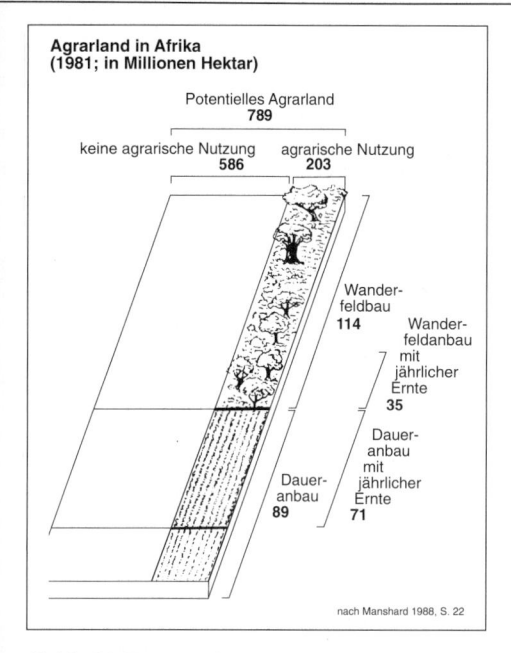

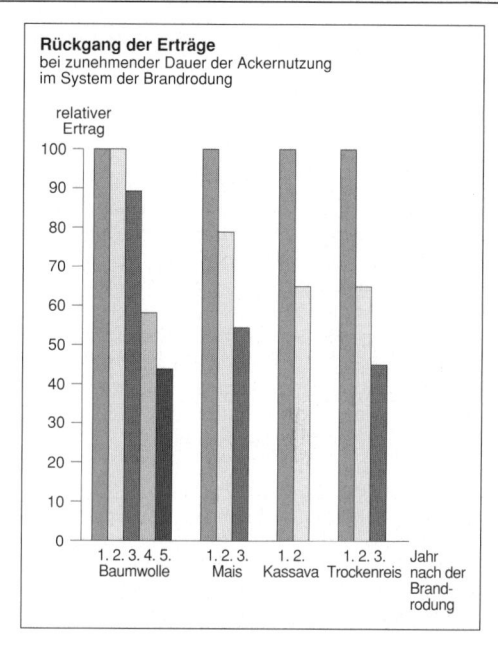

Potentielles Agrarland: 789
- keine agrarische Nutzung: 586
- agrarische Nutzung: 203
  - Wanderfeldbau: 114
  - Wanderfeldbau mit jährlicher Ernte: 35
  - Daueranbau: 89
  - Daueranbau mit jährlicher Ernte: 71

nach Manshard 1988, S. 22

Rückgang der Erträge
bei zunehmender Dauer der Ackernutzung im System der Brandrodung

relativer Ertrag (Jahr nach der Brandrodung):
- Baumwolle (1.2.3.4.5.)
- Mais (1.2.3.)
- Kassava (1.2.)
- Trockenreis (1.2.3.)

10 bis 20 Prozent, in Lateinamerika 10 bis 15 Prozent des Regenwaldes durch dieses Bodennutzungssystem aufgezehrt sein. 140 Millionen Wanderfeldbauern bewirtschaften 1,9 Millionen Quadratkilometer Regenwald in den immerfeuchten Tropen. Damit wird auf einem Fünftel der Gesamtfläche tropischer Regenwälder Wanderfeldbau betrieben.

Mit dem langen Hackmesser werden der Unterwuchs und kleinere Bäume abgeschlagen, zu Haufen zusammengetragen und nach dem Trocknen verbrannt. Meist überleben die größeren Urwaldriesen. Das Feuer mineralisiert das organische Material weitgehend. Die Asche dient zur einmaligen Düngung mit Carbonaten, Phosphaten und Silikaten, während Stickstoff und Schwefel in die Atmosphäre entweichen.

Da keine weiteren Düngergaben erfolgen, sind die ohnehin nährstoffarmen Böden nach einigen Jahren so erschöpft, daß sie keine lohnende Ernte mehr abwerfen (Bodenauslaugung). Sie werden liegengelassen; auf neuen Parzellen wiederholt sich derselbe Vorgang von Brandrodung. Auf offengelassenen Flächen erfolgt eine schnelle Wiederbewaldung mit einem artenärmeren, lianenreichen Sekundärwald, einer Ersatzgesellschaft. Das ursprüngliche Waldkleid wird nie wiederhergestellt, da der Nährstoffkreislauf zerstört ist.

Der Boden ist weiterhin verarmt, es fehlen zudem noch die ursprünglich vorhandenen Humusstoffe. Immerhin schützt der Sekundärwald vor zu starker Bodenerosion. Wiederholt sich die Brandrodung auf derselben Fläche mehrmals, sind die Standorte so erschöpft, daß unter Umständen überhaupt kein Wald mehr aufkommt. Es breiten sich Hartgras- und Farnfluren aus, die nicht einmal mehr weidewirtschaftlich zu nutzen sind. Es kann bei lichtliebenden Insekten und Vögeln zur Massenvermehrung und zu einem Schädlingsbefall kommen.

Ein Großteil der Arbeit wird bei der shifting cultivation nicht auf die eigentliche Bodenbearbeitung oder Pflanzenpflege, sondern auf Rodungs- und Säuberungsarbeiten verwendet. Dabei wird nur das Notwendigste unternommen. Endergebnis ist ein kleinteiliges und unregelmäßiges Mosaik von Busch- und Krautarealen.

Bei dieser Feldwechselwirtschaft liefern alle schon einmal gerodeten Flächen beim zweiten oder dritten Durchgang bereits eine geringere Anfangsernte und einen noch schnelleren Ernterückgang in den Folgejahren. Dies führt schließlich zur Aufgabe des Hofes und der gesamten Wirtschaftsfläche und zum Neubeginn an anderer Stelle oft viele Kilometer weiter (shifting away). Diesen Wechsel führt ein „Wanderhackbauer" in seinem Leben zwei- bis dreimal durch.

Intensive Holznutzung mit ihrem Wegebau ist häufig der Wegbereiter für die shifting cultivation in bisher unberührten Gebieten. Untersuchungen in der Elfenbeinküste haben ergeben, daß als Folge von fünf Kubikmeter Rundholz, das Holzgesellschaften gewinnen, ein Hektar tropischer Regenwald von Wanderfeldbauern in Beschlag genommen wird.

Shifting cultivation als sehr arbeitsintensive Wirtschaftsform beansprucht eine vielfach größere Fläche pro landwirtschaftlicher Betriebseinheit als ein Dauerfeld-Nutzungssystem und kann konsequenterweise nur eine relativ geringe Bevölkerung auf gleicher Fläche tragen.

– Dennoch ist shifting cultivation kein Ergebnis menschlicher Unzulänglichkeit, sondern bei den vorherrschenden nährstoffarmen Böden die optimale Anpassung an die natürlichen Bedingungen. Dies gilt insbesondere dann, wenn keine Totalrodung erfolgt und die größeren Bäume als Schattenspender erhalten bleiben.

– Wanderfeldbau ist nicht nur im Verbreitungsgebiet des tropischen Regenwaldes beheimatet, sondern findet sich auch in den wechselfeuchten Tropen im Bereich der Savannen. Die Brandrodung erfaßt hier vor allem die Grasfluren.

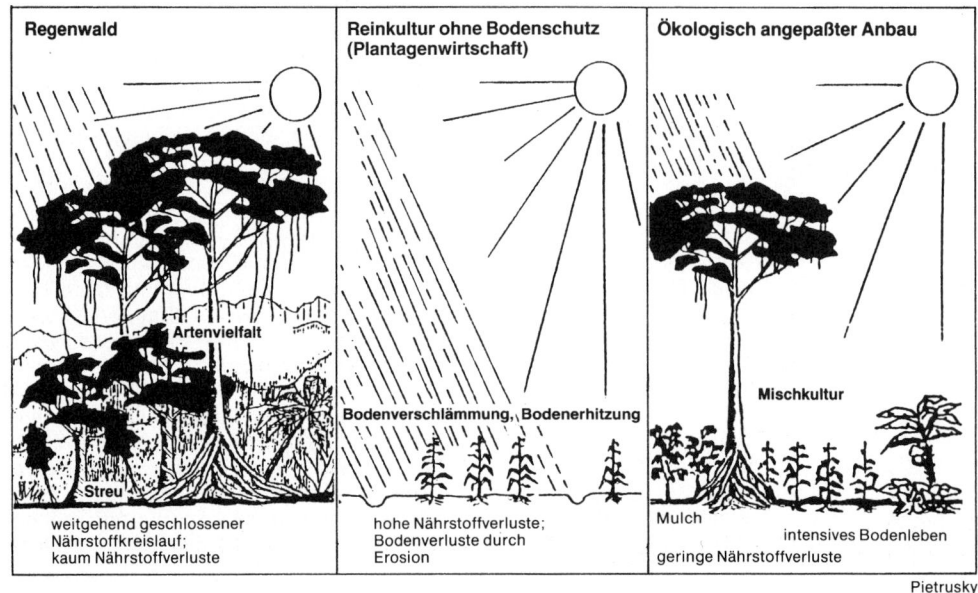

Regenwald
Artenvielfalt
Streu
weitgehend geschlossener Nährstoffkreislauf; kaum Nährstoffverluste

Reinkultur ohne Bodenschutz (Plantagenwirtschaft)
Bodenverschlämmung, Bodenerhitzung
hohe Nährstoffverluste; Bodenverluste durch Erosion

Ökologisch angepaßter Anbau
Mischkultur
Mulch
intensives Bodenleben
geringe Nährstoffverluste

Pietrusky

Traditionelle landwirtschaftliche Nutzung mit Daueranbau

Die ständige ackerbauliche Nutzung ist in unterschiedlichen Formen vor allem in den tropischen Hochländern und Gebirgen sowie den Stromtälern verbreitet:
- Gartenanbau (Indonesien)
- Trockenfeldbau mit Pflugkultur und Viehhaltung (tropische Gebirge)
- Bewässerungsfeldbau mit Pflugkultur und Viehhaltung (Südchina, Thailand).

Java zählt zu den am dichtesten bevölkerten Agrarräumen der Erde. Auf einer Fläche von 132 000 Quadratkilometer, die nur 6,6 Prozent der Gesamtfläche Indonesiens ausmachen, lebten 1985 annähernd 100 Millionen Menschen. Das sind zwei Drittel der Staatsbevölkerung und etwa 750 Einwohner je Quadratkilometer. Wie gelingt es, eine so große und stetig wachsende Zahl von Menschen satt zu bekommen?

1. Ein Leben in „shared poverty" – in geteilter Armut – beschreibt recht gut das noch funktionierende soziale System des Dorfverbandes: Der Einsatz von Tieren (Wasserbüffel) und Maschinen ist gering, von menschlicher Arbeitskraft maximal hoch. Ein bis drei Ernten im Reisanbau ernähren nicht nur Feldbesitzer und Pächter, sondern auch die zahlreichen Erntehelfer rund um das Jahr. Sogar unterbeschäftigte Familien mit weniger als einem halben Hektar Besitz, die Hälfte aller Bauern, stellen Nachbarn und Saisonarbeiter zum Umgraben, Pikieren (Ausbringen von Setzlingen), Jäten, Ernten und Tragen ein und geben dafür wenigstens 20 Prozent der Ernte ab.

2. Nährstoffreiche vulkanische Verwitterungsböden und ein üppiges Wasserangebot (Steigungsregen an den mächtigen Vulkanen) mit 2000 bis 7000 Millimeter Jahresniederschlag ermöglichen einen ganzjährigen Anbau. Der Bewässerungsfeldbau auf Terrassen nutzt dabei den natürlichen Eintrag organischer und anorganischer Schwebstoffe. Die Wolkenbedeckung an den Vulkanhängen fördert ein strahlungsarmes, kühl-feuchtes tropisches Höhenklima. Dieses begrenzt den Reisanbau bei 1500, teilweise sogar schon bei 700 Meter Höhe.

3. Es erfolgt eine ständige Intensivierung der Produktion unter Fortentwicklung des traditionellen Genossenschaftssystems. Ertragssteigerung von Reis je Flächeneinheit erzielt man durch Einsatz von Hochertragssorten, Kunstdünger und Pestiziden sowie durch Vergabe verbilligter Kredite. Verbesserungen der Infrastruktur erfolgen durch Ausbau des Wege- und Straßennetzes, der Bewässerungseinrichtungen und der Vermarktung. Der Anbau von Mais, Sojabohnen, Hirse, Erdnüssen auf Trockenflächen sowie die Anwendung von Fruchtwechselsystemen wird verstärkt.

Das Beispiel Java verdeutlicht, daß die These von der „ökologischen Benachteiligung der Tropen" in der allgemeinen Form falsch ist und daß demgegenüber in Teilen der Tropen ausgesprochene Gunsträume für die landwirtschaftliche Nutzung existieren.

Besonders Südostasien weist zahlreiche Beispiele für integrierte (ganzheitliche) Anbausysteme hoher Produktivität auf, die für den gesamten Tropenraum von Bedeutung sein könnten. Solche Systeme, die häufig Waldnutzung mit einschließen, sind ökologisch gut angepaßt. Ein Beispiel dafür ist die Schweinehaltung in Verbindung mit Reisanbau, Fischzucht sowie Gemüse- und Obstbau.

Bevölkerungswachstum und Reisproduktion in Indonesien 1960–1985

Jahr	Einw. Mill.	Fläche Mill. ha	Ernte Mill. t	kg Reis je Einw.
1960	97,1	7,2	16,9	174
1965	105,4	7,3	13,6	129
1970	117,5	8,1	17,8	151
1975	130,0	8,5	22,3	171
1980	146,8	9,0	29,6	202
1985	163,9	9,1	38,9	237
Zunahme absolut	66,8	1,9	22,0	63
in %	69	26	130	36

nach Statistisches Bundesamt: Länderberichte

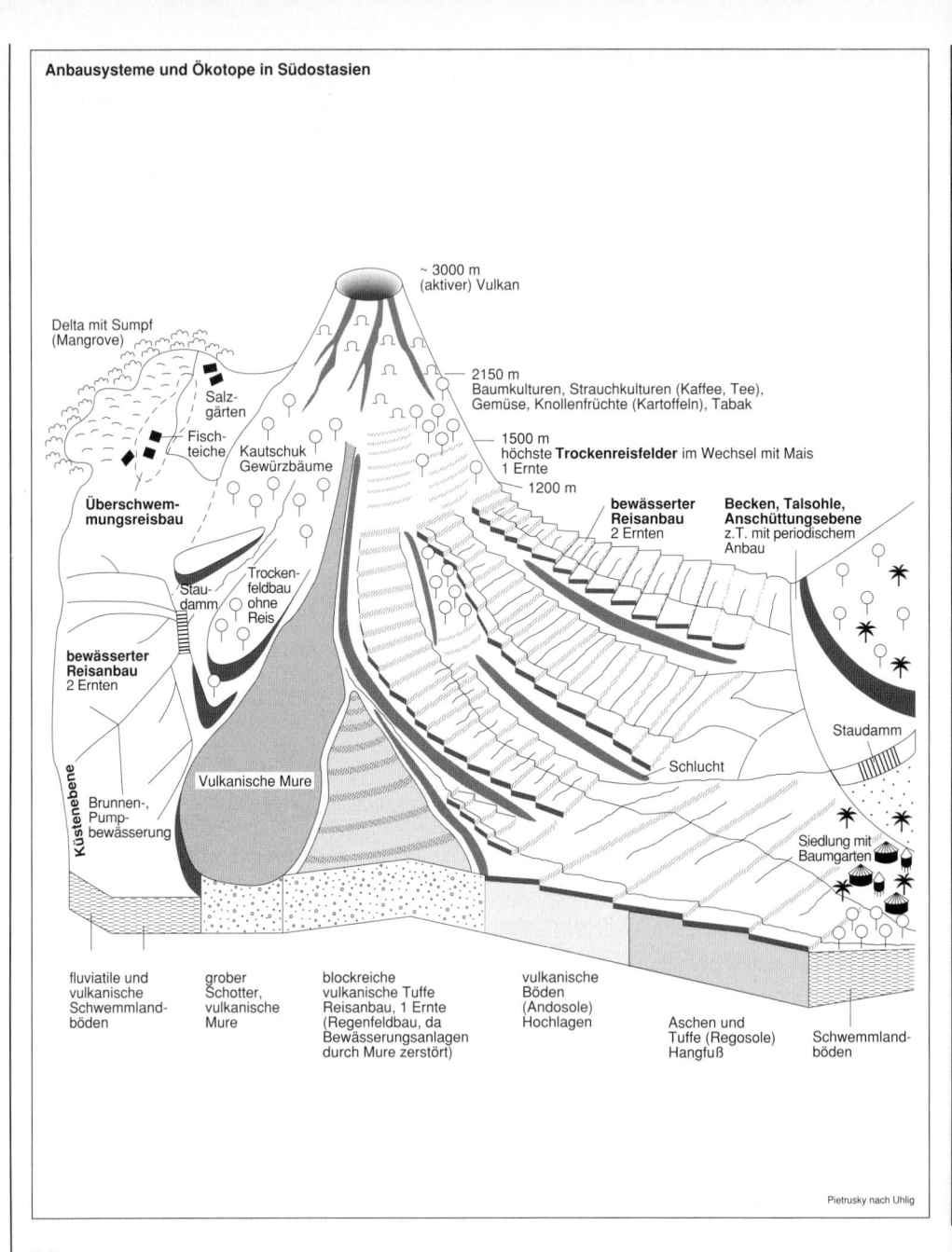

Anbausysteme und Ökotope in Südostasien

~ 3000 m (aktiver) Vulkan

Delta mit Sumpf (Mangrove)

Salzgärten

Fischteiche

Kautschuk Gewürzbäume

Überschwemmungsreisbau

Staudamm

Trockenfeldbau ohne Reis

bewässerter Reisanbau 2 Ernten

Küstenebene

Brunnen-, Pumpbewässerung

Vulkanische Mure

2150 m Baumkulturen, Strauchkulturen (Kaffee, Tee), Gemüse, Knollenfrüchte (Kartoffeln), Tabak

1500 m höchste **Trockenreisfelder** im Wechsel mit Mais 1 Ernte

1200 m

bewässerter Reisanbau 2 Ernten

Becken, Talsohle, Anschüttungsebene z.T. mit periodischem Anbau

Schlucht

Staudamm

Siedlung mit Baumgarten

fluviatile und vulkanische Schwemmlandböden

grober Schotter, vulkanische Mure

blockreiche vulkanische Tuffe Reisanbau, 1 Ernte (Regenfeldbau, da Bewässerungsanlagen durch Mure zerstört)

vulkanische Böden (Andosole) Hochlagen

Aschen und Tuffe (Regosole) Hangfuß

Schwemmlandböden

Pietrusky nach Uhlig

Mehr noch als der Regenwald brennt die Savanne

Die natürliche Feuchtsavanne, die ursprünglich durch ausgedehnte halbimmergrüne Wälder, immergrüne Saisonregenwälder oder Galeriewälder gekennzeichnet war, ist heute weitgehend degradiert und nur noch in Resten vorhanden. Es sind nach langer Feuereinwirkung „Parksavannen" mit offenen Grasfluren entstanden. Die Brandrodung kann in der Trockenzeit leichter erfolgen als im Regenwald und geschieht daher öfter und intensiver. Man kann davon ausgehen, daß weltweit die Beeinflussung der Savannen durch Feuer weit umfangreicher ist als die des tropischen Regenwaldes. Ähnlich wie in diesem wird der Boden- und Wasserhaushalt gestört, und es bilden sich artenarme Ersatzgesellschaften: weite Grasländer mit wenigen Bäumen und feuerfesten Holzarten.

Das vom Menschen herbeigeführte Abbrennen der Savannen hat folgende Gründe:
– Düngung im Rahmen des Wanderfeldbaus
– Düngung zur Schaffung frischer Weiden
– Vernichtung der Altgrasbestände zur besseren Übersicht der Hackbauern und Viehhirten
– Bekämpfung der Tsetse-Fliege (Wald als Biotop der Larven der Tsetse-Fliegen)
– Jagd, als noch ausreichend Wild vorhanden und die Jagd erlaubt war.

Die klimatischen Bedingungen erlauben noch den Anbau vieler Kulturpflanzen. Für den Weltmarkt sind besonders Erdnüsse, Baumwolle und Zuckerrohr von Bedeutung. Ansonsten wird der Ackerbau durch Getreidearten (Hirse, Mais) und Knollenfrüchte (Batate, Yams, Maniok) bestimmt.

Bei nur mehr 1000 bis 500 Millimeter Niederschlag ist in der Trockensavanne noch ein unsicherer Regenfeldbau mit einer Ernte möglich. Mais, Hirse und Gerste dienen der Selbstversorgung. Für Knollenfrüchte fehlt eine ausreichende Wasserversorgung. Auf

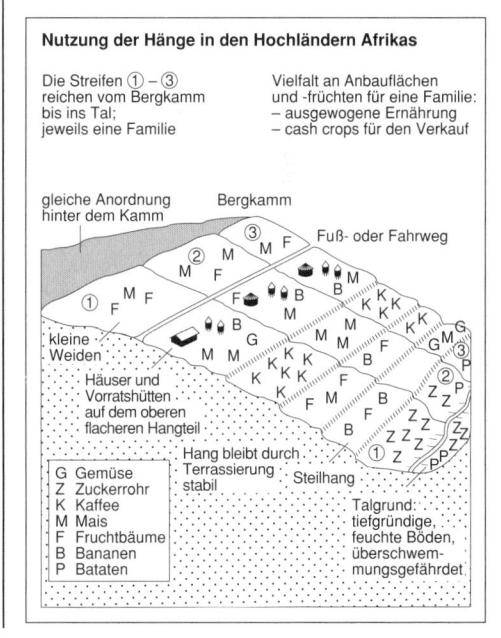

Landwirtschaft im Hochland von Ost-Zaire

Nutzung der Hänge in den Hochländern Afrikas

Die Streifen ①–③ reichen vom Bergkamm bis ins Tal; jeweils eine Familie

Vielfalt an Anbauflächen und -früchten für eine Familie:
– ausgewogene Ernährung
– cash crops für den Verkauf

gleiche Anordnung hinter dem Kamm
Bergkamm
Fuß- oder Fahrweg
kleine Weiden
Häuser und Vorratshütten auf dem oberen flacheren Hangteil
Hang bleibt durch Terrassierung stabil
Steilhang
Talgrund: tiefgründige, feuchte Böden, überschwemmungsgefährdet

G Gemüse
Z Zuckerrohr
K Kaffee
M Mais
F Fruchtbäume
B Bananen
P Bataten

bewässerten Flächen gedeihen noch Erdnüsse, Baumwolle und vereinzelt Zuckerrohr. Die Produktion für den Weltmarkt beansprucht dabei vor allem jene Flächen, die zur sicheren Ernährung der eigenen Bevölkerung notwendig wären. In der Dornsavanne wird die agronomische Trockengrenze überschritten. Nicht die nährstoffarmen Böden, sondern das geringe Wasserangebot schränken die pflanzliche Produktion ein. Die kurze Regenzeit wird immer unsicherer, so daß etwa jede dritte oder vierte Ernte unzureichend gering ausfällt. Die starken Schwankungen der Niederschläge (Variabilität) führen zu kritischen Situationen in der Landnutzung: Aufgrund der günstigen Böden wird in relativ feuchten Phasen bei einem ständig wachsenden Bevölkerungsdruck die Feldbaugrenze immer weiter in die Dornsavanne hineingeschoben, bis eine große Trockenheit den Rückschlag mit seinen verheerenden Wirkungen bringt.

Als Ausweg böte sich die Ausdehnung der Bewässerungsflächen und somit der Bau von Staudämmen und -seen an. Die bewässerten Kulturflächen sind im Bereich der Savannen im Gegensatz zu den Steppen und Wüsten der Subtropen gering, obwohl mehr Wasser zur Verfügung steht. Aufgrund des tropischen Flachreliefs lassen sich Staudämme aber nur unter größten Schwierigkeiten bauen und füllen. So ist der Hirakud-Staudamm im nördlichen Dekkan-Plateau 64 Meter hoch und ganze 26 Kilometer breit. Das Fassungsvermögen ist vergleichsweise gering, die Verdunstung extrem hoch.

Daher gewinnt in der Trockensavanne die Viehhaltung eine große Bedeutung. Die Tsetse-Fliege stellt kaum mehr eine Bedrohung dar. In der Dornsavanne wird die Rinder- von der Schaf- und Ziegenhaltung abgelöst. Sind die Gräser abgeweidet, dringt soviel Wasser in tiefere Lagen des Bodens ein, daß es nur noch für wenig spezialisierte Bäume oder Sträucher, wie die Akazien, greifbar ist. Es erfolgt eine Verbuschung mit einer Verringerung des möglichen Graswuchses. Werden dann noch die Akazien als Brennholz verwertet, so bleibt schließlich nur mehr eine vegetationslose Fläche zurück: eine durch Überweidung und Holznutzung entstandene „man made desert".

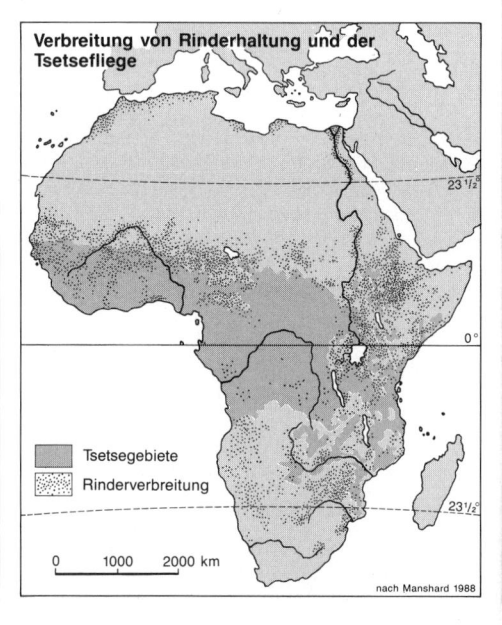

Durch Desertifikation gefährdete Gebiete in Afrika

- extrem
- stark
- mittel
- bestehende Stein- und Sandwüsten

0 1000 2000 km

Verbreitung von Rinderhaltung und der Tsetsefliege

- Tsetsegebiete
- Rinderverbreitung

0 1000 2000 km

nach Manshard 1988

Der große Raubzug der Wüste

Sie heißt „Straße der Hoffnung" und verläuft parallel zur Südgrenze des Landes Mauretanien. Ein schöner Name, aber der Realität wird er kaum noch gerecht: bereits an mehreren Stellen ist die „route de l'espoir" im Sand versunken. Selbst die Hauptstadt Nouakchott droht irgendwann im Sand zu ersticken. Nachmittags, wenn Wind aufkommt, treibt der feine Wüstensand durch die Straßen. Was dabei entstehen kann, sieht man auf der Teerstraße zum Fischereihafen, die plötzlich von einer Düne blockiert ist.

Experten haben nachgewiesen, daß sich in allen größeren Niederschlagsgebieten Westafrikas innerhalb der vergangenen zwei Jahrzehnte die Regenmenge deutlich verringert hat. Man glaubt, Zeuge einer Verschiebung der ökologischen Zonen zu sein: „Der Sahel wird zur Wüste, die Savanne wird zum Sahel, die Waldzone zur Savanne." Dies mag mit dem sich global verändernden Klima zu tun haben – ganz sicher gibt es aber auch noch regional bestimmende Gründe. Der wichtigste ist, daß mittlerweile das Verhältnis zwischen Mensch und Natur auf eine Weise aus dem Gleichgewicht geraten ist wie offenbar noch nie zuvor.

Ackerboden, der einen Meter dick ist und an einem Hang liegt, kann man 200 Anbauperioden lang pflügen – dann ist der Vorrat aufgebraucht. Das ist rasend schnell im Vergleich zu der Zeit, die es dauert, bis sich Ackerboden von einem Meter Dicke bildet: 5000 bis 10000 Jahre. Mochte auch noch so viel Erde verlorengehen – die Bauern im äthiopischen Hochland maßen dem jahrhundertelang keine besondere Bedeutung bei. Dadurch, daß sie bis vor wenigen Jahren ein Stück Land einfach verlassen konnten, wenn die gute Erde abgeschwemmt war, und immer genügend Neuland fanden, haben sie es verpaßt, Bodenkonservierung in genügendem Ausmaß in ihr Landnutzungssystem aufzunehmen.

In der Tat ist es noch gar nicht lange her, da konnte sich der Bauer problemlos neues Land suchen, wenn das alte ausgewaschen war. Er brauchte nur ein unberührtes Stück Wald zu roden, von dem es ja genug gab. Noch vor 5000 Jahren waren 40 Prozent des Landes von Wäldern bedeckt. Heute sind es nur noch 2,8 Prozent, denn seit Beginn des Ackerbaus wurden rund 45 Millionen Hektar Wald zerstört. Das heißt: gerade jetzt, da sich in den vergangenen 25 Jahren die Bevölkerung verdoppelt hat und die Geburtenrate mit 2,9 Prozent pro Jahr unverändert hoch ist, gibt es keine Reserven mehr. Die Grenzen der Landnutzung sind erreicht.

Was an menschlichem Tun die Verwüstung fördert, die Übernutzung des Bodens oder die Abholzung der Wälder, hat offenbar Auswirkungen auf das Klima – woraus sich dann wiederum Folgen für die Verwüstung ergeben. Wer ist der Verursacher? Das Klima? Oder der Mensch, der durch Veränderungen der Erdoberfläche das (Mikro-) Klima verändert hat? Der Mensch, der die Wälder abholzt und den Boden überfordert, trägt nicht nur ganz direkt, sondern auch indirekt zur Verwüstung bei, indem er das Klima beeinflußt. „Desertification feeds itself", sagen die Experten; soll heißen: Verwüstung erzeugt die Bedingungen, unter denen sie sich weiter fortpflanzen kann – zum Beispiel weniger Regen. Verschärfend kommt nun allerdings noch der sich anscheinend verfestigende generelle Trend zur Trockenheit in Afrika hinzu.

(Klein 1988, S. 22ff.)

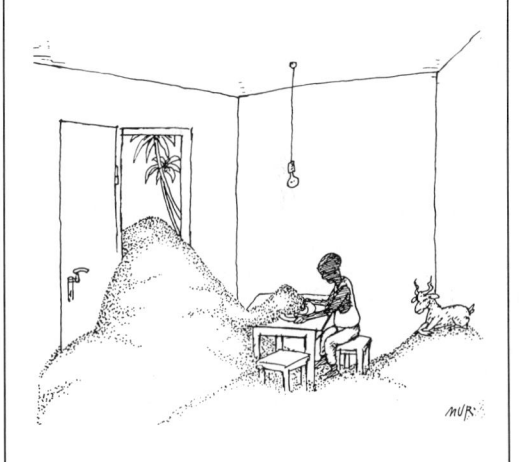

Teakholzhafen Mandalay (Myanmar)

Die holzwirtschaftliche Nutzung der tropischen Wälder

Zwei wesentliche Arten der Nutzung tropischer Wälder sind zu unterscheiden:

Holznutzung
- Brennholzbedarf
- Selektive Exploitation

Gewinnung von Harzen, Gerbstoffen, Gummi

Die Dritte Welt verheizt ihren Wald

Mehr als 90 Prozent der in den Entwicklungsländern erzeugten und verbrauchten nichtkommerziellen Energie stammt aus Brennholz. Dazu wird jährlich eine Waldfläche von 15 Millionen Hektar, die zweifache Größe Bayerns, durch *Brennholzeinschlag* vernichtet. In westafrikanischen Städten geben Familien 20–30 Prozent des Familieneinkommens für Brennholz aus; in anderen afrikanischen Regionen sind es bis zu 40 Prozent.

70 Prozent des gesamten Brennholzes werden zum Kochen verwendet, wobei 90 Prozent der Energie ungenutzt verloren gehen. Wird Holzkohle verwendet, liegt die Effizienz mit 40–60 Prozent, verglichen mit der des offenen Feuers, relativ hoch. Mit rückläufigem Waldbestand müssen die Bewohner ländlicher Gebiete zunehmend mehr Zeit (und alle Bewohner mehr Geld) für die Beschaffung von Brennholz aufwenden. Folge ist, daß sie als Ersatz für das fehlende Holz andere pflanzliche, aber auch tierische Abfälle verbrennen. Damit entziehen sie den Böden den notwendigen Dünger.

Raubbau durch die Industriestaaten

Seit den fünfziger Jahren hat sich die Nutzholzgewinnung in den immerfeuchten Tropen drastisch erhöht: Von 1950 bis 1973 vervierfachte sich der Einschlag, verzwölffachten sich die Exporte. Jährlich werden 90 000 Quadratkilometer Regenwald durch die „selektive Exploitation" erschlossen: die doppelte Größe der Schweiz! Hauptproblem der Holznutzung in den Tropen ist der Artenreichtum: Nur wenige Bäume je Hektar (bei Mahagoni, Ebenholz, Limba im Durchschnitt nur ein verwertbarer Stamm je 100 Hektar!) sind für die Nutzung geeignet. Oder deutlicher ausgedrückt: Nur wenige Hölzer lassen sich auf dem Weltmarkt absetzen, die dem Geschmack in den Industrieländern entsprechen!

Selektive Exploitation

„Auswählende Nutzbarmachung" nennt vornehm die Holzindustrie, schlichtweg „Waldraubbau" die Umweltlobby die holzwirtschaftliche Nutzung des Regenwaldes.
- Die Industrie fordert möglichst homogene Rohstoffe. Gemessen daran, sind die Strukturen des Regenwaldes unter wirtschaftlichen Gesichtspunkten denkbar ungeeignet.
- Die extreme Heterogenität führt zu einer sehr selektiven Nutzung, die die Wälder beeinträchtigt, aber nicht zerstört. Nährstoffverluste sind zwangsläufig vorhanden, aber relativ gering und vorübergehend. Dem Hauungsbetrieb, dem Transport und Wegebau fallen weit mehr Urwaldriesen zum Opfer, als effektiv genutzt werden. Die FAO schätzt, daß von der Kronenblattmasse der Umgebung 10 bis 55 Prozent zerstört werden.
- Die meist wenig sorgsame Maschinenarbeit zerstört etwa 30–50 Prozent der Bodenoberfläche durch Fahrspuren, Holzschleifen, Lagerplätze und Waldstraßen. Gleichzeitig wird der Boden verdichtet und damit auch auf flachem Gelände stärker der Erosion ausgesetzt.
- Die Nutzung der ausgewählten Bäume beschränkt sich auf den Teil des Stammes zwischen Schnittfläche und den ersten Astansätzen. Der Rest verrottet bzw. wird verbrannt.
- Die Nutzholzexploitation führt ökologisch wie wirtschaftlich zu einer Verarmung der Bestände. Ein natürlicher Nachwuchs erfolgt häufig nicht. Regenwälder bieten nach den bisherigen Erkenntnissen keine Voraussetzung für eine unmittelbare forstliche Betriebnahme. Bisher gibt es aber nur wenig praktische Erfahrungen in tropischen Holzzuchtplantagen.

Das Jari-Projekt

Im Amazonasgebiet kommen etwa 4000 Baumarten vor, wovon 230 wirtschaftlich genutzt werden. Von 120 Baumarten kennt man heute die Holzeigenschaften. Im ganzen Amazonasgebiet gibt es mit etwa 200 Sägewerken annähernd so viele wie im Bayerischen Wald. Eine Verjüngung des Waldes erscheint einigen Experten bei Anwendung geeigneter Verfahren möglich. Derzeit werden angeblich jährlich 60 000 Hektar (meist mit schnellwüchsigen ausländischen Arten!) aufgeforstet, davon allein 50 000 Hektar im Großprojekt am Jari-Fluß.

1967 erwarb der nordamerikanische Tankerkönig Daniel Keith Ludwig am Jari, einem linksseitigen Zufluß des Amazonas, 1,5 Millionen Hektar Wald für 10 Millionen US-Dollar mit einer Option auf insgesamt 3,7 Millionen Hektar. Das Projekt umfaßte
- Edelholzverwertung
- „Wiederaufforstung" von 200 000 Hektar mit standortfremden Pinus-Arten
- Holzzuchtplantage, Aufforstung 50 000 ha/Jahr
- schwimmende Zellulosefabrik, aus Japan auf dem Wasserweg eingeschleppt, mit einer Erzeugung von 750 Tonnen Papiermasse pro Jahr (1981)
- Bauxitabbau, Kaolin-Förderung
- Reisanbau mit Erträgen, die 2,5 bis 3 mal höher als in den USA sind
- Viehwirtschaft mit Massenrinderhaltung.

Ende der 70er Jahre wurde die Zahl der Arbeitskräfte von 13 000 auf 6500 abgebaut. 1980 geriet das Unternehmen in Zahlungsschwierigkeiten. Nach einer Verstimmung mit der Regierung zog sich der Deutsch-Amerikaner enttäuscht zurück, und es erfolgte 1981 die Nationalisierung. Der Ankauf der „Jaro Florestal" durch 23 brasilianische Firmen für 280 Millionen US-Dollar scheint auf Dauer wohl kein Geschäft zu sein: das Projekt stagniert, die Erträge nehmen eher ab.

Zellstoff aus Amazonien

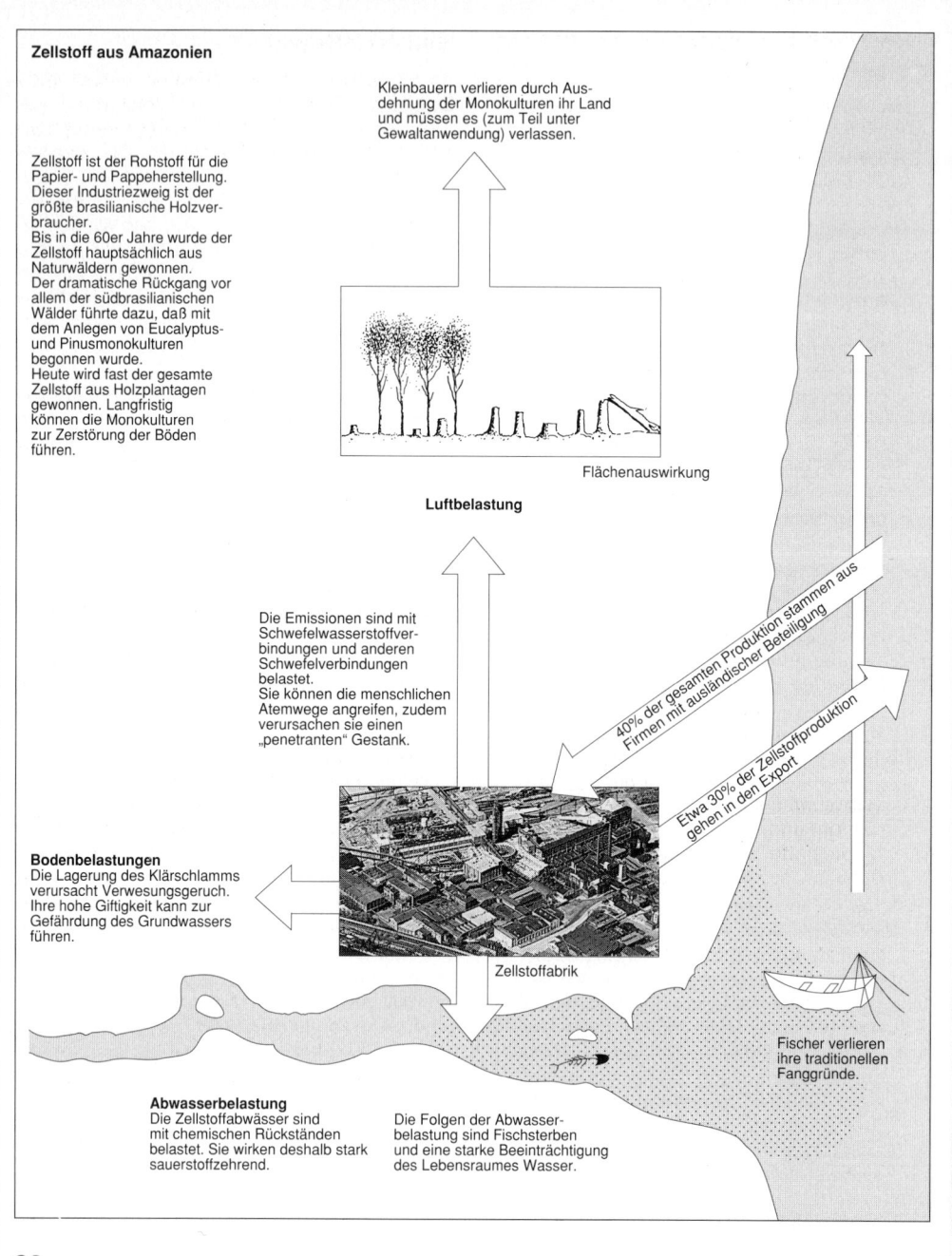

Zellstoff ist der Rohstoff für die Papier- und Pappeherstellung. Dieser Industriezweig ist der größte brasilianische Holzverbraucher.
Bis in die 60er Jahre wurde der Zellstoff hauptsächlich aus Naturwäldern gewonnen.
Der dramatische Rückgang vor allem der südbrasilianischen Wälder führte dazu, daß mit dem Anlegen von Eucalyptus- und Pinusmonokulturen begonnen wurde.
Heute wird fast der gesamte Zellstoff aus Holzplantagen gewonnen. Langfristig können die Monokulturen zur Zerstörung der Böden führen.

Kleinbauern verlieren durch Ausdehnung der Monokulturen ihr Land und müssen es (zum Teil unter Gewaltanwendung) verlassen.

Flächenauswirkung

Luftbelastung

Die Emissionen sind mit Schwefelwasserstoffverbindungen und anderen Schwefelverbindungen belastet.
Sie können die menschlichen Atemwege angreifen, zudem verursachen sie einen „penetranten" Gestank.

40% der gesamten Produktion stammen aus Firmen mit ausländischer Beteiligung

Etwa 30% der Zellstoffproduktion gehen in den Export

Bodenbelastungen
Die Lagerung des Klärschlamms verursacht Verwesungsgeruch. Ihre hohe Giftigkeit kann zur Gefährdung des Grundwassers führen.

Zellstoffabrik

Fischer verlieren ihre traditionellen Fanggründe.

Abwasserbelastung
Die Zellstoffabwässer sind mit chemischen Rückständen belastet. Sie wirken deshalb stark sauerstoffzehrend.

Die Folgen der Abwasserbelastung sind Fischsterben und eine starke Beeinträchtigung des Lebensraumes Wasser.

Die Rodung der Tropenwälder und die Folgen

Die Opfer:
- die tropischen Wälder

Die Täter:
- Kleinbauern
- Brennholzsammler
- nationale und internationale Holzgesellschaften
- agro-industrielle Unternehmen
- Straßenbauer

Die Bilanz der Tat:
Der Regenwald verringert sich
- pro Sekunde um 6600 m^2 (= Fußballplatz)
- pro Minute um 400 000 m^2 (= bäuerlicher Betrieb)
- pro Stunde um 2400 ha
- pro Tag um 57 600 ha
- pro Jahr um 250 000 km^2

Hydrologische Veränderungen

Im äquatorialen Gürtel der Erde geht fast die Hälfte des Gesamtniederschlags der Welt nieder. Die hohen Niederschlagssummen sind gepaart mit hohen Niederschlagsintensitäten. Die mehrschichtigen tropischen Wälder
- dämpfen die Gewalt der Regengüsse und
- geben durch direkte Verdunstung des im Kronenraum festgehaltenen Wassers (Interzeption) und
- durch die hohe Transpiration der Bäume große Mengen des Niederschlags wieder an die Atmosphäre ab.

Der oberflächliche Abfluß und damit die Erosionsgefahr sind meist gering. Die „Schwammwirkung" des Regenwaldes bewirkt eine relativ gleichmäßige Wasserführung der Flüsse. Entsprechend drastisch sind die Wirkungen der Waldzerstörung durch
- Abspülen des Oberbodens
- Verfrachtung großer Mengen an Sedimenten
- unregelmäßige Wasserführung der Flüsse mit Konsequenzen für Schiffahrt, Fischerei, Trinkwasserversorgung.

Globale Klimaveränderungen

Etwa die Hälfte des Niederschlags im Amazonasgebiet stammt aus der Verdunstung der Vegetation, der übrige Teil vom Meer. Der Ersatz der Feuchtwälder durch Weide- oder Akkerflächen, deren Verdunstung weitaus geringer ist, hat Auswirkungen noch unbekannter Größe.
- Mehr einstrahlendes Licht wird reflektiert, weniger Energie an der Oberfläche absorbiert. Die Intensität der Austauschvorgänge zwischen Landoberfläche und Atmosphäre wird herabgesetzt.
- Zwischen 1958 und 1978 hat die CO_2-Konzentration in der Atmosphäre allein um sieben Prozent zugenommen. CO_2 ist für die kurzwellige Sonnenstrahlung besser durchlässig als für die langwellige Rückstrahlung der Erdoberfläche. Die Folge ist der Treibhauseffekt.
- Brandrodung setzt Kohlenstoff frei. Der erhöhte CO_2-Gehalt der Atmosphäre wird voraussichtlich zu einem weltweiten Temperaturanstieg führen, dessen Konsequenzen nicht abzusehen sind. Durch Abbrennen der gesamten oberirdischen Biomasse des Amazonasbeckens würden etwa 275×10 Milliarden Tonnen CO_2 in die Luft entlassen. Der CO_2-Gehalt der Atmosphäre würde sich um 10 Prozent erhöhen.
- Die Vermehrung des Kohlendioxids ist aber auch Folge der Verminderung der Speicherkapazität. Speicher, sogenannte Senken, sind die Ozeane und die Landvegetation, hier besonders die Wälder. Heute besteht weltweit die Notwendigkeit, das Mehr an CO_2 zu speichern, das heißt den Anteil der Wälder zu vergrößern!

Verlust wertvoller Genreserven

Eine Vielzahl von Pflanzen, Tieren und Mikroorganismen findet nur im natürlichen tropischen Regenwald ausreichende Lebensbedingungen. Mit der Zerstörung dieses Ökosystems gehen wertvolle Genreserven für immer verloren.

Das Energie- und Rohstoffpotential

Stauseen in den Innertropen – Wie der Regenwald ertränkt wird

Das nasse Hemd, der Schweiß und der schwere Atem sind ein deutlicher Hinweis darauf, daß man sich im Amazonasbecken bewegt. Das Menschengewühl, die Hochhäuser, der ohrenbetäubende Lärm und die Parkplatznot in der City der Millionenstadt Manaus erinnern eher an einen Asphaltdschungel nordamerikanischer Metropolen denn an die nahe „grüne Hölle". Besteigt man aber den Hubschrauber, so wird in wenigen hundert Meter Höhe die Insel der Zivilisation im Waldmeer nahe dem Zusammenfluß des Rio Negro und Rio Solimões zum Amazonas deutlich. Und nach wenigen Kilometern in nordöstlicher Richtung sieht man Wald, nichts als Wald. Dazwischen blitzen immer wieder Wasserläufe im Gegenlicht auf. Nach langem Flug schiebt sich eine riesige Wasserfläche zwischen das bunte Grün: der Balbina-Stausee. Der Hubschrauber geht tiefer, Bäume werden deutlich erkennbar: einzeln, in Gruppen, zu Tausenden stehen sie im Wasser. Auf den ersten Blick nichts Ungewöhnliches. Schließlich kennt man den Igapo, den „Überschwemmungsurwald" des Amazonastieflandes, als natürliches Ökosystem, wo die Urwaldriesen, die Füße im Wasser, die Kronen in die Glut der Sonne recken. Und doch ist die Szenerie, die unten vorbeihuscht, anders, geradezu gespenstisch: zu Hunderten ragen kahle Baumgerippe aus dem Wasser, wie die Fingerknochen von ertrunkenen Riesen.

Die ökologische Katastrophe am gestauten Uatama-Fluß ist Teil jenes ehrgeizigen „Plano 2010", mit dem die brasilianische Regierung die Elektrizitätsgewinnung aus Wasserkraft dramatisch ausbauen will: von 10 Megawatt (1985) auf 36 100 Megawatt allein im Amazonas-Einzugsgebiet. Und das ohne Rücksicht auf die besondere Situation in den Tropen. Denn aufgrund der geomorphologisch bedingten Flächenbildung sind keine Täler vorhanden. Ein Staudamm in einem Flachmuldental ist daher extrem aufwendig: Er ist unverhältnismäßig breit, er benötigt ein riesiges überstautes Einzugsgebiet und kommt am Ende doch nur zu einem bescheidenen Fassungsvermögen und zu einer kleinen Energieausbeute. Die Verdunstungsverluste sind enorm.

Vergleich:

	Fläche Stausee	Leistung Kraftwerk
Eder-Stausee	12 km^2	300 MW
Balbina-Stausee	4000 km^2	250 MW
Tucurui-Stausee	2160 km^2	4000 MW

Inzwischen gesteht die staatliche Elektrizitätsgesellschaft ein, daß die tatsächliche Leistung von Balbina bei nur 80 MW liegen wird. Der Investition von 750 Millionen Dollar stehen folgende Nachteile gegenüber.
- Im Stausee versinken und verrotten 50 bis 60 Millionen Kubikmeter Holz im Wert von 700 Millionen Dollar.
- Das Laufkraftwerk ist umweltschädlicher als Kraftwerke, die mit fossilen Brennstoffen betrieben werden. Die Verrottung der Bäume setzt Kohlendioxid, Methan und Schwefelverbindungen frei. Ein Wärmekraftwerk mit 250 Megawatt Leistung bräuchte etwa 107 Jahre, ehe es dieselbe Menge Kohlendioxid in die Atmosphäre abgegeben haben wird, die in den kommenden Jahren vom Balbina-Stausee ausgeht.
- Die Fäulnisprozesse versäuern den See noch mehr. Der pH-Wert ist auf vier Prozent gesunken, der See ist biologisch tot. Im See und im Fluß noch 100 Kilometer unterhalb werden die nächsten zehn Jahre keine Fische mehr existieren können. Damit haben viele Indianer und Siedler ihre Lebensgrundlage verloren.
- Viele tausend Tiere sind ertrunken, nur wenige im Verhältnis konnten „gerettet" werden. Ein großer Teil wanderte in Forschungslaboratorien und Zoos.
- Der Balbina-See ist zu einer neuen Brutstätte für Moskitos und andere Stechmücken geworden. Malaria, Gelbfieber und andere schwere Krankheiten nehmen zu. Zur Bekämpfung müßten chemische Gifte eingesetzt werden.

Stausee-Projekte im Amazonas-Einzugsgebiet

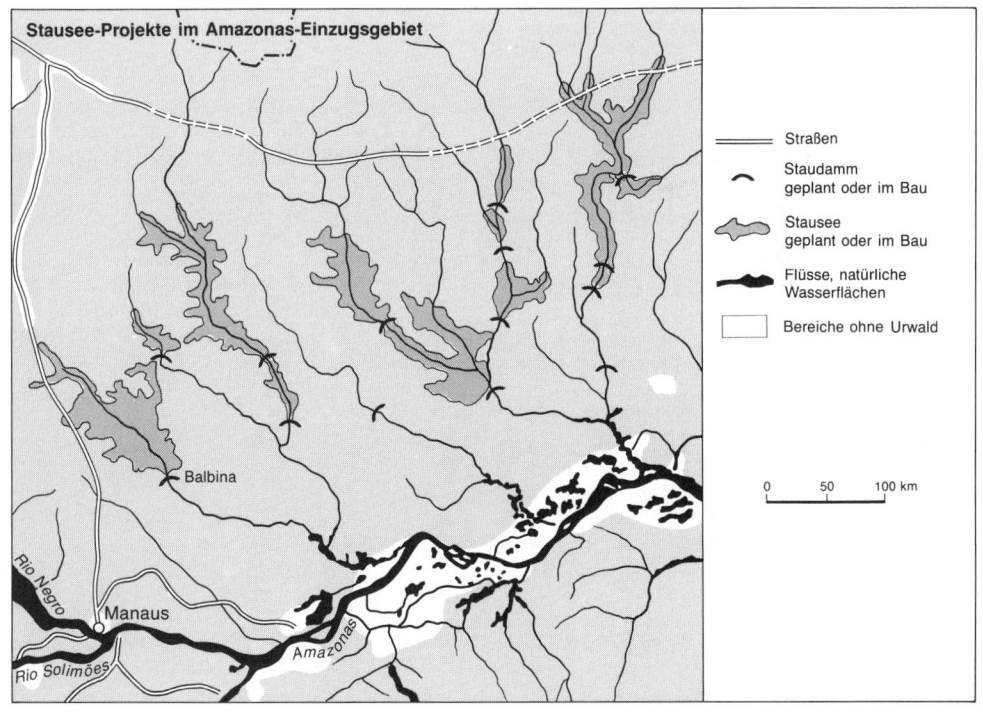

Legende:
- Straßen
- Staudamm geplant oder im Bau
- Stausee geplant oder im Bau
- Flüsse, natürliche Wasserflächen
- Bereiche ohne Urwald

0   50   100 km

Balbina, Manaus, Rio Negro, Rio Solimões, Amazonas

69

Kann Alkohol Entwicklungsprobleme lösen?

Als sich Mitte der 70er Jahre das Rohöl binnen weniger Monate von 2,5 auf 10, später sogar auf 20 Dollar je Barrel verteuerte, hielt man das brasilianische Proalcool-Programm für einen Ausweg aus der Krise und als Vorbild für eine alternative Treibstoffversorgung. Ziel war eine weitgehende Unabhängigkeit von teuren Ölimporten, die Umstellung aller Kraftfahrzeuge auf Alkohol, der aus heimischem Rohzucker gewonnen wird. Bereits 1978 rollte das erste Fiat-Modell mit einem Benzin-Alkohol-Gemisch angetriebenen Motor vom Band. Ende der 80er Jahre tanken in Brasilien vier von fünf Pkws Alkohol. Unter Einbezug der Lkws beträgt der Anteil der Alkoholautos über 50 Prozent.

Die inzwischen 13 Milliarden Liter Alkohol, die Brasilien jährlich in den Gäranlagen produziert, haben von 1978 bis 1988 etwa 17 Milliarden Dollar Importe erspart. 600 000 Arbeitsplätze bieten allein die Betreiber von Gärfabriken an. 16 Milliarden Liter wollen sie 1995 auf den Markt bringen. Eine stolze Bilanz – wenn man einige Schönheitsfehler außer Acht läßt. Das Proalcool-Programm mußte mit ausländischen Krediten finanziert werden, die Weltbank gab allein 250 Millionen US-Dollar. Mit dem Rückgang der Ölpreise schwand die Attraktivität, das Programm gilt heute als unrentabel. Die Umrüstung der Alkoholautos auf die US-Abgasnormen ist schwieriger als bei den Benzinern. Denn umweltfreundlicher sind die Alkoholautos keineswegs. Zwar liegt der Kohlenmonoxidausstoß niedriger, doch der Anteil der hochgiftigen Aldehyde fünffach höher als beim Benzinauto.

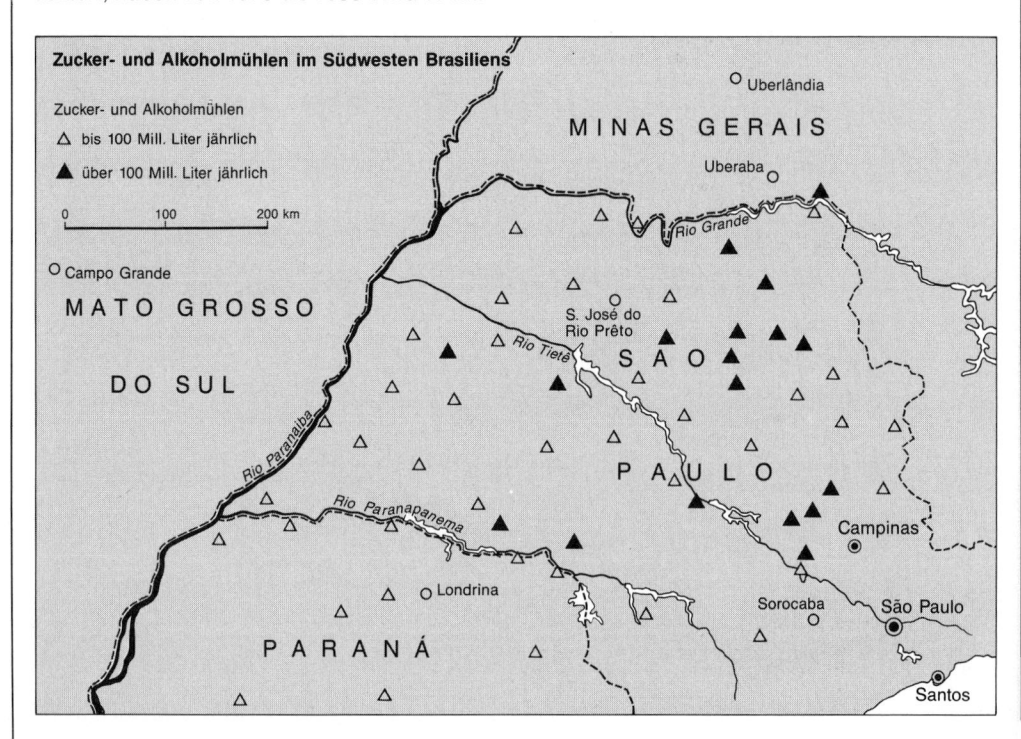

Zucker- und Alkoholmühlen im Südwesten Brasiliens

Zucker- und Alkoholmühlen
△ bis 100 Mill. Liter jährlich
▲ über 100 Mill. Liter jährlich

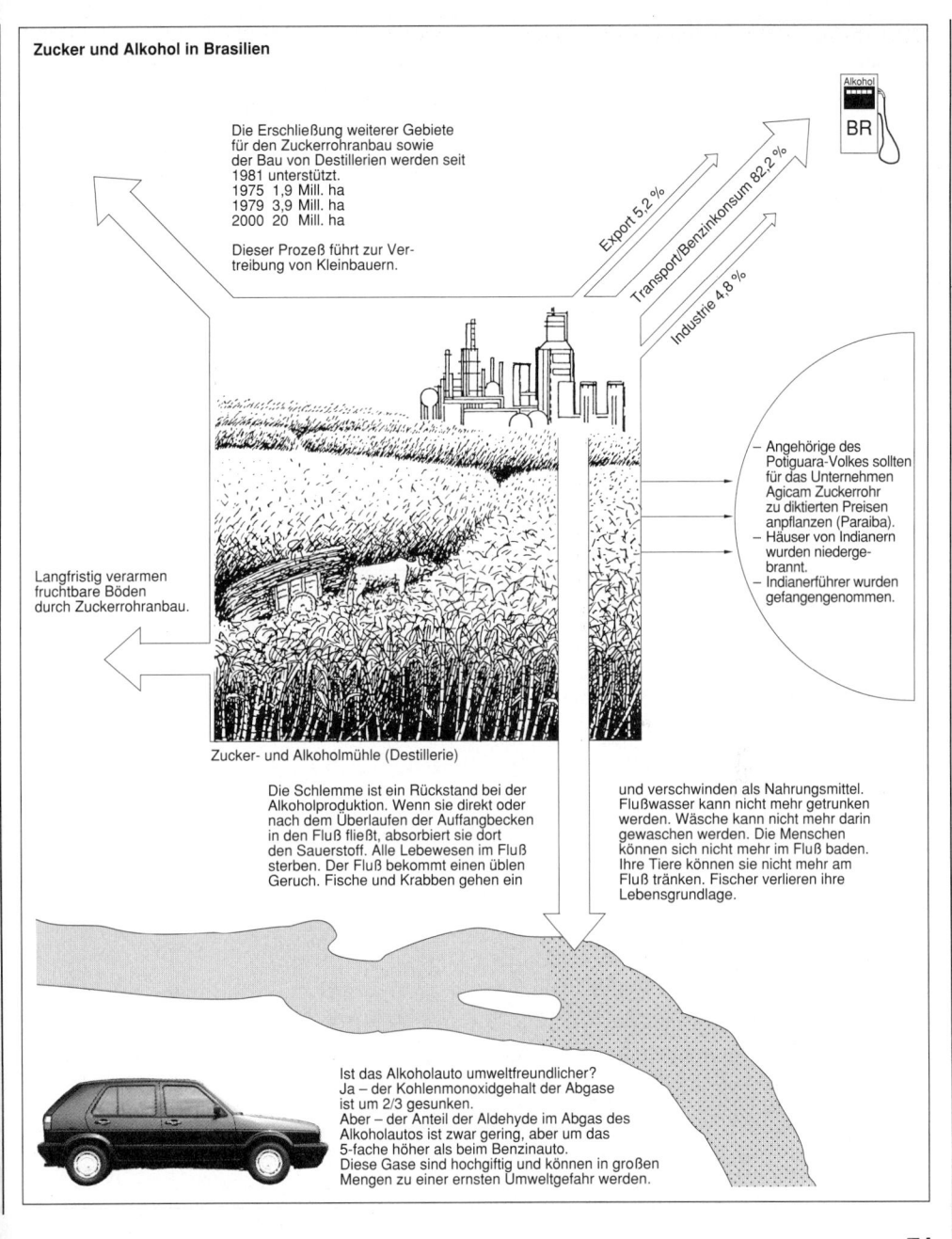

Zucker und Alkohol in Brasilien

Die Erschließung weiterer Gebiete
für den Zuckerrohranbau sowie
der Bau von Destillerien werden seit
1981 unterstützt.
1975 1,9 Mill. ha
1979 3,9 Mill. ha
2000 20 Mill. ha

Dieser Prozeß führt zur Vertreibung von Kleinbauern.

Export 5,2 %
Transport/Benzinkonsum 82,2 %
Industrie 4,8 %

- Angehörige des Potiguara-Volkes sollten für das Unternehmen Agicam Zuckerrohr zu diktierten Preisen anpflanzen (Paraiba).
- Häuser von Indianern wurden niedergebrannt.
- Indianerführer wurden gefangengenommen.

Langfristig verarmen fruchtbare Böden durch Zuckerrohranbau.

Zucker- und Alkoholmühle (Destillerie)

Die Schlemme ist ein Rückstand bei der Alkoholproduktion. Wenn sie direkt oder nach dem Überlaufen der Auffangbecken in den Fluß fließt, absorbiert sie dort den Sauerstoff. Alle Lebewesen im Fluß sterben. Der Fluß bekommt einen üblen Geruch. Fische und Krabben gehen ein und verschwinden als Nahrungsmittel. Flußwasser kann nicht mehr getrunken werden. Wäsche kann nicht mehr darin gewaschen werden. Die Menschen können sich nicht mehr im Fluß baden. Ihre Tiere können sie nicht mehr am Fluß tränken. Fischer verlieren ihre Lebensgrundlage.

Ist das Alkoholauto umweltfreundlicher?
Ja – der Kohlenmonoxidgehalt der Abgase ist um 2/3 gesunken.
Aber – der Anteil der Aldehyde im Abgas des Alkoholautos ist zwar gering, aber um das 5-fache höher als beim Benzinauto.
Diese Gase sind hochgiftig und können in großen Mengen zu einer ernsten Umweltgefahr werden.

Brasilien – Industrialisierung eines Schwellenlandes

1983 erreichte das Produzierende Gewerbe einen Anteil am Bruttoinlandsprodukt von 35 Prozent. Brasilien gehört damit zu den am stärksten industrialisierten Ländern Lateinamerikas. Das erreichte Niveau eines industriellen Schwellenlandes ist das Ergebnis einer staatlichen Entwicklungsstrategie, die seit über drei Jahrzehnten die rasche Industrialisierung gefördert hat. Nach Stärkung traditioneller Branchen kamen in den 50er Jahren verstärkt die Produkte langlebiger Konsumgüter, aber auch die Schwerindustrie (Eisenindustrie) hinzu. Teil dieser Strategie, Einfuhren durch heimisch erzeugte Produkte zu ersetzen und damit Devisen zu sparen (Importsubstitutionspolitik) ist etwa das Verbot, Autos einzuführen.

Ab Mitte der sechziger Jahre rückte die Investitionsgüterindustrie in den Vordergrund. Zu den hohen industriellen Wachstumsraten trug insbesondere die Expansion des Fahrzeug- und Maschinenbaus, der Elektrotechnik, der Metallverarbeitung und der chemischen Industrie bei. Brasilien ist heute der bei weitem größte Stahlproduzent der Dritten Welt. Ende der 70er Jahre konnten bereits etwa 80 Prozent der gesamten Nachfrage nach Investitionsgütern aus inländischer Produktion gedeckt werden. Die staatlichen Eingriffe in den Wirtschaftsprozeß hatten in den letzten Jahrzehnten eine wachsende Bedeutung bekommen und sind zu einem prägenden Strukturelement der Wirtschaft geworden. Regierungsprogramme zur Industrialisierung des Landes führten zur Gründung von staatlichen Großunternehmen, die vor allem im Bergbau, der Energiegewinnung und der Stahlerzeugung tätig sind.

Die Betriebe des verarbeitenden Gewerbes konzentrieren sich auf die Südostregion; auf die Bundesstaaten São Paulo, Minas Gerais und Rio de Janeiro, wo auch die meisten Weißen leben, entfallen drei Viertel der Gesamtproduktion und etwa 70 Prozent der Beschäftigten. Über 95 Prozent aller Betriebe sind Klein- und Mittelunternehmen mit bis zu 90 Beschäftigten. Der Staat bemüht sich, in den peripheren Gebieten industrielle Entwicklungspole auszubauen. Die Freihandelszone von Manaus ließ die Millionenstadt im Amazonas nicht nur zum größten Standort der Elektro- und Elektronikindustrie in Südamerika, sondern zu einem Einkaufsparadies für technische Geräte werden. Jedes Flugzeug auf dem Rückweg von Manaus quillt über vor Kleincomputern, Videokameras und -recordern.

Anteil der Industrie am Bruttoinlandsprodukt 1985 in ausgewählten Staaten, Anteil in Prozent

Die Spitzenreiter		Die Schlußlichter	
Vereinigte Arabische Emirate	67	Ghana	15
Gabun	61	Burundi	15
Oman	59	Bangladesh	14
Kuweit	58	Sierra Leone	14
Libyen	57	Myanmar (Birma)	13
Saudi-Arabien	56	Mali	13
Kongo	54	Uganda	13
Botswana	49	Nepal	12
Algerien	48	Mosambik	11
China	47	Somalia	9
Irak	46	Tansania	8

Quelle: BMZ 1987

Entwicklung der Industrie in ausgewählten Staaten

Betriebe (Zahl)		Beschäftigte (Zahl)		Zunahme der Beschäftigten jährlich (%)
Brasilien				
1975	1980	1975	1980	1975/1980
184 000	210 000	3 817 000	4 918 000	5,8
Tunesien				
1972	1981	1972	1981	1972/1981
1000	1560	61 000	136 000	13,6
Kenia				
1963	1983	1973	1983	1963/1983
780	2850	50 000	148 000	9,9
Botswana				
1974	1983	1974	1983	1974/1983
75	280	3800	9700	14,5

Quelle: Statistisches Bundesamt: Länderberichte

Hotelanlage am Indischen Ozean bei Mombaza, Kenia

Das touristische Potential der Tropen

Sich Sonnen, am Strand Liegen, Schwimmen/Baden gehören seit jeher zu den wichtigsten Aktivitäten deutscher Urlauber. Der palmenbestandene, in der Sonne gleißende Sandstrand zählt zu den Traumzielen ebenso wie zur Vermarktungskonzeption „tropischer" Produkte. Strände können viele, genügend Sonne alle Länder beiderseits des Äquators anbieten – ideale Voraussetzungen für einen blühenden Tourismus mit bleichgesichtigen Industriestaatlern?

Am vorhandenen natürlichen Potential liegt es nicht, wenn doch nur wenige Staaten der Dritten Welt vom internationalen Reiseverkehr sichtbar profitieren. Einer möglichen Ausweitung stehen finanzielle, infrastrukturelle, aber auch kulturelle Hindernisse entgegen. Die Kritik bei uns – häufig theoretisch und ideologisch unterlegt – am Tourismus in der Dritten Welt ist groß. Diese Kritik hat übrigens dazu geführt, daß die Deutsche Bundesregierung keine Tourismusprojekte in der Dritten Welt mehr unterstützt. Auch nicht in Uganda, das zum Beispiel Hilfe dringend nötig hätte, um den ältesten und noch bis in die 60er Jahre blühendsten Fremdenverkehr in der „Schweiz Afrikas" wiedererstehen zu lassen. Wie sieht das ein Afrikaner? Die folgenden Zitate aus einem Lehrbuch sind weitgehend unverändert aus dem Englischen übernommen. – Diese einzige verfügbare Landeskunde für Oberschüler und Studenten in Uganda ist nur als hektographierter Umdruck erhältlich. Den Buchdruck kann sich das durch viele Bürgerkriege ruinierte Land nicht leisten!

Probleme, den Tourismus in einer sich entwickelnden Welt voranzutreiben

„Im Falle Ugandas ist der Tourismus anscheinend gerade dabei, sich wiederzubeleben. Dabei sieht sich die Regierung von Uganda, in ihrem Bemühen, den eigenen Tourismus auf das Niveau der Nachbarn Kenia und Tansania zu bringen, einer Anzahl von Hindernissen gegenüber.

1. Es fehlt an Kapital, um eine für den Tourismus notwendige Infrastruktur aufzubauen, wie zum Beispiel gute Straßen und Hotels, wobei die Hotels mit den nötigen Einrichtungen wie Bettzeug und Attraktionen wie Filmhalle, Jazzband etc. ausgestattet werden müssen.
2. Es fehlen Devisen, um ausländische Produkte importieren zu können, die im eigenen Land nicht hergestellt werden können. In Verbindung mit diesen beiden Problemen muß der agrare Sektor eine Stärkung erfahren, damit er einen hohen Beitrag zum Volkseinkommen liefert. Davon kann ein Teil wieder in den Tourismus investiert werden.
3. Das beunruhigendste Problem ist die Zerstörung der Umwelt, besonders der Tierwelt. Die Wildtiere sind neben Klima und Landschaft die wichtigste Touristenattraktion des Landes. Wilderer töten die Tiere wegen ihrer Zähne, ihres Fleisches, ihres Elfenbeins oder ihres Fells. Wenn die Wilderei nicht sofort gestoppt wird, werden einige Tierarten wahrscheinlich bald ausgerottet sein. Wenn es weniger Tiere gibt, wird auch die Zahl der Touristen nicht zunehmen.
4. Es fehlt geschultes, ausgebildetes Personal im Hotel-Management. Das hat zu einem sehr schlechten Service geführt.
5. Tourismus ist eine saisonale Angelegenheit. Das bedeutet, daß im Winter viele Touristen nach Ostafrika und speziell nach Uganda strömen werden. Das bedeutet aber gleichzeitig, daß die restliche Zeit des Jahres die Infrastruktur-Einrichtungen und die Leute, die im Tourismus beschäftigt sind, nicht ausgelastet sind.
6. Die Ugander haben den Ruf, überhaupt nicht gastfreundlich zu sein. Daran ist wahrscheinlich der lange Krieg in Verbindung mit der Inflation Schuld. Einige Behörden bezeichnen das als moralischen Verfall der Ugander.
7. Einige Stämme werden für feindselig gehalten. Von den Karamojong sagt man, sie halten jeden Fremden für einen Viehdieb; in Wirklichkeit ist das nicht der Fall. Aber das hindert Touristen daran, tiefer in eine Gegend einzudringen und die Schönheiten unseres Landes kennenzulernen. Diese Einstellung dem Touristen gegenüber findet man auch bei den Massai in Kenia. In diesem Fall ist Uganda nicht allein, sondern hat einen kulturellen Partner.
8. Die Luftverschmutzung durch die Zementfabrik in Hima ist ein weiteres Problem. Der freigewordene Staub hat wahrscheinlich zum Tod vieler Tiere im Ruwenzori-Nationalpark beigetragen. Außer-

Eingeborene in einem Samburudorf in Kenia lassen sich von Touristen fotografieren

dem trübt die Zementfabrik die Sicht. Deshalb ist es ein bißchen schwierig, die Ruwenzori-Berge aus der Entfernung zu sehen.

9. Wildtiere werden nicht nur von Menschen getötet, sondern oft auch durch Krankheiten, die durch Schädlinge wie die Tsetse-Fliege übertragen werden. Rinderpest, Nagana, Maul- und Klauenseuche sind nur einige der vielen Krankheiten, die das Wild töten.

10. Der Tourismus kann seine volle Blüte in einem Land nur erreichen, wenn ein gutes politisches Klima herrscht. Seit den frühen 70er Jahren ist Uganda ein Unruheherd. Und aus diesem Grund hatten viele Touristen nicht den Mut, nach Uganda zu kommen.

11. Uganda ist von den drei ostafrikanischen Ländern am weitesten vom Meer entfernt. Wegen der Strände bleiben die meisten Touristen entweder in Kenia oder Tansania, und nur wenige kommen nach Uganda. Das erklärt auch die führende Stellung von Kenia in der Tourismusindustrie.

Der Nutzen des Tourismus für eine sich entwickelnde Welt

Der Tourismus trägt viel zum Nationaleinkommen bei, indem er Devisen bringt, die für Entwicklungsprojekte im Land oder zum Ausgleich der negativen Handelsbilanz eingesetzt werden können, was ein Hauptproblem der Entwicklungsländer ist. So ist in Ostafrika der Tourismus der zweite oder dritte Devisenbringer nach Kaffee, Baumwolle oder dem Bergbau.

Der Tourismus hat zur Entwicklung entfernter Gegenden geführt. Zum Beispiel Uganda: Viele der Touristenattraktionen sind sehr weit von der Hauptstadt weg. Deshalb war es nötig, das Straßennetz und die Flugplätze auszubauen, die diese Plätze mit der Hauptstadt verbinden. Solche gut ausgebauten Straßennetze fördern nicht nur den Tourismus, sondern führen auch zu einer besseren Zugänglichkeit der entfernten Gegenden, erlauben einen leichten Transport von Rohstoffen zu den verschiedenen Verarbeitungszentren.

Der Tourismus bringt Beschäftigung für die Bürger. Viele können unmittelbar profitieren, wie das Hotelpersonal oder die Ranger in Nationalparks. Indirekt finden Menschen im Transportgewerbe Arbeit. So lindert diese Industrie eines der Hauptprobleme, unter denen Ostafrika zu leiden hat, die Arbeitslosigkeit.

Der Tourismus führt zur Verbesserung des Stadtbildes. Im Falle Ugandas haben eine Reihe von Hotels und Lodges zur Schönheit von Kampala und von anderen Orten beigetragen.

Der Tourismus fördert das Handwerk. Die Touristen kaufen einheimische Kunstgegenstände wie Speere, Bogen, Pfeile, Matten, Körbe, Trommeln etc., um sich an der Kunst des Volkes zu erfreuen oder nur um anderen zu zeigen, daß sie in Ostafrika waren.

Der Tourismus fördert auch das gegenseitige Verstehen zwischen dem Heimatland der Touristen und ihrem Reiseland. Das trägt zum internationalen Frieden bei.

Der Tourismus als eine spezielle Industrie in Ostafrika hat zur Erhaltung der Wildtiere geführt. Wenn von den Regierungen das Recht der Tiere auf Leben und vor allem ihr Nutzen für den Tourismus nicht rechtzeitig erkannt worden wären, hätten die Einheimischen die Wildtiere entweder für ihr eigenes Überleben oder zu ihrer Sicherheit getötet. Ähnlich wird auch die natürliche Vegetation geschützt, die immer stärker von den Einheimischen bedroht wird, auf der Suche nach mehr Kulturland. Dabei beschleunigen die rohen Methoden der Rodung und des Abbrennens die Bodenerosion.

Die wirtschaftliche Struktur der ostafrikanischen Länder erlaubt es nicht, die Trockengebiete zu entwickeln. Die Einrichtung von Nationalparks und Tierreservaten mit den Möglichkeiten für den Tourismus stellt den einzigen effektiven Weg dar, solche fast ariden Gebiete zu nutzen.

Die Regierungen haben nationale Fluglinien gegründet, um einen schnellen und einfachen Transport der Touristen vom Ausgangs- zum Bestimmungsort zu ermöglichen. Im Bemühen, den Tourismus zu fördern und zu unterstützen, hat man staatliche Luxushotels und Lodges in vielen attraktiven Gegenden eingerichtet. Und schließlich läßt der Tourismus in den jungen Leuten die Idee des Umweltschutzes wachsen. Er fördert das Interesse und den Wunsch, dieselben Plätze wie die Fremden zu besuchen. Das bringt ihnen ihre eigene Umwelt ins Bewußtsein. Die Regierungen müssen stärker die Verantwortung für die Erhaltung von Tieren, Traditionen und historischen Stätten übernehmen."

(Kakumirizi 1987, S. 116−120)

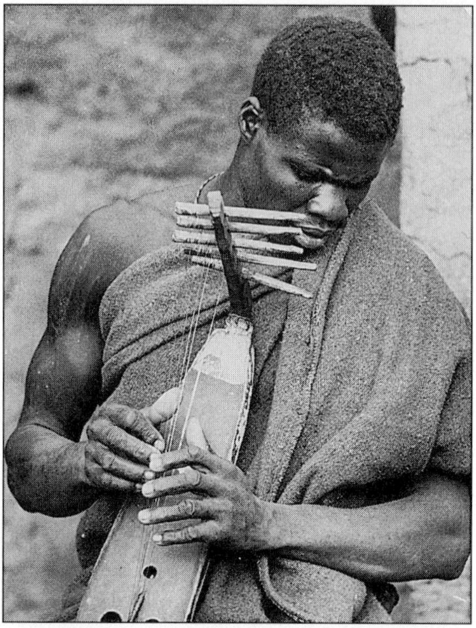

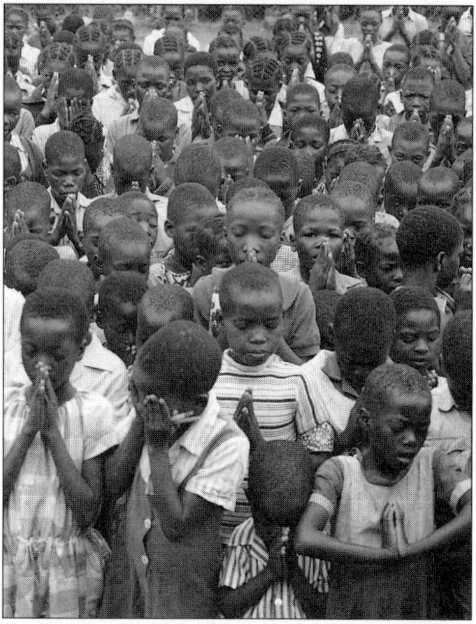

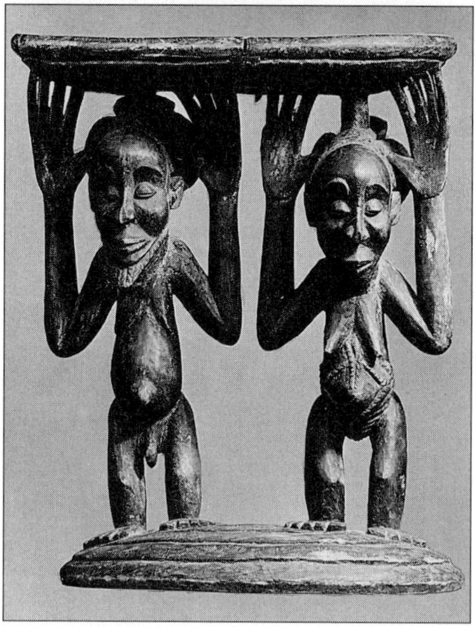

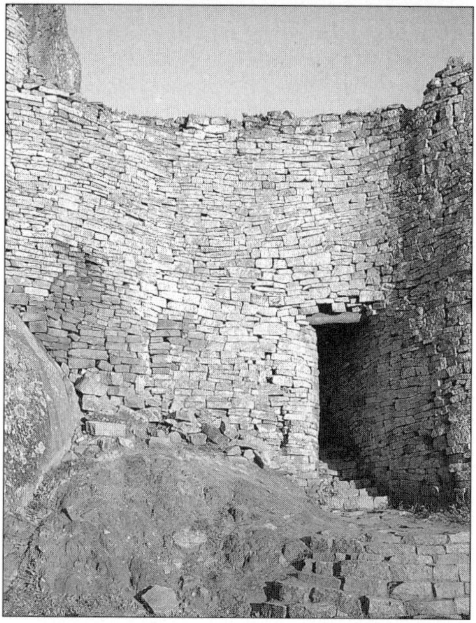

Eurozentrismus: früher
„Von Charakter sind die Neger heiter, eitel, gefallsüchtig, lügenhaft und sinnlich, aber auch in hohem Grade gelehrig, europäische Erzeugnisse machen sie mit großer Geschicklichkeit nach, fremde Sprachen eignen sie sich schnell an, in den Schulen der Missionen zeigen sie sich als sehr schnell auffassende Schüler. Musik lieben sie sehr, in der Holzschnitzerei, Elfenbeinbearbeitung und Töpferei haben sie es aber nicht weit gebracht."
(Brockhaus Konversations-Lexikon 1885, S. 826)

Eurozentrismus: heute
„Der Afrikaner ist von Natur aus religiös und hat die Verbindung mit Gott auch außerhalb der Gottesdienste nie verloren... Der Afrikaner kann genauso viel und ist genauso gut wie wir Weißen."
(Kontinente 1986, S. 22/23)

Die kulturelle Dimension der Entwicklung

Kultur – Rudiment oder Fundament der Entwicklung?

Wohin?

Zurück?
Zu den Tagen der Trommeln
und festlichen Gesänge im Schatten
sonnengeküßter Palmen – Zurück?
Zu den ungebildeten Tagen
da die Mädchen immer keusch waren
und die Burschen schlechte Wege verabscheuten
aus Angst vor alten Göttern – Zurück?
Zu dunklen strohgedeckten Hütten
wo Güte herrschte und Trost wohnte – Zurück zum Aberglauben?
Oder vorwärts?
Vorwärts! Wohin?
In die Slums wo Mensch auf Mensch gepfercht ist
Wo Armut und Elend ihre Buden aufschlugen
und alles dunkel ist und traurig?
Vorwärts! Wohin?
In die Fabrik
um harte Stunden zu zermahlen
in unmenschlicher Mühe in einer einzigen endlosen Schicht?

(Dei-Anang 1973, S. 48)

Kultur wird hier verstanden als Art und Weise, wie der Umgang der Menschen miteinander, mit der Natur und Welt und wie der Alltag gestaltet wird und wie die besonderen sozialen, wirtschaftlichen, politischen und religiösen Beziehungen erlebt werden.
„Ein angemessener Umgang mit fremden Völkern und Kulturen kann am besten durch eine qualitative Betrachtungsweise erreicht werden, d. h. auf der Basis der Gleichberechtigung aller Kulturen. Jede Kultur, und sei sie noch so fremdartig, hat ihren Eigenwert, ihre je eigene Qualität. Alle gehören der einen Welt an.
Indem man vom Eigenwert der Räume ausgeht, versucht man die Kulturen und ihre sozioökonomischen Bedingungen gleichsam aus sich selbst heraus zu verstehen. So wird der Gefahr der Diskriminierung vom Ansatz her entgegengewirkt. Es gibt nicht nur die Würde des Menschen als eines Subjekts, sondern auch die Würde einer Kultur als einer Organisationsform von Menschen."
(Newig, 1986, S. 263)

Unsere Sicht – ihre Sicht? Ihre Sicht – unsere Sicht?

Angesichts der Komplexität der kulturellen Dimension ist immer wieder unsere „Optik" zu überprüfen, mit der wir unsere Wirklichkeit wahrnehmen, aber auch die Realität der anderen betrachten. Dieser „Eurozentrismus" ist häufig eine Ursache für Fehleinschätzungen in der Entwicklungspolitik.

> **Ethnozentrismus**
>
> Die Beurteilung kultureller, sozioökonomischer und politischer Strukturen und Prozesse in fremden Kulturräumen auf der Basis der eigenen kulturbedingten Wertmaßstäbe. Der Eurozentrismus ist ein Beispiel für ethnozentrische Bewertungen von Aktivitäten in Übersee. Vor allem bei der „Modernisierung" von Entwicklungsländern zeigten sich Europäer verständnislos, manchmal auch überheblich oder gar feindlich gegenüber der fremden Kultur.

„Die Europäer müssen aufhören, uns ihre Lebensweise, ihre Zivilisation aufzuzwingen. Nicht wir machen Europa Probleme, Europa macht uns Probleme. Wir brauchen ihre Hilfe nicht, um unsere Identität zu finden. Gewiß, wir brauchen technische und wissenschaftliche Hilfe. Aber wir brauchen beileibe keine Ratschläge, wie wir zu leben, zu denken, zu fühlen oder uns zu verhalten haben. Das ist allein unser Problem. Aber: Europa muß sich ändern. Europa muß eine neue Identität finden, muß seine Beziehungen zu uns überprüfen. Wenn die Europäer gelernt haben, uns so zu akzeptieren, wie wir sind – ob in ihren Augen „primitiv" oder nicht –, wenn sie gelernt haben, uns als Menschen, als Schwarze, als Afrikaner anzuerkennen, uns in Ruhe zu lassen, dann können wir vielleicht auf gleicher Ebene gleichberechtigt zusammenleben."

(Makeba 1987, S. 34)

Aus dem Gleichgewicht: Schwarzafrika

In dem Stück „Die Straße" hat der Afrikaner Wole Soyinka gezeigt, daß auch der „moderne" Afrikaner animistisch denkt und fühlt:

Say Tokyo Kid: Ich meine, ein Mann muß auch seinen Stolz haben. Ich fahre kein Holz, das nicht hundert Prozent gesund ist. Ich bin ein Mann mit Prinzipien. Holz fahren ist was anderes, als Passagiere fahren, das laß dir gesagt sein. Du fährst Dreck!
Salubi: Ich weiß nicht, ich geh gern mit Leuten um. Wenn ich mir das vorstelle, so 'ne tote Ladung Holz zu fahren von einem Ende der Welt zum anderen...
Say Tokyo Kid: Tot! Denkst du, 'n Baumstamm ist tot, Junge? Meinst du vielleicht, du kannst 'nen Wagen mit 'ner Holzladung so fahren wie deinen Laster voll Passagiere?! Dann setz dich mal hinters Rad. Wirst ganz schön schnell merken, wie diese tote Ladung dir's Steuer aus der Hand nehmen will. Du machst vielleicht Spaß! In jedem Baum sind aberhundert Geister, und die versuchen dir übel mitzuspielen, weil du sie gefangen hast, verstehst du? (Tastet nach seinem Talisman) Du stellst dir wohl vor, ein Bursche zieht einfach los und fällt mir nichts dir nichts einen Baum. Nein, mein Lieber, entweder du machst es richtig, oder du lebst nicht mal mehr so lange, um einen zweiten Baum zu fällen. Ich seh mich vor. Denn wenn dir einer dein Haus umhaut, hast du auf den Burschen bestimmt auch 'ne Wut.
Samson: Du glaubst doch den Quatsch nicht etwa?
Say Tokyo Kid: Quatsch nennst du das? Na, dann sag mir mal eins. Warum hab ich nicht soviele Schnittwunden und Beulen wie die anderen Burschen hier? Weil sich das Holz nicht gegen seinen eigenen Sohn wendet, darum. Ich bin ein Sohn des Holzes. Und ich fahr bloß Holz, verstehst du."

(Soyinka 1974, S. 248/249)

Der Animismus

Die muslimischen und christlichen Missionare haben immer wieder versucht, die bei Schwarzafrikanern weit verbreitete Angst vor den „Geistern" zu bekämpfen. Damit hatten sie nur zum Teil Erfolg: Trotz des äußeren Einbruchs der Technik ist die alltägliche Furcht vor dem „bösen Blick", vor den „Geistern", die Ehrfurcht vor den „Seelen der Verstorbenen" geblieben. Mit Masken, mit „Zaubermitteln", „Fetischen", mit gemeinsamen Tänzen und Gesängen versuchen sich die Afrikaner auch heute davor zu schützen. Dabei helfen ihnen der Zauberer und die Zauberin, der Medizinmann und die weise Frau: sie setz(t)en die Möglichkeiten der schwarzen oder weißen Magie ein, um die bösen Geister abzuhalten, zu vertreiben, zu töten oder die guten Geister gnädig zu stimmen.

Animismus und Naturreligion

Animismus ist ein Weltverständnis: lebende Wesen, aber auch unbelebte Objekte besitzen eine Seele (lat. anima = Seele). Bisweilen wird dazu auch der Geisterglaube gezählt, speziell der Glaube an die Geister der Ahnen. Den Animismus bezeichnen wir auch als Naturreligion: es kommt zu einer kultischen Verehrung von geheimnisvollen Geistern in Naturgegenständen und Naturerscheinungen. Dies führt dazu, daß Naturobjekte, wie zum Beispiel Sonne, Mond, Tier oder Pflanze personifiziert und als Gottheiten verehrt werden.
In diesem Zusammenhang ist auch der Okkultismus zu nennen. Man versteht darunter Lehren und Praktiken, mit denen man übersinnliche Kräfte mobilisiert, d. h. über eine besonders veranlagte Person, ein „Medium" wird versucht, mit den Geistern in Kontakt zu treten, um die Angst, zum Beispiel vor den Ahnen oder der Zukunft, zu mildern.

Zwischen Stamm und Staat, Rasse und Religion

Mzee Jomo Kenyatta, der erste Premierminister Kenias, war führend in der „heidnischen" Mau-Mau-Bewegung tätig: Mit ihr kämpfte er gegen die „christlichen" Kolonialherren, die Briten und ihre afrikanischen Helfershelfer. 1952 wurde Kenyatta verhaftet und zu einer Strafe von sieben Jahren Gefängnis verurteilt. 1956 wurde der Aufstand der Kikuyu niedergeschlagen. Sie hatten 11 500 Tote, 1035 Verletzte zu beklagen, über 26 000 Stammesangehörige wurden verhaftet. Am 12. 12. 1963 wurde Kenia unabhängig. In seinem Buch „Facing Mount Kenya" versucht Kenyatta, Nichtafrikanern die lebenswichtige Rolle des Stammes verständlich zu machen:

Es kann nicht genug betont werden, daß die verschiedenen Aspekte des Lebens der Kikuyu Teile einer in sich geschlossenen Kultur sind. Der Schlüssel zu dieser Kultur ist die Stammesordnung, und diese beruht auf der Familiengruppe und den Altersrängen. In der Kikuyu-Denkungsart gibt es kein isoliertes Individuum, oder: die individuelle Besonderheit ist zweitrangig. In erster Linie ist jedes Mitglied ein Verwandter oder ein Zeitgenosse. Seine tägliche Arbeit wird dadurch bestimmt, und es ist die Grundlage sowohl seiner moralischen Verantwortung als auch seiner sozialen Pflichten. Die Tatsache, daß in der Kikuyu-Kultur der Individualismus sprachlich mit schwarzer Magie assoziiert wird und daß ein Mann oder eine Frau dadurch geehrt wird, daß sie als jemandes Eltern, Onkel oder Tante angesprochen wird, zeigt, wie tiefliegend die Verwandtschaft in den Vorstellungen der Kikuyu mit Gut und Böse verknüpft ist.
Der Kikuyu versteht seinen Stamm nicht als eine kollektiv organisierte Gruppe von Individuen. Der Stamm ist vielmehr die Ausweitung der Familie als Folge eines natürlichen Wachstums- und Teilungsprozesses.
Das sichtbarste Symbol dieser Verwandtschaftsverbindung ist das Familienland. In einer bäuerlichen Gemeinschaft muß die gesamte soziale Organisation vom Land abgeleitet sein, und wenn man hier die Besitz- und Arbeitsverhältnisse nicht kennt, ist es unmöglich, die Bedeutung anderer Lebensaspek-

te zu erfassen. In der Kikuyu-Gesellschaft ist ebenso falsch zu sagen, der Bodenbesitz sei kollektiv, wie es nicht stimmt, daß er sich in Privatbesitz befindet. Gegenüber dem Stamm ist ein Mann Eigentümer von Land, gegenüber seinen Verwandten jedoch, die vom Boden abhängig sind, ist er nicht Eigentümer, sondern Partner oder höchstens Verwalter. Da das Land treuhänderisch für die noch Ungeborenen für die Lebenden gehalten wird und da es seinen Anteil am gemeinsamen Leben von Generationen darstellt, wird er nicht privat darüber verfügen. Ebenso ist eine Frau Eigentümerin ihres Bodens und ihrer Hütte gegenüber außenstehenden Personen und selbst gegenüber anderen Frauen ihres Mannes; sie verwaltet ihr Eigentum selbständig und trägt auch zum Familienbudget bei. Da die Kikuyu-Gesellschaft eminent sozial ausgerichtet ist, gibt es gegenseitige Ansprüche und Verpflichtungen. Verwandte helfen und beraten einander in gemeinsamen Angelegenheiten; ein Bedürftiger geht zu seinen nächsten wohlhabenden Verwandten, und Gastfreundschaft gilt als Selbstverständlichkeit. All dies ist mehr die Angelegenheit guter Erziehung und Sitte als gesetzliche Bestimmung.

Das wirtschaftliche Leben beruht auf dem Boden. Gewisse Arbeiten müssen erledigt werden, zum Teil kollektiv, zum Teil individuell: die Lebensabschnitte und die Arbeitseinteilung werden durch diese Notwendigkeiten bestimmt. Die Tradition hat sich so eingespielt, daß jeder Altersklasse die Aufgaben zugewiesen werden, die ihr am besten entsprechen; und in jeder gemeinsamen Tätigkeit werden gewissen Arbeiten von Männern, andere von Frauen übernommen, während die Kinder ihrer Kraft und Erfahrung angemessene Aufgaben verrichten. Daher gibt es im wirtschaftlichen Leben keine Vorgesetzten-Untergegebenen-Beziehungen, und es bedarf keiner oder wenig Auseinandersetzungen über die Aufteilung der Arbeit.

(Kenyatta 1983, S. 309)

Das klingt fast wie eine idealtypische Beschreibung eines Stammes, in dem es keine Konflikte gibt. Es darf jedoch nicht übersehen werden, daß es auch in Afrika Kriege

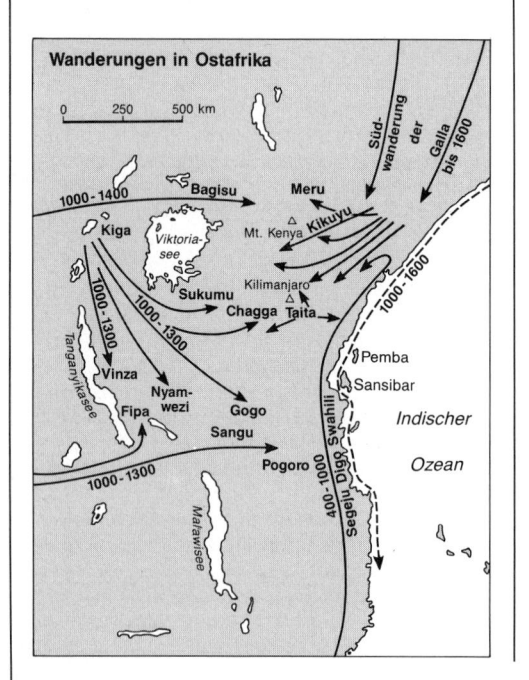

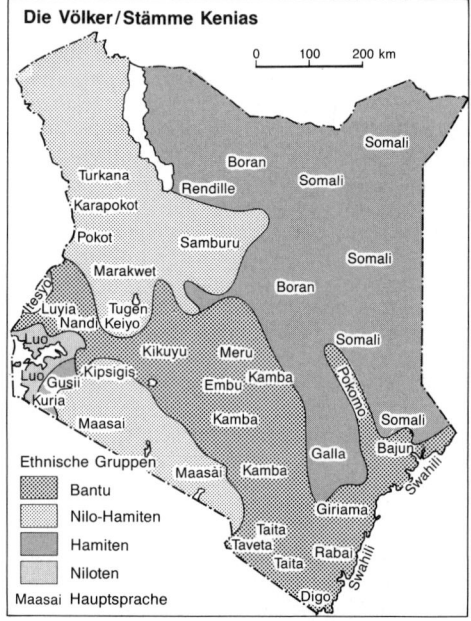

gab: So zum Beispiel bei den Bantu in vorkolonialer Zeit, wenn es zu weitreichenden Wanderungen und damit zur Verdrängung der „Urbevölkerung" kam. Immer wieder sind auch in Schwarzafrika Königreiche entstanden, die Nachbarstämme tributpflichtig machten oder versklavten. Dies geschah nicht ohne Gegenwehr. Die verschiedenen Stämme nutzten auch ihr Land unterschiedlich, sei es als Ackerbauern oder als Viehhalter: Sie lebten nebeneinander oder miteinander, was nicht ohne Konflikte abging.

Mit dem Auftreten der Kolonisten aus Europa wurden in Afrika andere Besitzformen und andere soziale und politische Denkweisen importiert:

- Die Umwälzung von Autorität und Herrschaft durch die koloniale Verwaltung verursachte unter Umständen eine Auflösung der traditionellen Stammesverbände.
- Die Kolonialherren haben bewußt bedeutende oder auch weniger bedeutende Ethnien gefördert, bevorzugt und mit umfassenden Privilegien ausgestattet, um sie um so besser zur Unterdrückung anderer ethnischer Gruppen einsetzen zu können. Die Briten entwickelten hierin mit ihrem System der „indirekten" Herrschaft eine Meisterschaft, indem sie Stammeshäuptlinge nicht absetzten, wenn sie sich zu einem „verlängerten Arm" der Briten machen ließen.
- Diese koloniale Vorgehensweise begünstigte manchmal das Aufkommen von Eingeborenen als illegitimen Herrschern, aber es veränderte kaum die Stammesstrukturen und die damit verbundene Identität.
- Die Identifizierung der Afrikaner mit ihrem jeweiligen Stamm blieb auch dann erhalten, wenn die Kolonialmacht aus „verwaltungstechnischen" Gründen Umgruppierungen von Stämmen vornahm.
- Nur dort, wo die Grenzen zwischen den Einflußbereichen verschiedener Kolonialmächte den Stammeszusammenhalt ernsthaft gefährdete, entstand ein potentieller Konfliktherd, der sich dann schlagartig aufheizte, als die Kolonialmächte in den 60er Jahren diese bisweilen willkürlich geschaffenen Verwaltungseinheiten in die „Freiheit"

> **Tribalismus**
>
> Unter „Tribalismus" versteht man die vorherrschende Stammesbezogenheit im gesellschaftlichen und politischen Verhalten. Gegebenenfalls daraus resultierende inner- und zwischenstaatliche Konflikte in Afrika sind jedoch nicht die „primitivvölkische" Äußerung einer auf diesem Kontinent latent vorhandenen traditionellen Neigung zwischen verschiedenen Ethnien und Stämmen. Sie sind vielmehr das Produkt einer fremdbestimmten historischen Entwicklung. Heute muß man Tribalismus eher als dynamischen Prozeß sehen, der nicht nur die Bewahrung und Entwicklung kultureller Identität ermöglicht, sondern den jungen afrikanischen Staaten die Chance kultureller Pluralität gibt, wenn alle Ethnien gleichberechtigt sind. *(Nach Bliss 1987, S. 13–16).*

entließen: jetzt spielten Staatsgrenzen und Stammesgrenzen plötzlich eine wichtige Rolle. „Tribalismus" wurde zum vielgebrauchten Schimpfwort, zur Generalentschuldigung der afrikanischen Misere, zum Feindbild für nationales Denken. Tribalismus war gleichbedeutend mit „staatsfeindlichem Separatismus" und störte das sogenannte „nationbuilding".

Stammeskonflikte lassen sich also nur vor dem historischen Hintergrund erklären, wobei sich unterschiedliche rassische und religiöse, ökonomische und politische Motive vermengen. Dies wurde zum Beispiel im Bürgerkrieg in Nigeria deutlich, in dessen Verlauf sich die Südostregion abspaltete und einen eigenen Staat – Biafra – ausrief. Beim Biafra-Krieg (1967–1970) zwischen den animistischen Yoruba (20 Prozent der Bevölkerung) und christlichen Ibo (17 Prozent) ging es u. a. um die Nutzung von Erdöllagerstätten und um die Schlüsselpositionen der jeweiligen Führungseliten in dem jungen Bundesstaat Nigeria.

Zwischen Tradition und Moderne: Selbstversorgung und Weltmarktproduktion

„Senegal, das westafrikanische Sahelland, das zur Kolonialzeit den Erdnußanbau zu einer Monokultur entwickelt hat, gerät dadurch in allerhöchste Bedrängnis. Das Hauptexportprodukt des Landes droht überflüssig zu werden: „In einer Flasche Erdnußöl aus Senegal steckt 70mal mehr menschliche Arbeit als in einer Flasche Sojaöl aus den USA", sagt ein Wirtschaftsexperte aus Dakar. Doch das Interesse auf dem Weltmarkt an senegalesischem Erdnußöl ist weitgehend erloschen. Es wird (neben dem südostasiatischen Palmöl) zusehends durch amerikanisches Sojaöl verdrängt. Sojaöl hat in Westeuropa seinen Anteil von fünf Prozent in den 50er Jahren auf 30 Prozent 1980 erhöht.

Der Grund für diese Entwicklung ist einfach: In den USA werden Sojabohnen nicht wegen ihres Öls gepflanzt, sondern wegen ihres Werts als proteinreiches Viehfutter. Das Öl ist ein Nebenprodukt bei der Herstellung von Sojakuchen für die intensive Viehhaltung. Deswegen – und natürlich wegen des Einsatzes von Maschinenkapital – können die USA Sojaöl zu „Wegwerfpreisen" abgeben.

Trotz der Bemühungen zur Diversifikation macht die Erdnuß immer noch zwischen 30 und 40 Prozent der sengalesischen Exporte aus. 40 Prozent der Akkerbaufläche werden vom Erdnußanbau belegt. Angesichts des trockenen Sahelklimas, das den größten Teil des Landes prägt, hat Senegal auch keine wirkliche Alternative. Infolge ungenügender Regenfälle sank die Produktion ins Bodenlose. Eine schwere Wirtschaftskrise war die Folge.

Es lag in der Logik der kolonialen Wirtschaft, daß Senegal Speiseöl für Frankreich liefern sollte, während billiger Reis aus Indochina nach Senegal eingeführt wurde. Bis zum Zweiten Weltkrieg war das einigermaßen rentabel, d. h. für ein Kilo Erdnüsse konnte man mehr als ein Kilo Reis kaufen. Unterdessen haben sich die Austauschverhältnisse längst ins Gegenteil verkehrt. Zudem haben sich die Eßgewohnheiten verändert. Die Senegalesen in den Städten wollen keine Hirse mehr essen. Sie bevorzugen Weizen für Brot – ein Getreide, das in Senegal überhaupt nicht wächst – und Reis, der nur in ungenügenden Mengen produziert wird.

Marktproduktion/Warenproduktion

In der Landwirtschaft versteht man darunter im Gegensatz zur Subsistenzwirtschaft die Produktion von Marktfrüchten, cash-crops, um damit Geld bzw. Devisen zu erlösen. Meistens erfolgt die Produktion von cash-crops für den Weltmarkt in Plantagen, zuweilen auch in bäuerlichen Betrieben. Die Ausweitung der Produktion von Rohstoffen wie Baumwolle, Kaffee, Tee, Erdnüssen oder Soja ist trotz der Deviseneinnahmen umstritten, weil sich dadurch womöglich die Versorgungslage mit Nahrungsmitteln (food-crops) für die Einheimischen verschlechtert.

Immer wieder geben Bauern in der Dritten Welt die Marktproduktion auf oder betreiben Subsistenz- und Marktproduktion nebeneinander, wenn sie, bedingt durch eine staatliche Niedrigpreispolitik oder durch sinkende bzw. stark schwankende Weltmarktpreise, immer weniger für ihre Marktfrüchte erlösen können und sich stattdessen wieder mehr auf die Subsistenzwirtschaft verlegen.

Dabei sind auch die ökologischen Folgen der Erdnuß-Monokultur besorgniserregend. Die Erdnuß ist eine Frucht, die gejätet werden muß. Es ist also kein Unkraut da, das wie bei der Hirse den Boden zusammenhält und vor Erosion schützt. Bei der Ernte muß die Pflanze ganz ausgerissen werden. Danach bleibt die bloße Erde neun Monate lang, bis zur nächsten Regenzeit, schutzlos der Winderosion ausgesetzt.

Früher haben die Bauern diese Probleme mit ausgedehnten Brachezeiten gelöst. Drei von neun Jahren ließen sie den Boden in einem ausgeklügelten Rotationssystem ruhen. Heute ist das nicht mehr möglich. Nicht nur das rasche Bevölkerungswachstum, sondern mehr noch der Zwang zu vermehrter Produktion haben die Brache verdrängt. Die Folgen sind verheerend. Nach drei Jahren ist der Boden erschöpft.

(Bänziger 1982, S. 13)

Subsistenzproduktion

Subsistenzwirtschaft zielt auf die Selbstversorgung einer Gruppe. Diese traditionelle, standortgerechte Wirtschaftsform ist im Gegensatz zur marktorientierten Wirtschaftsweise weniger oder gar nicht arbeitsteilig organisiert. Sie kommt selbst in den Ländern der Dritten Welt sehr oft kombiniert mit der Warenproduktion (= Marktproduktion) vor, und es ist schwierig, Abgrenzungen vorzunehmen. Subsistenzproduktion beschränkt sich nicht auf die Landwirtschaft oder das Handwerk in ländlichen Gebieten, sondern kommt auch in den Städten als Teil der Überlebensstrategie vor.

Markt in Kumasi (Ghana). Hier dominieren wie in anderen westafrikanischen Staaten die Frauen im Kleinhandel. Ihr Angebot besteht überwiegend aus:
- *Bananen (wichtige tropische Nutzpflanze)*
  Obst-Banane: Früchte als Obst
  Mehl-Banane, Kochbanane: sehr stärkehaltig
- *Batate: Süßkartoffel, Knollenfrucht bis zu 3 kg schwer*
- *Hirse*
  Echte Hirse, „Negerhirse": wichtiges Nahrungsmittel des tropischen Afrika
  „Mohrenhirse", Durra, Sorghum vulgare: wichtigste Brotfrucht Afrikas
- *Kassava, Tapioka, Maniok: stärkereiche tropische Knollenfrucht*
- *Yams: Kulturpflanze aus Süd- und Ostasien, stärkereiches Kollengewächs*

Kolonialismus und koloniales Erbe

„Das eigene Volkstum hinauszutragen in die Fremde, es dort zu behaupten und zu verbreiten, erfordert kriegerische, wirtschaftliche, geistige und sittliche Überlegenheit. Und in der Tat sind diejenigen Völker, die in dieser Arbeit sich auszeichneten vor anderen, die leitenden und führenden geworden: Weltmächte."

(Erdkunde für höhere Schulen 1910, S. 76)

In der Wilhelminischen Ära definierte man Kolonien folgendermaßen:

„Kolonien = (vom lateinischen colonus, Ackerbauer, Ansiedler) Bezeichnung für Niederlassungen sehr verschiedener Art, zum Beispiel zur inneren Kolonisation in dünn bevölkerten Gegenden des eigenen Staatsgebietes oder unterworfener Nachbarvölker. Das moderne System überseeischer Kolonien entstand hauptsächlich im Zusammenhang mit den geographischen Entdeckungen des 15. und 16. Jahrhunderts und dem Merkantilsystem. Es bildete sich das Kolonialsystem im merkantilistischen, schlechten Sinne des Wortes heraus, welches die Kolonien als Ausbeutungsobjekt für das Mutterland betrachtete."

(Zierers Konversations-Lexikon 1891, S. 586)

Und wie sieht ein Betroffener die Zeit der Kolonisation? Zum Beispiel Aimé Césaire von den französischen Antillen, der erste farbige Dichter in französischer Sprache:

„Worauf will ich hinaus? Darauf: daß niemand, ohne schuldig zu werden, Kolonisation betreibt, daß eine Nation, die kolonisiert, daß eine Zivilisation, die das Kolonialherrentum rechtfertigt – also Gewalt rechtfertigt –, schon eine kranke, eine moralisch angegriffene Zivilisation ist, die unaufhaltsam, von Konsequenz zu Konsequenz, von Negation zu Negation, ihr Strafgericht auf den Plan ruft. Kolonisation: Brückenkopf einer Zivilisation der Barbarei, von dem jeden Moment die Negation der Zivilisation ausgehen kann."

Wie wird der Kolonialismus heute in Deutschland angesehen?

Kolonialismus bezeichnet den Prozeß der Ausdehnung der europäischen Macht- und Einflußsphäre in den außereuropäischen Ländern. Träger können sowohl Staaten als auch ökonomische oder religiöse Gruppen sein, deren Vordringen in bislang „unbekannte Gebiete" meist Schutzgarantien der „Mutterstaaten" nach sich zog. Vor dem Aufkommen des Imperialismus Ende des 19. Jahrhunderts beschränkte sich der Kolonialismus zumeist auf die Errichtung und militärische Absicherung von Handelsstationen, die, ergänzt durch eine Kette strategischer Stützpunkte, die Randzonen der neuentdeckten Kontinente in die Handels- und Einflußsphären der Kolonialmächte einschloß. Die koloniale Beherrschung außereuropäischer Länder erfüllte vor allem den Zweck, durch die Ausbeutung der Kolonien den Reichtum des Mutterlandes, die Staatseinnahmen zu vergrößern (Merkantilismus).

(Nohlen [Hrsg.] 1980, S. 336)

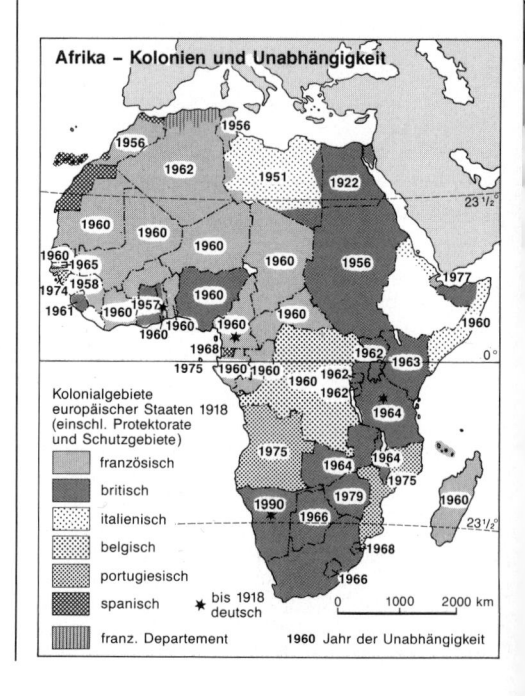

Afrika – Kolonien und Unabhängigkeit

Kolonialgebiete europäischer Staaten 1918 (einschl. Protektorate und Schutzgebiete)
- französisch
- britisch
- italienisch
- belgisch
- portugiesisch
- spanisch
- franz. Departement
- ★ bis 1918 deutsch

1960 Jahr der Unabhängigkeit

Koloniales Erbe in Afrika

In Schwarzafrika gab es nur zwei Staaten, die nicht Kolonien waren, nämlich LIberia und Äthiopien. Die meisten afrikanischen Staaten wurden erst in den 60er Jahren selbständig. Portugal entließ seine Kolonien erst nach 1975 in die Unabhängigkeit.

Die Folgen der Kolonialzeit werden sehr unterschiedlich gesehen: Die selbständige Entwicklung der 35 schwarzafrikanischen Länder wird bis heute zum Teil erheblich behindert, weil die Kolonialmächte die Grenzen willkürlich gezogen hatten. Wenn sie wie in Ruanda die Stammesgrenzen achteten, gründeten sie u. U. einen kaum lebensfähigen Kleinstaat. Auch ein Teil der regionalen Disparitäten wird mit der starken Küstenorientierung der Infrastruktur während der Kolonialzeit erklärt.

Viele Länder Schwarzafrikas sind trotz der politischen Unabhängigkeit von den ehemaligen Kolonialherren wirtschaftlich abhängig, weil es ihnen nicht gelungen ist, Monostrukturen, die europäische Vorherrschaft im Handel, in der Ausbeutung der Ressourcen, in den Medien oder bei der Währung zu überwinden.

Die Herrschaftsstrukturen der Afrikaner wurden von den Kolonialherren unterschiedlich überprägt. Sie hatten die Eingeborenen oft unzureichend ausgebildet, so daß sie für Führungsaufgaben zunächst nicht genügend qualifiziert waren. Teilweise sind sogar neue Abhängigkeiten entstanden, wie das Beispiel Verschuldung zeigt (Neokolonialismus). Verhängnisvoll wirkte sich die „Domestizierung" der Afrikanerinnen aus, die vor der Kolonialzeit viel selbständiger waren und heute als politisch und wirtschaftlich Verantwortliche in der Entwicklungsarbeit fehlen.

Das Nebeneinander verschiedener Religionen in einer westafrikanischen Stadt: katholische Kathedrale und Hauptmoschee in Dakar

Afrikaner als Muslime und Christen

Die Staatenbildung in Schwarzafrika in der nachkolonialen Phase (seit etwa 1960) ist davon bestimmt, dem europäischen Nationalgedanken nachzueifern (= nation-building). Nach den Enttäuschungen mit sozialistischen und kommunistischen Experimenten verstärkten die Araber die islamische Missionierung. Als 1972 in Jeddah die erste internationale islamische Staatenorganisation, die „Organisation der Islamischen Konferenz" (OIC) gegründet wurde, beantragten auch sechs afrikanische Staaten, die nicht der Arabischen Liga angehören, die Mitgliedschaft. Heute sind diese sechs Staaten – Sierra Leone, Tschad, Guinea, Mali, Niger und Senegal – Vollmitglieder in der OIC. In diesen Staaten leben zwischen 40 und 90 Prozent Muslime. Guinea-Bissau, Burkina Faso, Kamerun und Gambia schlossen sich gleichfalls der OIC an. Obwohl in diesen Staaten die Muslime eine 20- bis 40prozentige Minderheit bilden, definierten sie sich doch als islamische Staaten, weil der Islam als Staatsideologie attraktiv ist. In den 70er Jahren verstärkte sich diese Tendenz zum Islam als staatstragender Ideologie noch, da man sich mit dem ökonomischen Fortschritt der reichen Ölstaaten Saudi-Arabien und Kuwait identifizieren konnte. Dies wurde dadurch noch erleichtert, daß die die OIC tragenden arabischen Staaten die von Dürren heimgesuchten Sahel-Staaten im Zeichen internationaler islamischer Solidarität entwicklungspolitisch förderten. Die Sonderstellung des Islam wurde auch damit begründet, daß der Islam als ein Teil der vorkolonialen autochthonen afrikanischen Kultur angesehen wurde und ihm daher nicht – wie etwa dem Christentum – der Makel des Imperialismus anhaftete.
Angesichts des Vormarsches der Fundamentalisten in der islamischen Welt sind die Afrikaner und vor allem die Afrikanerinnen ungewollt in eine Situation geraten, in der sie um die Verdrängung ihrer Kultur in Staat und Stamm fürchten.

Wie ein Ostafrikaner heute die „europäische Mission", d. h. die christliche Mission sieht:
1. Die Missionen führten westliche Erziehung ein, erst in Schulen für befreite Sklaven, später gründeten sie Grund-, Mittel- und Technische Schulen.
2. Sie bauten Krankenhäuser und Schulen für Schwestern, Hebammen und angehende Ärzte. Sie arbeiteten schwer, um Krankheiten zu verhindern und zu heilen. Sie verringerten die Sterberate und halfen mit, daß die Bevölkerung wuchs.
3. Sie kämpften gegen den Sklavenhandel, kümmerten sich um befreite Sklaven und beendeten die in Afrika üblichen Quälereien bei Hinrichtungen.
4. Sie lehrten den Afrikanern, in ihrer Muttersprache zu lesen und zu schreiben. Dies wurde durch Missionsdruckereien mit Religions- und Schulbüchern gefördert.
5. Sie halfen den Afrikanern beim Erlernen der Kolonialsprache, so daß sie später im Unabhängigkeitskampf studieren konnten und sich gegenüber dem Kolonialherren ausdrücken konnten. Diese Sprachen halfen mit, Ostafrika zu einigen.
6. Sie verpflanzten die christliche Glaubensspaltung von Europa nach Ostafrika, wo es deswegen 1892 in Uganda zu Unruhen kam.
7. Sie deformierten die afrikanische Kultur und machten einige Afrikaner glauben, daß sie gar keine Kultur haben. Solche Afrikaner wurden „schwarze Europäer" genannt, weil sie die europäische Kultur der afrikanischen vorzogen.
8. Sie führten neue Kulturpflanzen und Techniken ein und gründeten Versuchsstationen. Sie lehrten neue Produktions- und Aufbereitungsmethoden für den Export.
9. Einige Missionen bildeten Handelsgesellschaften und bauten Straßen.
10. Sie führten eine neue Architektur ein, die Ziegelbauweise, den Bau von Steinhäusern und Dächern aus Wellblech.
11. Die Missionen waren Vorläufer für die Handelsleute, deren Unternehmungen die Imperialisten dazu brachten, Ostafrika zu kolonisieren.

(nach Matovu 1987, S. 37/38)

Religionszugehörigkeit in Afrika südlich der Sahara
(Angaben in Mill.)

	1910	1950	1965	1970	1980	1990	2000
Traditionelle Religionen		84	96	104	104	113	112	91
Muslime		10	45	62	70	92	120	157
Christen							
Protestanten		2	9	21	29	45	70	110
Röm.-Kath.		2	14	34	45	71	112	175
Orth. und Kopten		3	8	13	14	17	23	32
Afrikanische Unabhängige Bewegungen		0	3	7	9	13	21	34
Summe: Christen		7	34	75	97	146	226	351
Bevölkerung südlich der Sahara		101	175	241	271	351	458	518
Bevölkerung Gesamtafrikas		128	222	306	346	449	587	768

Quelle: Das Parlament 30–31/1987, S. 17

Afrikanische Christen heute:

„Durch ihre Verknüpfung mit der Schule und mit den Errungenschaften der westlichen Zivilisation wurde die Kirche in Afrika zu einer Kirche der Reichen (trotz ihrer guten Werke für die Armen). Die sozialen Schichten, die bereit waren, die Kolonisierung zu akzeptieren und zu ihrem eigenen Vorteil zu wenden, benutzten das Christentum als Vehikel für den sozialen Aufstieg. Die neuen Eliten geben sich betont christlich. ‚Die Regierung braucht die christliche Religion als Element politischer Kontrolle', sagt ein Kritiker. So gerät das Christentum zur Rechtfertigung des kapitalistischen Systems. Kirchliche und weltliche Eliten entwickeln – von Südafrika abgesehen – eine gefährliche Interessenparallelität, in der eine Hand die andere wäscht. Diese Kirche ist auf jeden Fall nicht eine ‚Kirche der Armen'. Die ‚Theologie der Befreiung', wie sie Lateinamerika bewegt, ist hier ein Fremdwort. Diese Kirche ist konservativ und staatserhaltend. Oder: Je mehr die Kirchen personell afrikanisiert werden, desto konservativer werden sie."

(Bänziger 1986, S. 196 f.)

„Afrikanisches Bewußtsein?"

Aufgrund der tiefgehenden Wirtschafts- und Kulturkrise hat sich in den letzten Jahren in Afrika ein neuer Wirklichkeitssinn herausgebildet. Die „Organisation für afrikanische Einheit" (OAU) befaßt sich auf ihren Konferenzen mehr als früher mit wirtschaftlichen Fragen und kommt dabei zum Ergebnis, daß die afrikanischen Probleme heute nicht so sehr das Ergebnis westlicher oder östlicher Einflüsse sind, sondern auf eigene Versäumnisse zurückzuführen sind. Dies gilt besonders für die Agrarpolitik. Dabei läßt sich in Einzelbeispielen nachweisen, daß sowohl die Modelle des „Afrikanischen Sozialismus" (zum Beispiel in Tansania) als auch das Konzept des „Free Enterprise" (zum Beispiel in Nigeria oder Kenia) in sozialen Unruhen der hungernden Bevölkerung endeten und Afrikas Krise verschärft haben.

(nach Schatten 1985, S. 27–39)

Die wichtigsten islamischen Ethnien in Afrika (in %)

Ethnie	Anteil	muslimisch
Araber	47	93
Haussa	10	89
Fulani	8	93
Berber	7	100
Yoruba	5	50
Somali	4	100
Oromo	4	55
Kanuri	2	100
Yao	2	48
Mauren	2	100
Swahili	2	100
Manding	1	61
Wolof	1	97
Bambara	1	70
Songhai	1	99
Nordost-Bantu	1	39
Beja	1	100
Soninke	0,5	47
Djula	0,5	98
Summe	99	
andere (200)	1	

193 Mill. Muslime = 100%
23% der islamischen Weltbevölkerung
38% der afrikanischen Bevölkerung

Quelle: Das Parlament 30–31/1987, S. 17

Der Orient: Einheit und Vielfalt

„Und wenn Gott nicht die Völker einander gegenübergestellt hätte, würde die Erde verfaulen."
(Koran)

„Orient" ist ein europäischer Ausdruck, er stammt vom Lateinischen „oriens" (sol), d. h. „aufgehende Sonne", „Morgenland", im Gegensatz zu Okzident, d. h. „Abendland". Die Grenzen des Orients haben im Verlauf der Geschichte stark geschwankt, und auch heute ist dieser Kulturraum nicht genau abzugrenzen. Ein Teil der modernen Geographen betont eher seine Einheit und meint damit das Gebiet des subtropischen Trockenraumes in Nordafrika und Vorderasien. Der Orient ist nicht nur der Raum, wo die meisten Hochkulturen entstanden sind – an den Stromoasen von Nil, Euphrat, Tigris, Indus. Hier entwickelte sich eine bis heute bestehende rentenkapitalistische Wirtschaftsordnung, die immer mehr marktwirtschaftlich bzw. planwirtschaftlich überformt wird.

Hier haben die Weltreligionen ihren Ursprung: Judentum, Christentum, Islam. Die jüngste von ihnen blieb bis heute für dieses Gebiet bestimmend. Von den mehr als 800 Millionen Muslimen auf der Erde leben allerdings etwa zwei Drittel in nichtarabisierten Ländern wie Pakistan, Indonesien, Nigeria oder im sowjetischen oder chinesischen Mittelasien.

Andere Geographen betonen mehr die Gegensätze und die Vielfalt des Orients, etwa die Landesnatur: mediterrane Gebiete, Gebirgslandschaften, Wüsten, Halbwüsten, Steppen und Schwemmländer der großen Ströme. Die damit verbundenen Lebensformen – die der Hirtennomaden, Fellachen und Städter – unterscheiden sich meist stärker als die hier miteinander konkurrierenden Gesellschafts- und Herrschaftsformen: Kapitalismus und Sozialismus, „konservative" Familien-Dynastien, „progressive" Republiken und islamischer Fundamentalismus.

Islam

Der Islam ist die jüngste der Weltreligionen. Religionsstifter war Mohammed (geb. 570 n. Chr.), der die Religion des Islam (d. h. „Ergebung in den Willen Gottes") nicht als Neugründung, sondern als Reform der Religion Abrahams auffaßte. Mohammed ist der Prophet Gottes, also verehrungs-, aber nicht anbetungswürdig.

Der Islam besitzt keinen menschgewordenen Gott wie das Christentum und auch keine Heiligen.

Der Islam ist seinem Ursprung nach eine strenge Gesetzesreligion, deren Vorschriften alle Bereiche des menschlichen Lebens umfassen.

Nach der islamischen Lehre bestimmt Gott in seiner unumschränkten Allmacht das Schicksal der Menschen ohne deren Zutun (Vorherbestimmung), was eine Ergebung in das Schicksal (Fatalismus) bedeutet. Am „Jüngsten Gericht" werden die Menschen für ihre Handlungen belohnt oder bestraft, obwohl sie nach der Lehre der Vorherbestimmung keine Willensfreiheit besitzen. Das Lehrbuch des Islam ist der Koran.

Im Unterschied zum Christentum kennt der Islam kein höchstes Lehramt, keine hierarchisch gegliederte oder geweihte Priesterschaft (mit Ausnahme der Schiiten) und keine Sakramente. So ist z. B. die Ehe ein auflösbarer Vertrag.

Die fünf Grundpflichten des Muslims sind:

– Das Bekenntnis zum „einen Gott" und zur Prophetenschaft Mohammeds;
– das fünfmalige Gebet (nur am Freitag ist das Gebet in der Moschee – für Männer – vorgeschrieben);
– das Geben von Almosen;
– das Fasten (vor allem im Monat Ramadan);
– die Wallfahrt nach Mekka.

Die uralte Spaltung: Sunniten und Schiiten

Die Einheit der arabischen Welt ist immer wieder durch die Gegensätze zwischen Sunniten und Schiiten gefährdet. Diese beiden Hauptrichtungen muslimischer Konfession beziehen sich auf das im Koran festgelegte „göttliche Gesetz", welches die Richtschnur für das gesamte Leben des Gläubigen ist: die Scharia.

Die Sunniten nehmen aber zusätzlich die „sunna", die „beispielgebenden Bräuche, die Handlungsweisen, den Weg" und die „Aussprüche" des Propheten Mohammed zur Basis für ihre Lebensgestaltung. Gleichzeitig wurde damit der Islam zur Staatsreligion erhoben. In ihrem Namen zogen die Sunniten gegen die „Ketzer", die Schiiten, im Zuge einer Art Inquisition zu Felde.

Die Sunniten, die etwa 90 Prozent der Muslime ausmachen, stützen sich auf Koran und Sunna. Die Schiiten fordern nicht nur eine strengere Auslegung des Korans, sondern sie beziehen sich darüber hinaus auf die Entscheide der Imame, der Religions- und Rechtsgelehrten. Sie berufen sich dabei auf Ali, den Vetter und Schwiegersohn Mohammeds, als dessen ersten rechtmäßigen Nachfolger (= Kalifen) und nennen sich arabisch „schi'at Ali", d. h. „Partei Alis". Ali wurde 661 ermordet, so daß für die Schiiten alle Nachfolger auf dem Thron des Kalifen „Thronräuber" sind. Sie hoffen seither auf den Erlöser, den „Madhi", den letzten Imam, der auf dieser Erde ein Reich der Gerechtigkeit errichten wird.

Auch wenn die Schiiten weltweit eine Minderheit darstellen, so bilden sie in der Region des Persischen Golfes eine politisch wichtige Gruppierung, nicht zuletzt deswegen, weil im Iran 90 Prozent der Bevölkerung Schiiten sind. Im Libanon besteht etwa ein Viertel der Bevölkerung aus Schiiten. In Sowjetisch-Mittelasien sind derzeit ungefähr ein Fünftel der 45 Millionen Muslime Schiiten. In den Golfstaaten liegt der Anteil wegen der dort eingewanderten Gastarbeiter zwischen drei und siebzig Prozent.

Nomaden: nur noch für Nostalgiker?

Im Bereich der Trockengrenze unternehmen Nomaden seit Jahrtausenden mit ihren Viehherden – Kamelen, Ziegen, Schafen, Rindern – jahreszeitliche oder mehrjährige Wanderungen zwischen verschiedenen Weidegebieten. Mit dieser Form der extensiven Landnutzung besteht ein Wirtschaftssystem, das besonders gut an die labilen ökologischen Verhältnisse angepaßt ist. Es funktionierte trotz der hohen Niederschlagsvariabilität und der damit verbundenen Dürreperioden, weil die Wanderhirten, zum Beispiel im Sahel, darauf sehr beweglich reagierten: entweder mit einem Wechsel der Weidegebiete oder mit der Reduzierung bzw. Aufstockung ihrer Herden. Nomadismus und Wanderweide ermöglichen vor allem für die wenig belastbare Vegetation eine lange Brachezeit.

Erst die Kolonialmächte drängten die Nomaden als unabhängige, „unruhige Elemente" zurück, die als Nichtseßhafte schwer kontrollierbar waren und künstlich errichtete Staatsgrenzen nicht beachteten. Die Kolonialherren erleichterten das Seßhaftwerden den Nomaden zum Teil dadurch, daß sie Tiefbrunnen bauen ließen. Dieser Prozeß der „Domestizierung" beschleunigte sich in der nachkolonialen Phase, als die Regierungen durch den Bau von Stauseen die Produktionsanreize für den Ackerbau verstärkten oder die Erweiterung der Herden förderten. Diese Aufstockung führte dann im Verlauf mehrjähriger Dürreperioden im Sahel zu Hungerkatastrophen und zur Desertifikation.

Während in Afrika die Nomaden von den Akkerbauern oft wegen ihrer Lebensweise verachtet, diskriminiert und bekämpft werden, versucht man das Nomadentum auf der arabischen Halbinsel dort am Leben zu erhalten, wo durch Erdölexporte genügend Geld für Subventionen vorhanden ist. Die Scheichs achten und unterstützen die arabischen Nomaden, die Beduinen, nicht zuletzt deswegen, weil sie selbst an der Spitze eines Nomadenclans stehen und stolz auf ihre beduinische Herkunft sind.

Immer noch ein Problem: der Rentenkapitalismus

Zu den schwer zu überwindenden traditionellen wirtschaftlichen und sozialen Strukturen gehört in den Trockenräumen des Orients der Rentenkapitalismus. Er beruht auf dem Gegensatz von Großgrundbesitzern und Großhändlern einerseits und Fellachen (= Bauern) und „Basari" (= Kleinhändler, Handwerker) andererseits.
Investitionen zur Steigerung der Güterproduktion unterbleiben weitgehend, weil auf der einen Seite schon genügend Gewinne und Waren abgeschöpft werden – auf Kosten des Herstellers – und weil auf der anderen Seite der Kleinbauer oder Pächter in dem Bewußtsein lebt, daß besondere Anstrengungen dem „Kapitalisten" zugute kommen. Daher unterläßt er den verstärkten Einsatz seiner Arbeitskraft oder gar technische Verbesserungen. Im übrigen sind alle Beteiligten der Überzeugung, daß letztlich Allah über die Ertragshöhe entscheidet. Deswegen fühlt sich keiner für die Produktivität des Betriebs verantwortlich.
Erscheinungsformen des Rentenkapitalismus:
1. in der Landwirtschaft, wo der Grundeigentümer meist nicht nur den Boden zur Verfügung stellt, sondern auch Saatgut, Maschinen oder Zugtier und vor allem Wasser.
Der Teilpächter kann demgegenüber nur seine Arbeitskraft anbieten. Als Gegenleistung für jeden dieser Produktionsfaktoren beansprucht der Großgrundbesitzer jeweils ein Fünftel der Ernte. Das hat weitreichende Folgen, denn der Teilpächter trägt das Ernterisiko und bleibt aufgrund starker Verschuldung in einer sklavenähnlichen Abhängigkeit, ohne eine Chance, sich sozial zu verbessern, höchst gefährdet bei Not und Krankheit.
2. Ähnliche Strukturen gibt es bis heute im Basar, den städtische Geldgeber im gewerblichen Bereich weitgehend beherrschen, weil sie dem städtischen Handwerker oder Heimarbeiter Arbeitsgerät und Rohmaterial geben und oft auch die Räume. Sie schöpfen die Gewinne ebenso ab wie Großgrundbesitzer.

Dem Gewerbebetreibenden bleibt nur der Einsatz seiner Arbeitskraft, der ihm mit einem Hungerlohn vergütet wird.
Mit dem arabischen Sozialismus hat man versucht, eine auf sozialer Gerechtigkeit beruhende neue Gesellschaftsordnung aufzubauen, wobei sich die Reformer auf die „sozialistischen Tendenzen" des Islam beriefen. Wichtigster Teil einer damit verbundenen Sozialreform oder -revolution war in einigen Ländern ein Verstaatlichungs- und Landreformkonzept. Bei der Durchführung der Bodenreform erwiesen sich die Widerstände der Großgrundbesitzer als erheblich; bisweilen scheiterten großangelegte Umverteilungen von Landbesitz an der Kumpanei von Großgrundbesitzern, politischen Führern und der islamischen Geistlichkeit, weil die „Kirche" selbst einer der größten Landbesitzer war oder ist.

Der Ölreichtum und die Folgen

Fast zwei Drittel aller nachgewiesenen Erdölvorkommen auf der Welt liegen im Nahen Osten, vor allem in der Region des Arabisch-Persischen Golfes. Von diesem Erdöl sind hauptsächlich die westlichen Industriestaaten in unterschiedlicher Weise, aber auch immer mehr rohstoffarme Entwicklungsländer abhängig. Daß der hochindustrialisierte Westen seinen Wohlstand teilweise dem Bezug von billigem Erdöl verdankte, zeigte sich bei der weltweiten Wirtschaftskrise, besser bekannt als „Ölkrise" 1973 bzw. 1978/79, als die Erdölstaaten ein Kartell bildeten und die Preise in die Höhe schraubten, nachdem sie nach und nach die Mineralölkonzerne durch die Verstaatlichung der Erdölproduktion entmachtet hatten.
Aufgrund der hohen Einnahmen an „Petrodollars" in den 70er und in den beginnenden 80er Jahren startete eine Reihe von Ländern in Vorderasien und Nordafrika eine Modernisierung der traditionellen Sektoren Landwirtschaft, Handel und Verkehr. Sie leiteten eine umfassende Industrialisierung ein, um einen Entwicklungsstand zu erreichen, der diesen

Erdölförderung im Orient (²/₃ der Welterdölreserven liegen im Orient)

Map data:
- TÜRKEI: 2,9 / 2,0
- SYRIEN
- IRAK: 84,3 / 151,4
- IRAN: 93,1
- ALGERIEN: 53,2 / 28,5
- LIBYEN: 99,0 / 49,5
- ÄGYPTEN: 26,0 / 40,0
- SAUDI-ARABIEN: 168,0 / 127,2 / 475,2
- KUWEIT: 70,3
- BAHRAIN
- KATAR: 88,8 / 247,6
- V.A.E.: 66,1
- OMAN: 14,6 / 27,3

Erdölförderung in Mill. t
400 / 200 / 100 / 50 / 25 / 10
1979 — 1986

	1979	1986
SYRIEN	8,5	10,0
BAHRAIN	2,5	2,0
KATAR	24,4	16,0

0   500   1000 km

nach Wirth 1986

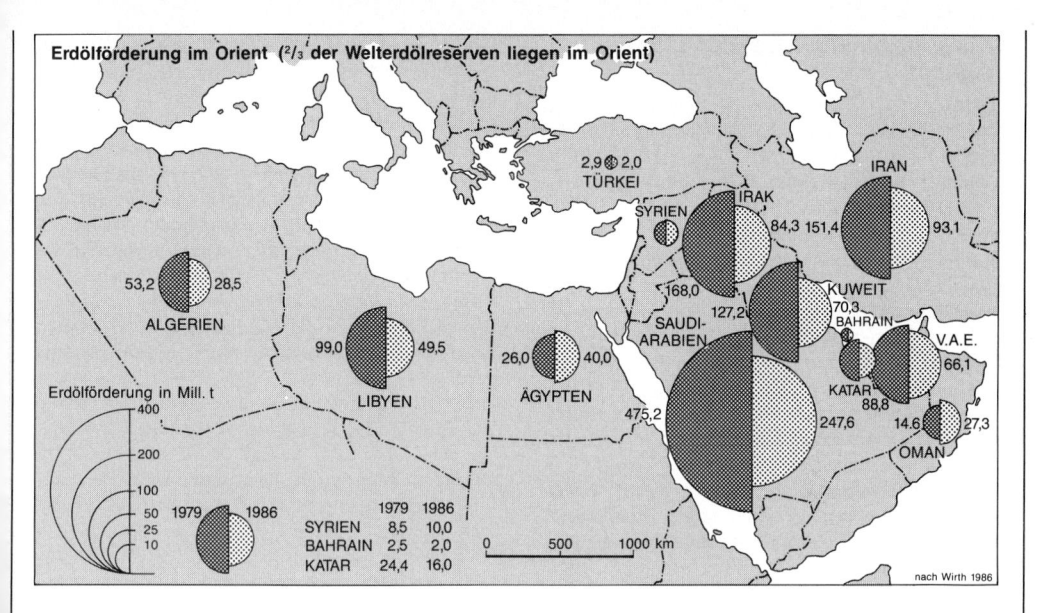

Staaten angesichts der Begrenztheit der natürlichen Ressourcen das Überleben auch dann sichert, wenn die Erdölvorkommen einmal erschöpft sind.

Die geostrategische Bedeutung der Golfregion wurde aller Welt offenbar, als die iranische Revolutionsregierung 1980 im Krieg gegen den Nachbarstaat Irak mit der Schließung der „Straße von Hormuz" drohte und damit die Weltrohölversorgung empfindlich störte. Durch dieses Nadelöhr wurde in den 70er Jahren die Hälfte des auf der Welt geförderten Erdöls transportiert. Geopolitisch bleibt der Nahe Osten in einem labilen Zustand, weil er von starken, sich überlagernden Interessengegensätzen beherrscht wird:

1. von den beiden Weltmächten und deren jeweiligen Verbündeten;
2. von reichen, meist bevölkerungsarmen Ländern mit ihren Erdöllagerstätten und der Erdölindustrie in der Golfregion und den armen, bevölkerungsreichen, rohstoffarmen arabischen Habenichtsen – dazwischen die Ölstaaten mit begrenzten Ölvorkommen, aber mit einer riesigen Bevölkerungszahl bzw. -zunahme wie Ägypten;
3. von der Spaltung der islamischen Welt in Sunniten und Schiiten;
4. von Sicherheitsbedürfnissen der Israelis und Palästinenser und jeweils deren Verbündeten;
5. von Anhängern „westlicher" und „östlicher" Ideologien, die beide von moslemischen „Fundamentalisten" als „Ausgeburt des Satans" bekämpft werden.

Mit der „Islamischen Revolution" im Iran, einer Machtergreifung der schiitischen Fundamentalisten unter dem Ayatollah Khomeini (1979–1989), erreichte der spezifisch islamische Kampf um den wahren Glauben und die Führung der islamischen Gemeinschaft eine neue Dimension. Nach der Beseitigung des Schah-Regimes, dem die militanten Muslims unzureichende soziale Reformen und eine Verweltlichung des Irans vorwarfen, gaben sie sich dem Westen und dem Osten gegenüber gleichermaßen antiimperialistisch. Sie betonten immer wieder den emanzipatorischen Charakter ihrer „Revolution", indem sie eine Fremdbestimmung durch die westliche Zivilisation kategorisch ablehnten, weil sie zutiefst unreligiös sei.

Allah: gegen die Angst und für die Armen?

„Ägyptens Gesellschaft ist trotz einiger demokratischer Keime in vielen Belangen eine typische Dritte-Welt-Gesellschaft. Um das herrschende Militär gruppiert sich eine dünne, reiche, teilweise korrupte, sozialen Belangen kaum aufgeschlossene Oberschicht, die ihr Geld möglichst ins Ausland transferiert, weil ihr eine Kapitalanlage im Inland zu riskant erscheint. Die Mittelklasse ist noch wenig bedeutend, sie fällt politisch nicht sehr ins Gewicht, und zum Teil ist sie ökonomisch so bedrängt, daß sie schon zur Schicht der Armen zu rechnen ist. In anderen Teilen ist sie so wohlhabend, daß sie das Verhalten der Herrschenden kopiert. So gibt es kaum einen gesellschaftlichen Puffer zwischen den wenigen Herrschenden, die sich die Vorzüge der westlichen Zivilisation zu eigen gemacht haben, und der Masse der seit jeher in Ägypten schwer arbeitenden, am Rande der Existenz lebenden Armen.

In diesem Spannungsfeld gedeiht eine Bewegung, deren Vertreter – mit dem Adjektiv „islamisch" versehen – Fundamentalisten, Extremisten und Integristen genannt werden. Diese nutzen die Unzufriedenheit der immer mehr um ihre Existenz kämpfenden Unterschicht und werfen den Herrschenden vor, ein „unislamisches" Regime errichtet zu haben, das letztlich die Wurzel allen sozialen und spirituellen Übels sei. Als Allheilmittel predigen sie den Islam und mit ihm die Rückkehr zu den eigenen Ursprüngen.

Mit dieser Auffassung finden die Fundamentalisten reichlich Anklang – vor allem an den Universitäten, deren Studenten kaum Aussichten auf eine gute berufliche Stellung haben. Anklang finden sie auch in der schlecht bezahlten, materiell darbenden Bürokratie, dem verlängerten Arm der Herrschenden. Zustimmung finden die Fundamentalisten schließlich auch bei Teilen der ländlichen und städtischen Unterschicht, die materiell immer mehr ins Abseits gerät.

Das alles sagt noch nichts über ihre wahre Stärke aus. Daß die Regierung Angst vor ihnen hat, liegt auf der Hand. Daß deshalb die Fundamentalisten zu den am intensivsten überwachten Gruppen gehören, ist allgemein bekannt. Vielen Ägyptern dürfte aber bewußt sein, daß der Islam als Religion ebensowenig wie das Christentum Rezepte anzubieten hat, Ägypten aus der Misere zu führen. Diese Misere läßt sich in einer Zahl zusammenfassen: Die Bevölkerung wächst jährlich um 1,6 Millionen Personen. Dagegen hat noch niemand ein Rezept gefunden – die Herrschenden nicht und nicht die islamischen Fundamentalisten."

(Flottau 1989, S. 11)

Einst Hochkultur, heute in Not

„Ein leichtes Zittern durchlief den Schiffskörper. Der elfenbeinfarbene Touristendampfer ‚Aton' war vor dem oberägyptischen Provinzstädtchen Isna auf Grund gelaufen. Der Nil führte zu wenig Wasser.

Da der Hauptwasserlieferant, Regen im äthiopischen Hochland, acht Jahre lang ausgeblieben ist, sinkt der Wasserstand des größten afrikanischen Flusses ständig. Für das 53-Millionen-Volk der Ägypter, die das Nilwasser lebensnotwendig brauchen – in Industrie, Landwirtschaft, Tourismus –, zieht möglicherweise eine Jahrhundertkatastrophe herauf.

Dabei glaubte sich Ägypten durch den riesigen Assuan-Stausee – 500 Kilometer lang, derzeit 90 Milliarden Kubikmeter Inhalt – vor Dürre hinreichend geschützt. Doch Jahr für Jahr fiel weniger Regen in Ostafrika. Erst im neunten Dürrejahr kündigte der Staatschef Mubarak seinen Landsleuten an, daß künftig ‚Opfer' unausweichlich seien. Denn der über eine Million Quadratkilometer große Flächenstaat hat nur einen Fluß, den Nil. Nur 40 000 Quadratkilometer sind Kulturland, der große Rest ist Wüste.

Der ökologisch umstrittene Riesenriegel verhinderte bislang die schlimmsten Folgen der Trockenheit. Ohne die aufgestauten Milliarden Kubikmeter wären Ägyptens Äcker schon längst verdorrt. Doch der Wasserstand hinter dem Damm sank in den letzten vier Jahren von 165 auf 151 Meter, weil nicht mehr genug nachfließt. Die Folgen sind dramatisch:

• Energieminister Mahir Aba will 13 Wärmekraftwerke errichten lassen, die zum größten Teil mit billigem Erdgas betrieben werden sollen. Am liebsten würde er Atomkraftwerke bauen. Doch es fehlt an Geld.

• Der erwartete teilweise Ausfall der Industrieproduktion würde Ägypten schwer treffen. Das Land hat über 40 Milliarden Dollar Auslandsschulden und kann schon jetzt seine Verpflichtungen aus dem Umschuldungsabkommen von 1987 nicht mehr erfüllen. Hält die Dürre an, wird es sich nicht vermeiden lassen, die energiefressenden Düngemittelfabriken bei Assuan und die Aluminium-Werke von Nag Hamadi stillzulegen.

• Seit kurzem ist es verboten, Trinkwasser für die Bewässerung von Gärten, für die Straßenreinigung und das Waschen von Autos zu verschwenden. Zuwiderhandelnde zahlen auf der Stelle eine Geldstrafe von 20 Pfund (15 Mark).

• Das Fernsehen plant, die Sendezeit um drei Stunden zu verkürzen. Da die acht Millionen Fernsehgeräte in Ägypten länger als in anderen Ländern eingeschaltet bleiben, dürfte diese Maßnahme eine gewisse Einsparung bringen.

• Schon jetzt wird zu vorher angekündigten Zeiten in Stadt- und Landgemeinden probeweise der Strom abgeschaltet. Jedes Stadtviertel von Kairo ist davon betroffen, auch die vornehmen Quartiere, deren Bürger gewohnt sind, ihre Klimaanlagen im Sommer Tag und Nacht laufen zu lassen.

• Verständlich, daß Ägypten auch das längst totgesagte Projekt wiederbeleben will, Strom durch die Ausnutzung des Gefälles zwischen Mittelmeer und der Kattara-Senke zu gewinnen.

• Am härtesten könnte es die Landwirtschaft treffen. Vorbeugende Maßnahmen sind bereits beschlossen:

Der Reisanbau soll wegen seines hohen Wasserverbrauchs eingeschränkt und weitgehend mit Brackwasser betrieben werden, das in den Hauptanbaugebieten an der Nordküste überreichlich vorhanden ist.

Die Zuckerrübe soll das Zuckerrohr ersetzen, weil letzteres besonders bewässerungsintensiv ist.

Das Graben neuer Bewässerungskanäle wird eingestellt. Dafür fördern die Behörden die Benutzung von Berieselungssystemen, die nur einen Bruchteil der Wassermenge der traditionellen ägyptischen Bewässerungsanlagen verbrauchen.

Es wird aber nicht leicht sein, die Fellachen dazu zu bringen, jahrtausendealte Anbau- und Bewässerungsmethoden zu ändern. Außerdem fehlen dem Staat die erforderlichen Mittel, um den Bauern bei der Finanzierung der kostspieligen Umstellung zu helfen. Fast unvermeidlich wird die landwirtschaftliche Produktion zurückgehen.

Da Ägypten aber schon jetzt beinahe die Hälfte aller Nahrungsmittel gegen teure Devisen einführen muß, dürfte die zusätzliche finanzielle Belastung die Wirtschaftslage verschlimmern."

Freitagsgebet der Fundamentalisten in Alexandria (Ägypten)

(*Der Spiegel, Nr. 23/1988, S. 170 f.*)

Indien – eine Idealisierung?

„Wenige Länder werden so verkannt und verklärt wie Indien. Gewaltlosigkeit, tiefe Religiosität, Spiritualismus, Selbstfindung, Introspektion sind nur wenige der Vorstellungen, die zumeist mit Indien verbunden werden. Sie gehen zurück auf europäische Indien-Wissenschaftler, die jahrtausendalte Sanskrit-Texte interpretierten, die von einer schon damals herrschenden Priesterkaste verfaßt worden waren, ohne daß diese Gelehrten Indien jemals mit ihren eigenen Augen gesehen haben. Schon die Begrifflichkeit stimmt selten: ‚Indien' ist eine Schöpfung der Engländer gewesen, die verwaltungstechnischen Zwecken diente. Heute wie vor einhundert Jahren ist Indien ein Vielvölkerstaat von kontinentalen Dimensionen, geteilt in unterschiedlichste Stämme, Kasten, Religionen, Sekten. Noch heute sehen sich Inder viel eher als Tamilen, Bengali, Punjabis oder Rajasthanis; die einzige Sprache, die all diese Nationen miteinander verbindet, ist die Sprache der ehemaligen Kolonialherren.

Trotz des Vorbilds Mahatma Gandhis ist Indien voller Gewalt. Als die Briten 1947 das Land in die Unabhängigkeit entließen, kam es zu unvorstellbaren Brutalitäten und Orgien von Gewalt zwischen Moslems und Hindus, Ströme von Blut flossen. Immer wieder münden die Separationsbestrebungen einzelner Volks- und Religionsgruppen in Explosionen von mörderischer Gewalt. Die Tamilen um Madras verlangen mehr Autonomie, der Dauerkonflikt zwischen den etwa 600 Millionen Hindus und 70 Millionen Moslems führt periodisch zu Mord und Totschlag, der Bürgerkrieg im Punjab wird durch den Terrorismus der Sikhs geschürt und durch den staatlichen Terror der Zentralregierung am Leben gehalten. Gewaltlosigkeit ist in der indischen Politik nicht mehr als ein künstliches und vorwiegend opportunistisches Lippenbekenntnis. Obwohl das riesige Indien auf Grund seiner geographischen Lage von keinem seiner Nachbarn bedroht wird, verfügt es über die drittgrößte Armee der Welt und führte im Laufe seiner vierzigjährigen Existenz als unabhängiger Staat drei Kriege. *(Volger 1989, S. 10)*

Ein Armenhaus als Großmacht?

„Im Namen meiner Regierung möchte ich sagen – und ich kann es mit einiger Sicherheit auch im Namen der künftigen Regierung Indiens sagen –, daß, was immer auch geschehen mag, wie auch immer die Umstände sein mögen, wir diese Atomenergie niemals für üble Zwecke nutzen werden." (Nehru bei der Einweihung des ersten indischen Atomreaktors 1957)

„Armut ist die entwürdigendste Erfahrung der menschlichen Existenz – eine dringende moralische Frage. Wachstum allein macht der Armut kein Ende. Was zählt, ist die Art wie wir planen... Vor uns liegt noch ein weiter Weg, und die Beseitigung der Armut muß eines der Hauptziele unserer künftigen Planung sein..." (Indira Gandhi, Premierministerin, 1984 von radikalen Sikhs ermordet)

Im Jahre 1989 hat Indien seine erste Mittelstreckenrakete erfolgreich getestet. Sie trug den Namen „Agni" (= Feuer). Der Raketenstart verdeutlichte die Ambition, Großmacht zu werden. Des öfteren hat Indien international Schlagzeilen gemacht, weil es aufsehenerregende Aufträge an westeuropäische, insbesonders auch bundesdeutsche Rüstungsbetriebe vergeben hat.

Die wichtigsten Sprachen und Schriften Indiens

Für den Moment mag dann unser auf Europa fixierter Blick eine Region streifen, die gegenwärtig eine umwälzende Metamorphose durchläuft. Asien sei „der sich am schnellsten wandelnde Kontinent", hat der britische ‚Economist' unlängst in einer Analyse festgestellt. Das gilt zunächst einmal für den ökonomischen Bereich. Diese Region mit ihren drei Milliarden Menschen ist eben nicht nur eine Zusammenballung der Habenichtse auf diesem Erdball. Sie ist in ihrem ostasiatisch-pazifischen Raum – in Japan, Korea, Taiwan, Hongkong, Singapur – auch ein Paradestück einer ungestümen Wirtschaftskraft, die zur Jahrtausendwende wohl 50 Prozent des weltweiten Bruttosozialproduktes aufbringen wird.

Aber auch auf dem politischen Feld kommt es derzeit zu erstaunlichen Kräfteverlagerungen in Asien, die der strategischen Landkarte ein neues Profil geben. „Die Trennungslinie zwischen Freund und Feind ist nicht mehr so deutlich auszumachen", charakterisiert Thailands Premierminister Choonhavan diese Umformungen, und Singapurs Außenminister Wong Kan Seng sieht bereits „das Entstehen einer genuinen Multipolarität, welche zu neuen Konflikts- und Kooperationsmustern in der Region führt". Das klingt eher beunruhigt denn hoffnungsvoll, obgleich die Zeichen doch eher auf weniger Konfrontation und mehr Kooperation zu weisen scheinen.

Ein Trend zur „Multipolarität" könnte sich im Umfeld von China und Indien, Asiens bevölkerungsreichsten Staaten und Rivalen, ohne die Entspannung zwischen den Supermächten kaum herausbilden. Noch vor kurzem standen sich auf diesem Kontinent mehrere Interessenkoalitionen recht festgefügt gegenüber. Der gute Draht zur Sowjetunion, die ja auch asiatische Landmacht ist, war von jeher die Konstante indischer Außenpolitik. Mit Waffenlieferungen und politischem Flankenschutz erwiesen sich die Sowjets für Delhi als zuverlässiger Freund beim Konflikt um Kaschmir, bei der Einverleibung Goas und auch im dritten Krieg mit Pakistan, der Ende 1971 zur Geburt von Bangladesh führte . . .

Indien, der „große Tiger", hat nach Dekaden bitterer Gegnerschaft wieder den Gesprächsfaden mit China geknüpft. Die Wende in Gorbatschows Asienpolitik zwang Premier Rajiv Gandhi, ebenfalls in Peking anzuklopfen. Doch der Antagonismus zu China dürfte in der indischen Außenpolitik weiter vorherrschend bleiben.

In zehn Jahren wird Indien über eine Milliarde Menschen zählen, wird jeder sechste Erdbewohner ein Inder sein. Das Londoner Internationale Institut für strategische Studien hält die 1,3-Millionen-Armee Delhis für die „schlagkräftigste Streitmacht in Asien". Das mag ein wenig hoch gegriffen sein, doch ohne Zweifel bildet Indien längst das einzig nennenswerte Gegengewicht zu China, und es wird in seiner regionalen Ordnungsrolle für Südasien inzwischen auch von beiden Supermächten anerkannt. Den kleinen Nachbarn, die bisweilen rüde herumgeschubst werden, bereitet diese Dominanz zunehmend Unbehagen.

(Ihlau 1989, S. 4)

Pflasterbewohner in Bombay

95

Hindus: zwischen Orthodoxie und Fortschritt

Ein Yogi mit verfilztem Bart und Haar, nackt, aschebeschmiert, das linke Bein in Kniehöhe hochgebunden, den Arm auf ein Brett gestützt, von Verehrern umsorgt, an eine Felswand gelehnt, so schlief er auch. Er hatte das Gelübde abgelegt, bis zu seinem Tod in dieser Stellung zu verharren. Alle materiellen Bedürfnisse wollte er in sich abtöten, um sein Bewußtsein zu „reinigen", zu öffnen für die „kosmische" Verzückung. Die Folgen der strengen Askese: Das Standbein war durch die jahrelange Überlastung unförmig angeschwollen, während das hochgebundene Bein durch Muskelschwund verkümmerte.

Dieser Yogi ist Mitte der siebziger Jahre gestorben, aber sein Ruhm hat seither eher noch zugenommen. Jedes Jahr pilgern an seinem Todestag Tausende, ja Zehntausende Gläubige in den Ashram, um bei Trommelklang und Priestergesängen zu beten. Der Heilige ist zu einer Kultfigur der Massen avanciert. Und ein Nachfolger hat sich gefunden, der am Sterbeort des Meisters, vorerst noch im Sitzen meditierend, sich auf die gleiche schmerzhafte Stehprozedur vorbereitet...

„Rätselhaftes Indien" möchte man als Europäer sagen, denn nur schwer erschließt sich uns der Sinn einer solchen Mentalität. Schauplatz diesen Geschehens ist aber nicht ein Tal im Himalaya, auch nicht eine der pittoresken Pilgerstädte, sondern ein Ashram (= Einsiedelei, religiöse Gemeinschaft) nahe Kanheri – nur acht Kilometer vom Stadtrand Bombays entfernt, Indiens größter Industriemetropole. Und so befinden sich unter den Besuchern neben traditionell gewandeten Pilgern in Dhoti und Turban auch westlich gekleidete Industriearbeiter, denen der Anblick von Fabriken, Betonhäusern und autoverstopften Straßen vertrauter ist als der eines lehmziegelgebauten Dorfes. Zuweilen ist die Nähe von Fabrikschornsteinen beklemmend spürbar: Wenn sich der Himmel über dem Ashram durch den Smog der Raffinerien, Chemiewerke und der Baumwollspinnereien grau verfärbt.

Indien ist für viele Europäer noch immer zuerst das Land der Yogis, Swamis, Sadhus und Gurus, eine „spirituelle Großmacht". Indien ist auch eine Industrienation, die mit ihrer Produktionshöhe den zehnten Rang auf der Weltrangliste erobert hat, Computerprogramme entwirft und Atomforschung betreibt. Viele Entwicklungsländer können von solcher Eigenständigkeit nur träumen. Wie paßt das zusammen?

Die Gegensätze sind beträchtlich, auch aus der Sicht der Einheimischen. Nur eine schmale Schicht gebildeter Städter, durch westlich ausgerichtete Schulen gegangen, möchte das Land grundlegend modernisieren; sie sieht sich aber einer Masse traditionsverhafteter Inder gegenüber, deren Spektrum vom Intellektuellen bis zum Analphabeten, vom Großstädter bis zum Bauern reicht. Die Mehrheit, an die 82 Prozent, bekennt sich zum Hinduismus – und gerade in dieser Religion ist Skepsis gegenüber abendländischer Fortschrittsdynamik vorprogrammiert.

Europäer und Amerikaner verbinden mit Industrialisierung die Idee, die Welt sei „machbar" und lasse sich weitgehend nach menschlichen Bedürfnissen umgestalten; je mehr man Wissenschaft und Technik vorantreibe, um so stärker könne man sich aus „primitiver" Naturabhängigkeit lösen und das Dasein schrittweise verbessern. Orthodoxe Hindus aber wehren sich strikt gegen die Ansicht, der

Yogi

Mensch könne von Sprosse zu Sprosse auf einer Entwicklungsleiter weitersteigen und sich letztlich zum Herren über die Natur aufschwingen. Aus diesem Grund ist ihnen bereits das Wort „Fortschritt", „progress", suspekt, und entsprechend reserviert verhalten sie sich gegen Indiens westlich gebildete, technokratisch geprägte Führungsschicht. Sie empfinden sich als ein Teil der Natur, mehr als Geschöpf denn als Schöpfer, und glauben, aus dieser Unterordnung könne sich niemand ungestraft lösen. Sie ähneln mit dieser Überzeugung nicht nur orthodoxen Moslems und Buddhisten, sondern auch den Christen des Mittelalters und allen Völkern der Antike.

Orthodoxe Hindus denken allerdings radikaler. In ihren Augen ist die sichtbare Welt nur bloßer Schein, Illusion, und allein der nichtgeläuterte Mensch läßt sich mit ganzer Energie auf das Scheinhafte ein, ja, verschleißt seine Kräfte gar noch im Kampf um Macht und Besitz. Nach seiner Ansicht erreicht der Mensch Vollkommenheit erst, wenn er dem aktiven Leben entsagt und sich durch Meditation auf das Geistige, Ewige hinter dem Gaukelspiel vordergründiger Erscheinungen konzentriert. So wird der Yogi, Sadhu, Swami und Guru zum letztlich vorbildlichen Menschen. Das Sichverströmen in Meditation nimmt jenes Glücksgefühl vorweg, das den Gläubigen erwartet, sobald er – befreit von allen materiellen Wünschen des Ichs – wieder mit dem Bewußtseinsstrom des Kosmischen vereint ist.

In äußerster Zuspitzung haben wir damit jenen Typus von Yogi, der alle „egoistischen" Willensäußerungen seines Körpers, das „bloß Körperliche", bis zur Selbstzerstörung verachtet. Wir mögen den Kopf schütteln über soviel „Unverstand", dabei erscheint uns die weniger extreme Form der Meditation durchaus nachvollziehbar: das Bedürfnis, sich aus der Alltagshektik zurückzuziehen, Besitzstreben und Prestigedenken nicht mehr wichtig zu nehmen, dagegen verborgene Seelenkräfte zu aktivieren und inneren Frieden zu finden.

(Schweizer 1987, S. 31 ff.)

Was unterscheidet den Hinduismus von anderen Religionen?

1. Hindus besitzen viele Religionsverkünder und menschgewordene Götter, aber sie haben nicht den wegweisenden Lehrer.
2. Hindus unterscheiden nicht zwischen falschen und richtigen Propheten, nicht zwischen ketzerischen und seligmachenden Lehren.
3. Hindus erklären die Welt je nach Verstand oder Gefühl, d. h. es bleibt dem einzelnen überlassen, ob er an einen Gott oder an eine Göttin oder an mehrere Götter glaubt.
4. Hindus lehnen die alleinseligmachenden Wahrheitsansprüche der Christen oder der Moslems als zu einseitig, zu eng ab, weil es keine Irrlehren oder Dogmen gibt.
5. Hindus betrachten alle fremden Religionen und deren Begründer (Jesus, Buddha, Konfuzius, Mohammed) als Teilstücke einer übergeordneten, universalen, ganzheitlichen Wahrheit.
6. Hindus sind religiös gesehen offener und toleranter als die Gläubigen anderer Konfessionen und zeichnen sich aus durch eine Skepsis gegenüber aller endgültigen Erkenntnis.

Blutige Tieropfer für die Göttin Kali

Der Rang der Kaste: Maßstab des Fortschritts?

So beweglich Hindus in religiösen und philosophischen Fragen sein können, so unbeweglich und starr verhalten sich viele von ihnen, wenn man ihre Sozialordnung in Frage stellt.

Die hinduistische Gesellschaft gliedert sich in ungefähr dreitausend Kasten, von denen uns Europäern vor allem die vier Großgruppen geläufig sind:
- die Brahmanen (Priester, intellektuelle Elite),
- die Kshatriyas (Kriegsadel, Militär),
- die Vaishyas (Handel, Gewerbe),
- die Shudras (niedere Dienstklasse),
- außerhalb der Kasten noch die „Unberührbaren".

Diese ausgeklügelte Hierarchie ist in einem viel radikaleren Sinn als „gottgewollt" zu verstehen als etwa unsere mittelalterliche Ständegesellschaft. Ein Hindu glaubt, daß er nach seinem Tod so oft wiedergeboren wird, bis er sich im Verlauf von vielen Existenzen zur Vollkommenheit heranbildet, und den Grad des Fortschritts kann er am Rang seiner Kaste ablesen. Latrinenreiniger (Unberührbare) büßen mit ihrer Erniedrigung für die Verfehlungen eines früheren Lebens. Gelehrte (Brahmanen) und reiche Händler (Vaishyas) genießen die Früchte ihrer guten Taten aus einer vormaligen Existenz. Folgerichtig kann ein Hindu aber auch im nächsten Leben in eine niedrige Kaste zurückgestuft sein, falls er sich unwürdig benommen hat.

Unter dem Dach des Hinduismus dürfen die verschiedensten Glaubensformen nebeneinander stehen, aber über das Kastenwesen gibt es für den orthodoxen Gläubigen keine Diskussion. Intoleranz und Fanatismus richten sich bei den Hindus demnach nicht, wie bei Christen und Moslems, gegen „heidnische" Glaubenslehren, sondern gegen fremde Sozialphilosophien, sofern jene gleiches Recht für alle verkünden. Wenn Inder aus den unteren Kasten oder die Unberührbaren zum Islam übergetreten sind und nun auf die gottgewollte „Gleichheit" aller Menschen pochen, fühlen sich Hindus provoziert.

Und doch gibt es auch wieder Hindus, die das Kastensystem in seiner heutigen Form für entartet halten und soziale Gerechtigkeit für die Niederkastigen und Unberührbaren fordern. Allen voran Mahatma Gandhi. Er aber starb wegen seines Engagements durch die Revolverschüsse eines fanatischen Brahmanen, wurde Opfer hinduistischer Intoleranz – und dies bei einer Religion, die Gandhi als „die toleranteste der Welt" gerühmt hat.

(Schweizer 1987, S. 31 ff.)

Welche Folgen hat heute das Kastensystem?

1. Der Hindu kann seine Kaste nicht verlassen oder wechseln.
2. Der Beruf des Hindu ist durch seine Kastenzugehörigkeit festgelegt.
3. Ein sozialer Aufstieg ist in Ausnahmen nur in den „verwestlichten" Großstädten möglich.
4. Der Hindu lebt im Alltag ganz nach den Traditionen seiner Kaste, die seine Nahrung, seine Reinigung, seine Sitten, seine Privilegien, seine Verbote und Gebote betreffen.
5. Es besteht ein Zwang zur Heirat innerhalb der eigenen Kaste.
6. Die Kaste wird heute nur noch vereinzelt auf dem Lande als ein Stück „Sozialhilfe" in Zeiten materieller Not betrachtet.
7. Die Kastensolidarität gilt mehr im Kampf gegen andere Kasten, vor allem gegen die unteren, mit denen man „verunreinigenden" Kontakt vermeidet.
8. Angesichts des „Einbruches der Moderne" bietet die Kaste dem Hindu psychische und spirituelle Sicherheit und verhindert somit mögliche Identitätsprobleme.
9. Die Entwicklung der indischen Wirtschaft stößt immer wieder an kastenbedingte Grenzen. Vor allem die strikte Trennung von Kopf- und Handarbeit erschwert die Industrialisierung.
10. Gegen Versuche der Regierung, den Unterprivilegierten, wie den Frauen, den Shudras und Unberührbaren, Vorrechte einzuräumen, gibt es massiven Widerstand der höherrangigen Kasten.
11. In der indischen „Demokratie" macht fast immer nur der politisch Karriere, der das höchste Kastenansehen vorweisen kann.
12. Das Kastenwesen prägt bis heute die sozialen, wirtschaftlichen und politischen Ver-

hältnisse in den mehr als 500 000 indischen Dörfern. Es spielt eine Rolle bei der „Grünen Revolution" und ist nach wie vor mitverantwortlich für das Vorhandensein von kaum lebensfähigen Kleinstbetrieben einerseits – 1981 bewirtschafteten in Indien 56 Prozent der Betriebe (mit weniger als 1 ha landwirtschaftlich genutzter Fläche) 12 Prozent des Bodens – und Großgrundbesitz andererseits.

Hinduismus und Kastenwesen

Etwa 80 Prozent der indischen Bevölkerung bekennen sich zum Hinduismus. Allerdings handelt es sich hier nicht nur um eine Religion, sondern um eine Weltanschauung, in der die Kasten als gottgewollte Ordnung, als religiöses und soziales System innerhalb der Weltordnung (= Dharma) hingenommen werden. Der zentrale religiöse Inhalt des Hinduismus ist die Lehre von der Seelenwanderung und vom „Karma", das die Seelenwanderung lenkt. Das Individuum wird unendlich oft wiedergeboren. Die jeweilige Existenz ist die Folge von moralischen Verdiensten oder von Schuld, die in vorausgegangenen Existenzen angesammelt worden sind; der Mensch wird in eine entsprechende Kaste hineingeboren. Der menschliche Wille ist in seiner augenblicklichen Existenz frei; er kann die kommende durch sein Handeln beeinflussen, muß jedoch das gegenwärtige Leben als Ergebnis seiner Handlungen im früheren Leben mit Geduld ertragen. Es gibt keinen Weltenrichter und keinen Erlöser. In ferner Zukunft kann das Ende der Seelenwanderung als Erlösung im „Nirwana", dem Nichts, durch Seelenvervollkommnung, innere Versenkung, Aufgabe weltlicher Begierden erreicht werden. Reinigung erfährt der Sünder auch auf Pilgerreisen zum Bad in den Heiligen Flüssen wie dem Ganges.

Die Frauen im Feuer

In Indien leben die meisten Frauen in einer untergeordneten oder unterdrückten Position. Zwar ist es per Verfassung verboten, die früher bei orthodoxen Hindus übliche Verbrennung der Witwe durchzuführen, wenn der Ehemann gestorben war, aber heute gibt es andere Formen der offenen oder versteckten Diskriminierung der Frauen.

So wurden 1988 in Indien sechstausend Frauen getötet – von ihren Männern, Verwandten oder Bekannten. Sterben mußten sie, weil sie nicht genügend Mitgift einbrachten für ihre Ehemänner und deren Familien. Selbstmorde unter jungen Frauen in Indien häufen sich, weil vor allem unverheiratete Frauen oft als unzumutbare Last empfunden werden. Die wichtigste Rolle der Frau besteht darin, verheiratet zu werden und Söhne zu gebären. Da in der indischen Gesellschaft von einer Frau erwartet wird, daß sie eine hohe Mitgift in die Ehe einbringt, können sich indische Durchschnittsfamilien meist nur eine Tochter „leisten".

Selbst bei staatlichen Entwicklungsprojekten werden die Inderinnen schon in der Planungsphase ausgeschlossen. Die Einführung neuer, genetisch verbesserter Sorten im Baumwollanbau von Gujarat hat schlagartig 50 000 Frauen arbeitslos gemacht, weil sie zur Entkernung der Baumwollkapseln nicht mehr gebraucht werden. Dasselbe geschieht, wenn Industriebetriebe rationalisiert werden: In der Textilindustrie von Gujarat blieben von den 25 Prozent weiblichen Werktätigen nach der Modernisierung noch zwei Prozent übrig. Und als man hier die Milchproduktion verbesserte, baute der Staat parallel dazu eine genossenschaftliche Organisation auf. Aber obwohl die Frauen bei der Milcherzeugung die wichtigsten Arbeiten zu verrichten haben, sind die Genossenschaftsmitglieder fast durchwegs Männer. Die dabei neu auszubildenden tierärztlichen Aushilfskräfte sind ausschließlich Männer. Auch die Entwicklungsexperten aus dem In- und Ausland merken oft gar nicht, daß Frauen mit ihrer Arbeit einen wichtigen wirtschaftlichen Beitrag leisten.

Lateinamerika – der zweite europäische Kontinent?

„Lateinamerika bedeutet nicht nur Rohstoffe, Absatzmärkte, billige Arbeitskräfte, Erdöl, Kaffee, Zucker, stotternde und blutrünstige Caudillos, redegewandte und weniger blutrünstige Demagogen, Jahrtausende alte Ruinen und neu erbaute Städte.
Lateinamerika bedeutet auch Imagination, Sensibilität, Liebenswürdigkeit, Sinnlichkeit, Melancholie, eine gewisse Religiosität und ein gewisser Stoizismus gegenüber dem Leben und dem Tode, ein tiefes Gefühl für das Jenseitige und ein nicht weniger ausgeprägter Sinn für das Hier und Jetzt, Gewalt und Großmut, Uneigennützigkeit, Opferbereitschaft und Zähigkeit bei der Arbeit (selbst bei der häßlichsten und niedrigsten), Phantasie der Augen und geschickte Hände der Handwerker und Bauern, eine Vorliebe für Rituale und Musik, eine originäre Vorstellung von dieser und von der anderen Welt, eine besondere Art zu kochen und zu tanzen, eine besondere Art zu leben und zu sterben: Lateinamerika ist eine Kultur.
Die lateinamerikanische Literatur lebt seit ihrer Geburt zwischen zwei Polen, die unsere Geschichte ausmachen: der Sprache, die aus Europa kommt, und der amerikanischen Erde: Unsere Romane und Gedichte antworten auf diese doppelte Anziehung, sie entsprechen ihr."

(Octavio Paz, mexikanischer Schriftsteller)

El Dorado – ohne Ende?

„Das Gold ist das kostbarste von allen Gütern. Wer immer Gold besitzt, kann alles erwerben, was er in dieser Welt begehrt. Wahrlich, für Gold kann er sogar seiner Seele Eingang ins Paradies erkaufen."
(Kolumbus)

Angefangen hat alles in der Zeit der Entdecker, als die Spanier den westlichen Seeweg nach Indien suchten und (statt „Westindien") unbeabsichtigt auf eine „Neue Welt" stießen: Amerika. Sogleich setzte die „Conquista" ein, die im Vertrag von Tordesillas (1494) gipfelte. Er sah die Teilung der Welt in ein spanisches und portugiesisches Kolonialreich vor. Papst Alexander VI. legte als Grenze eine Demarkationslinie westlich der Azoren fest. Nach dem Grundsatz „Für Gott die Seelen, das Land dem König", setzte der Staat gegen die eigenmächtigen Eroberer eine Kolonialordnung durch. Diese Ordnung war nötig geworden, weil die „Konquistadoren" rücksichtslos auf eigene Rechnung arbeiteten. Angezogen von Berichten über sagenhafte Goldschätze und Goldvorkommen, suchten die spanischen Eroberer mit einer Gier sondersgleichen nach dem „Goldenen König", als wären sie auf den Spuren eines irdischen Paradieses.
„El Dorado", der Goldene, der sich bei seiner Einsetzung ins Herrscheramt mit Gold bedeckte und zu dessen Ehren Gold in einem See versenkt wurde, hat einer alten Legende nur einen neuen Namen gegeben. Trotz allen Goldes, das Südamerika hergab, hat niemand El Dorado gefunden. Nichts hat die Schatzsucher davon überzeugen können, daß sie nur Traumgebilden auf der Spur waren. Für die Spanier und die Eingeborenen ist dieser Traum zum Alptraum geworden. Die Indianer bezahlten ihn mit der Auslöschung ihrer Hochkulturen.
Wie sieht dieses Kapitel Kolonialismus aus, wenn ein Südamerikaner darüber berichtet? Eduardo Galeano, Journalist und Historiker aus Uruguay, hat in seinem Buch „Die offe-

Indianer vor dem Monitor: TV Globo in Amazonien

nen Adern Lateinamerikas" dazu erschütternde Tatsachen zusammengetragen:

„Die Indianer unterlagen und unterliegen dem Fluch ihres eigenen Reichtums – und hierin liegt eine Zusammenfassung des Dramas von ganz Lateinamerika. Als die goldenen Sandstrände des Flusses Bluefield in Nicaragua entdeckt wurden, verjagte man die Indianer alsbald aus ihren Ländereien am Ufer, und dasselbe Schicksal widerfuhr den Indianern in allen fruchtbaren Tälern und Gebieten mit Bodenschätzen südlich des Rio Bravo. Das Indianerschlachten, das mit Kolumbus begonnen hatte, hörte niemals auf. In Uruguay und im argentinischen Patagonien wurden Indianer im vorigen Jahrhundert von Truppen ausgerottet, damit dem planmäßigen Vorrücken der zur Viehzucht bestimmten Latifundien nichts im Wege stand.

In unseren Tagen retten sich nicht einmal die Eingeborenen, die isoliert im tiefen Urwald leben. Um die Jahrhundertwende waren noch 230 Stämme in Brasilien vorhanden. Seither sind 90 verschwunden, dank der Feuerwaffen und der Mikroben weggewischt. Gewalt und Krankheit, die Vorhut der Zivilisation: Der Kontakt mit dem weißen Mann ist für den Eingeborenen auch heute noch der Kontakt mit dem Tode. Nach dem Wortlaut aller brasilianischen Verfassungen sind die Indianer „die ursprünglichen und natürlichen Besitzer" des Bodens. Die Üppigkeit der Natur verurteilt sie dazu, Opfer von Räubern und Mördern zu werden. In ihrem Eroberungsdrang sind Privatpersonen und Firmen ... über das Amazonasgebiet hergefallen, als ob dieses ein neuer Far West wäre. Die Indianer sterben, ohne Spuren zu hinterlassen, und die Ländereien werden für Dollar an die neuen Interessenten verkauft. Gold und andere wertvolle Minerale, Holz und Kautschuk, alles Schätze, deren Handelswert den Eingeborenen nicht bekannt ist, kommen bei jeder der wenigen Untersuchungen, die man angestellt hat, zum Vorschein."

(Galeano 1973, S. 60 ff.)

Encomienda

Mit „encomienda" (= Zuweisung, Anvertrauung) bezeichnet man eine Form der Ausbeutung der Indios unter der Kolonialherrschaft Spaniens in Lateinamerika. Der spanische König betrachtete das eroberte Land als sein Eigentum und verpflichtet die darauf lebenden Indios zu Tributzahlungen. Er belohnte die Eroberer mit der Verleihung von Land und „vertraute" den Eroberern die darauf lebenden Indios an. Damit erreichte die spanische Krone die Arbeit der Indios in Bergwerken oder auf Plantagen und vermied anfangs das Entstehen eines überseeischen Feudalismus. Mit der allmählichen Schwächung der spanischen Königsherrschaft – die meisten südamerikanischen Staaten wurden mehr als ein Jahrhundert früher politisch unabhängig als die afrikanischen Staaten – verselbständigte sich das Macht- und Besitzstreben des spanischen Adels in Lateinamerika: Die Haciendas entstanden, und die Indios wurden zum wichtigen Bestandteil der Haciendas: als Leibeigene, aber auch als Pächter oder Kleinbauern.

Negersklaven bei der Diamantenwäsche (Kupferstich 19. Jahrhundert)

Auf der Suche nach der großen Unbekannten

Bei der Eroberung Lateinamerikas wurde die Hälfte der Ureinwohner umgebracht: 60 bis 80 Millionen Menschen. Den Überlebenden wurde ein Herrschaftssystem aufgezwungen, das die Kolonialherren aus Europa als einzig mögliche Form der Machtausübung kannten: der Feudalismus. Damit hatten die Spanier (und die Portugiesen in Brasilien) nicht nur eine Handhabe zur Ausbeutung der Bodenschätze, sondern auch ein Instrument zur Einrichtung von Latifundien und Plantagen.

Brasilien heute

„Wir sind das eloquenteste Beispiel für die große Unbekannte in den Entwicklungstheorien. Die Frage ist, warum die reichsten und kultiviertesten der ehemaligen Kolonien heute so arm sind. Die Vereinigten Staaten haben niemals eine der unseren vergleichbare Fülle an tropischen Produkten, an Gold und Edelsteinen hervorgebracht, noch jemals so prunkvolle Städte wie Recife, Bahia, Rio de Janeiro und Ouro Preto erbaut. Trotzdem sind wir es, die heute zu den Regionen mit dem größten Elend gehören, während die Bevölkerung der weniger von der Natur bedachten Länder, der USA, Kanadas oder Australiens in Wohlstand lebt. Unser Schicksal aber scheint das unausweichliche Los von Ländern zu sein, welche die Rolle des externen Proletariats für die reichen Nationen spielen müssen.

In der Geschichte Brasiliens ist nie der Versuch un-

Hacienda

Die „hacienda" (span. „Landgut") ist ein auf Selbstversorgung hin ausgerichteter landwirtschaftlicher Großbetrieb – oft mit einer Fläche von mehreren 100 000 Hektar. Der Besitzer lebt meist in der Stadt, und ein Verwalter vertritt ihn. Bewirtschaftet wird nur ein kleiner Teil des Landes mit der Arbeitskraft der „colonos", die eine Parzelle Land zur Eigenversorgung erhalten mit der Verpflichtung, mehrere Tage in der Woche für den „hacendado" zu arbeiten.

Die „hacienda" (in Brasilien „fazenda") ist ein geschlossenes System sozioökonomischer und politischer Beziehungen zwischen dem Herren, dem „señor", den ausgebeuteten Pächtern, den „colonos", und den Landarbeitern, den „campesinos".

Die traditionelle Form der „hacienda" wird gegenwärtig immer mehr zurückgedrängt, weil eine stärkere Marktorientierung zur Modernisierung der Produktion führt und zur Einführung von Lohnarbeit.

Latifundien/Minifundien

Der Begriff Latifundium wird für einen landwirtschaftlichen Großbetrieb verwendet, der sich von der Plantage durch eine größere Fläche und durch eine niedrigere Flächenproduktivität unterscheidet. Der Großgrundbesitzer herrscht auf lokaler bzw. regionaler Ebene beinahe unumschränkt. Er dominiert auch die Minifundien (= Kleinbetriebe) in seinem Machtbereich. Gestützt auf Status, Besitz und Einkommen, übt er auf nationaler Ebene großen Einfluß aus. Der Latifundismus bedeutet nicht nur extrem ungerechte Verteilung von Bodenbesitz, sondern führte auch zu undemokratischen Machtstrukturen in den lateinamerikanischen Staaten. Deswegen ist es in den Entwicklungsländern nicht gelungen, in Agrarreformen die Besitzverhältnisse grundlegend zu ändern. Damit fehlt oft die Grundlage für eine höhere Produktivität in der Landwirtschaft, die in erster Linie der Entwicklung ländlicher Räume zugute käme und der dort lebenden, verarmten Bevölkerung.

ternommen worden, einen auf die Arbeiter in der Stadt und vor allem auf dem Land ausgedehnten Wohlstand zu schaffen, der in der Lage gewesen wäre, sie in die moderne Zivilisation zu integrieren. Beispiele: Während die nordamerikanischen Gesetzgeber den Westen für Millionen von Pionierfamilien öffneten, die dorthin zogen, um ihre Farmen aufzubauen, wurde in Brasilien der Großgrundbesitzer als reguläre Form der Landbesetzung eingeführt. Brasilien war das letzte Land der westlichen Welt, das 1888 die Sklaverei offiziell abschaffte. Die brasilianischen Eliten haben die Verbreitung einer Volkserziehung nie zugelassen, und so haben wir – nach Bolivien – den größten Prozentsatz von Analphabeten in Lateinamerika. Höhere Schulen gibt es erst seit Anfang des letzten Jahrhunderts, eine Universität gar erst seit 1920.

1987, gute zwei Jahre nach dem Übergang von der Militärdiktatur (1964–1985) zur zivilen Regierungsform, sitzt die Nationalversammlung einmal mehr über Brasiliens Zukunft zusammen. Wieder geht es um die institutionelle Verankerung der Agrarreform und andere lebensentscheidende brasilianische Fragen. Doch niemand glaubt daran, daß auch nur eines der großen Probleme gelöst werden könnte.

Dabei wäre es an der Zeit. Seit 1900 ist die brasilianische Bevölkerung von 17 Millionen auf 140 Millionen Menschen angewachsen. Wenige Jahre nach der Jahrtausendwende werden wir 200 Millionen sein. Immer noch nicht zu viele für ein Land von der Größe Brasiliens. Doch dann werden in Rio 16, in São Paulo 26 Millionen wohnen. In den neuen „Kalkuttas", mit den Armen hungernd auf den Straßen, den Reichen hinter elektrischen Zäunen. Und bis an die Zähne bewaffnet. Doch außer einem Programm zur Sterilisierung armer Frauen ist der Regierung noch nicht viel dazu eingefallen. Die Mehrheit der Bevölkerung verdient nicht 'mal den Mindestlohn von 1987; er beträgt 90 Mark. Ein Wahnsinn, wenn man bedenkt, daß beispielsweise ein Prozent der Landbesitzer 45 Prozent der Fläche ihr eigen nennen. Und daß der Anteil der ärmsten 50 Prozent der Brasilianer am Gesamteinkommen zwischen 1960 und 1980 von 17,4 auf 14,2 Prozent sank, während die fünf Prozent sehr reichen Brasilianer ihren Einkommensanteil in dieser Zeit von 28,3 auf 34,9 Prozent steigerten.

Diese Wirklichkeit tut weh. Wir sind mit einem über die Maßen schönen, fruchtbaren und ressourcenreichen Land bedacht worden. Darauf Menschen mit großem Glücksstreben und vitaler Lebensfreude: Brasilien, das vielbeschworene Land der Zukunft. Ohne daß die Zukunft Brasiliens endlich beginnt."

(Ribeiro 1988, S. 35)

Plantage

Unter Plantage wird eine landwirtschaftliche Betriebsform verstanden, bei der in arbeitsintensiver und/oder kapitalintensiver Produktionsweise meist in Monokulturen Pflanzen für den Weltmarkt angebaut werden. In der Regel sind Anlagen zur Verarbeitung der angebauten Erzeugnisse Bestandteile einer Plantage.

Plantagen wurden von den Europäern in den Kolonien bzw. in den heutigen Entwicklungsländern zur Befriedigung der europäischen Nachfrage angelegt. Sie nutzten den „komparativen Vorteil" (Klima, Boden) in Übersee und lösten das Arbeitskräfteproblem durch Versklavung (Indios, Neger) oder Anwerbung (Asiaten).

Vorteile: moderner, auf dem Weltmarkt konkurrenzfähiger Großbetrieb, Deviseneinkünfte.

Nachteile: Weltmarktintegration zu Lasten der nationalen Integration und Versorgung; Dominanz des Auslandkapitals.

(nach: Lexikon Dritte Welt 1984, S. 484)

Im Rahmen der von der neuen Regierung vorgesehen Agrarreform sollen die gegenwärtigen Bodenbesitzverhältnisse grundlegend geändert werden. Nicht produktiv genutzter Boden soll bis zum Jahr 2000 an sieben Millionen Familien bzw. 35 Millionen Menschen verteilt werden. Die bisherigen Eigentümer sollen in den kommenden 20 Jahren eine Entschädigung erhalten, und die neuen Eigentümer haben 15 bis 20 Jahre Zeit zur Bezahlung.

(nach Länderbericht Brasilien 1988, S. 35)

Agrarreform

Eine Agrarreform dient dem Wandel der Agrarstruktur eines Landes. In erster Linie sollen die in unterentwickelten Ländern reichlich vorhandenen Arbeitskräfte für arbeitsintensive Formen der Landwirtschaft eingesetzt werden. Als eine wesentliche Voraussetzung wird dabei eine Änderung der ungerechten Bodenbesitzverhältnisse angesehen (= Bodenreform) bzw. eine Schaffung gerechterer Pachtverhältnisse.

Ziele der Agrarreform:
- Beseitigung großer Einkommensdisparitäten;
- Steigerung des Einkommens der ärmeren Bevölkerung;
- Sicherung der Versorgung mit billigen Grundnahrungsmitteln;
- Schaffung und Ausweitung von lokalen und regionalen Märkten;
- Steigerung der Nachfrage nach einfachen Gütern, die in Anknüpfung an traditionelle Technologien arbeitsintensiv hergestellt werden;
- Zunahme der Nachfrage nach modernen Industrieprodukten, die vor Ort wiederum in größeren Serien für viele Konsumenten hergestellt werden können, verbunden mit der effektiveren Nutzung importierter Technologien.

Gründe für das Scheitern von Agrarreformen:
1. Die damit verbundene Umverteilung von Reichtum und Macht wird von den jeweiligen Eliten abgelehnt.
2. Es fehlt an zinsgünstigen Krediten.
3. Es mangelt an einer geeigneten sozialen und technischen Infrastruktur.
4. Die Landlosen, Pächter und Kleinbauern sind ungenügend qualifiziert.
5. Die Bauern sind nicht auf moderne Formen der Zusammenarbeit vorbereitet. (Genossenschaft, gemeinsame Vermarktung, Maschinenringe)

(nach Eisenhaus 1986, S. 12—22)

Die Rolle der Christen: Eroberer, Händler, Missionare

„Hiermit ermächtige ich jedermann, der unter meinem Befehl zu den Inseln und der Tierra Firme im großen Ozean reist, ...daß, wenn die besagten Kannibalen Widerstand leisten und nicht zulassen, daß Kapitäne und ihre Männer ihr Land betreten, und wenn sie sich weigern, unsere Männer anzuhören, sich in unserem katholischen Glauben unterweisen zu lassen und sich in meine Dienste zu begeben, mögen sie gefangen werden und in mein Königreich, unter meine Oberhoheit oder an einen anderen Ort gebracht werden und verkauft werden."

(Erlaß der spanischen Königin Isabella v. 30. 10. 1503)

Das Dokument wurde zu einer Art Freibrief für die spanischen Eroberer in Lateinamerika, die Indios nicht nur auszubeuten und zu versklaven, sondern mit Feuereifer betrieben sie die Missionierung der Ureinwohner. Zwischen den Missionaren und den Kolonialherren gab es daher meist eine reibungslose Zusammenarbeit, von der beide profitierten. Die katholischen Priester, Mönche, Nonnen und Laien dienten über Jahrhunderte der religiösen Legitimierung des Kolonialismus und später auch des Kapitalismus. Die Missionare bekämpften die Waldindianer und deren „Naturreligion" ebenso kompromißlos wie die Inkas, die ihrem „Gottkönig" opferten, oder die religiösen Riten der versklavten Neger. Nur selten gab es Anklagen wie die des Indianerapostel Las Casas oder menschenfreundliche Unternehmen wie den Jesuitenstaat in Paraguay. Meistens stand der Klerus den Reichen und Mächtigen, den weißen Herren näher als der Masse der Armen und Rechtlosen, den Negern, Indianern, Mischlingen, Frauen und Kindern.

Im Zeichen des Kreuzes: Die Besetzung der Fazenda Annoni (Rio Grande do Sul) 1985 durch 1500 Landarbeiterfamilien

Die Christen heute: Anwälte der Armen?

Dazu äußert sich der katholische Theologe Norbert Greinacher:

„In der Enzyklika „Populorum progressio" (1965) – „Vom Fortschritt der Völker" – stellt sich die katholische Kirche den Unabhängigkeitsbestrebungen der „Dritten Welt": sie verurteilt den Neokolonialismus, verweist auf unverzichtbare soziale Menschenrechte und prangert die fragwürdigen Rollen der Multis an. In Lateinamerika bemühen sich Kleriker und Laien um eine neue „Theologie der Befreiung und des Friedens". Nach langen kircheninternen Diskussionen macht sich auch der Papst die wichtigsten Bestrebungen der „Befreiungstheologie" zu eigen: das Eintreten für soziale Gerechtigkeit, das Engagement für Rechtlose und Arme, die Kritik am Kapitalismus. Während konservative Kirchenkreise noch vor dem Entstehen der These von einer „neuen Kollektivschuld" warnen, stellt der Papst auf der Generalkonferenz von Puebla fest, daß zwischen dem wachsenden Reichtum einer Minderheit und der wachsenden Armut der Massen ein kausales Verhältnis besteht."

Thesen zur Theologie der Befreiung

Die Theologie der Befreiung kann nur verstanden werden vor dem Hintergrund der unmenschlichen Unterdrückung und Ausbeutung der Menschen in Lateinamerika durch den Rassismus, den Kapitalismus, den Militarismus, den nordamerikanischen Imperialismus und die Unterdrückung der Frauen durch den „Machismo".

– Die Kirche soll nicht eine Kirche für das Volk sein, sondern eine Kirche des Volkes in dem Sinne, daß alle Christen mündige Subjekte der Praxis der Kirche werden.
– Sie reflektiert die Praxis der Befreiung der unterdrückten Menschen in Lateinamerika.
– Sie betont die Einheit der Geschichte und wendet sich gegen eine Trennung der Heilsgeschichte Gottes von der profanen Geschichte.

(nach Norbert Greinacher, 1988, S. 67ff.)

Räumliche Disparitäten

Bevölkerungsdruck und Nahrungsspielraum

Bevölkerungsentwicklung in der Dritten Welt

Als eines der Schlüsselprobleme der Welt, vor allem für die Entwicklungschancen der Dritten Welt, erweist sich das extreme Bevölkerungswachstum im 20. Jahrhundert. Der medizinische Fortschritt, insbesondere bei der Seuchenbekämpfung, hat auch in Entwicklungsländern zu einem Rückgang der Sterbeziffern geführt, auch wenn in den letzten Jahren mit Aids ein neuer Risikofaktor mit weitreichenden Wirkungen aufgetaucht ist. Anders als in den Industrieländern ist die Geburtenziffer nicht in entsprechendem Maße gesunken, auch wenn sie rückläufig ist. Die Folge ist ein jährliches Wachstum der Weltbevölkerung von zur Zeit noch 1,7 Prozent, das seinen Höhepunkt von 2 Prozent aber überschritten hat und weiter absinken dürfte. Selbst eine Wachstumsrate von 1,7 Prozent führt in etwa 40 Jahren zur Verdoppelung der Bevölkerung.

Die derzeit hohen Wachstumsraten in den Entwicklungsländern sind nicht nur auf die hohe Fruchtbarkeit (zwischen vier und acht Geburten je Frau), sondern auf die Eigendynamik zurückzuführen, die durch die hohe Fruchtbarkeit und die rückläufige Sterblichkeit in den vergangenen drei Jahrzehnten verursacht wurde. Diese Eigendynamik hat zur Folge, daß die Frauen, die heute ins gebärfähige Alter kommen, einen großen Teil der Gesamtbevölkerung stellen. In den meisten Entwicklungsländern wird die jeweils folgende Generation der Frauen zahlreicher sein als die vorausgegangene. Dementsprechend kann die Geburtenziffer selbst dann auf einem hohen Niveau verharren, wenn die Zahl der Geburten je Frau rasch zurückgeht.

Seit der Mitte des 20. Jahrhunderts betrifft der Bevölkerungszuwachs vor allem die Dritte Welt. Seine Chancen und Risiken werden unterschiedlich bewertet, wobei auch die ungleichen Ausgangsbedingungen (Bevölkerungsdichte, Verfügbarkeit von landwirtschaftlich nutzbaren Flächen) eine Rolle spielen. Positiv wird das mit wachsender Bevölkerung größer werdende Potential an menschlicher Kreativität hervorgehoben. Auf der Negativseite stehen die mit dem Aufziehen einer großen Kinderzahl verbundenen Belastungen.

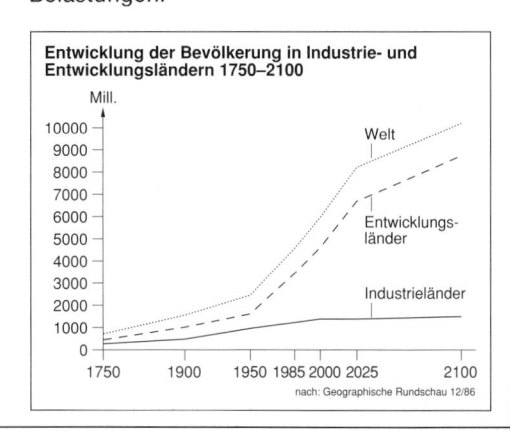

Jährliche Wachstumsraten der Weltbevölkerung 1950 bis 2025 (in Prozent)

	1950–1985	1985–2000	2000–2025
Afrika	2,6	3,1	2,5
Lateinamerika	2,6	2,0	1,4
Asien	2,1	1,6	1,0
Europa	0,7	0,3	0,1
UdSSR	1,3	0,8	0,6
Nordamerika	1,3	0,8	0,6
Welt insgesamt	1,9	1,6	1,2

Quelle: UN-Department of International Economic and Social Affairs

Entwicklung der Bevölkerung in Industrie- und Entwicklungsländern 1750–2100

nach: Geographische Rundschau 12/86

Verlauf des demographischen Übergangs in (heutigen) Industrie- und Entwicklungsländern 1800–1985

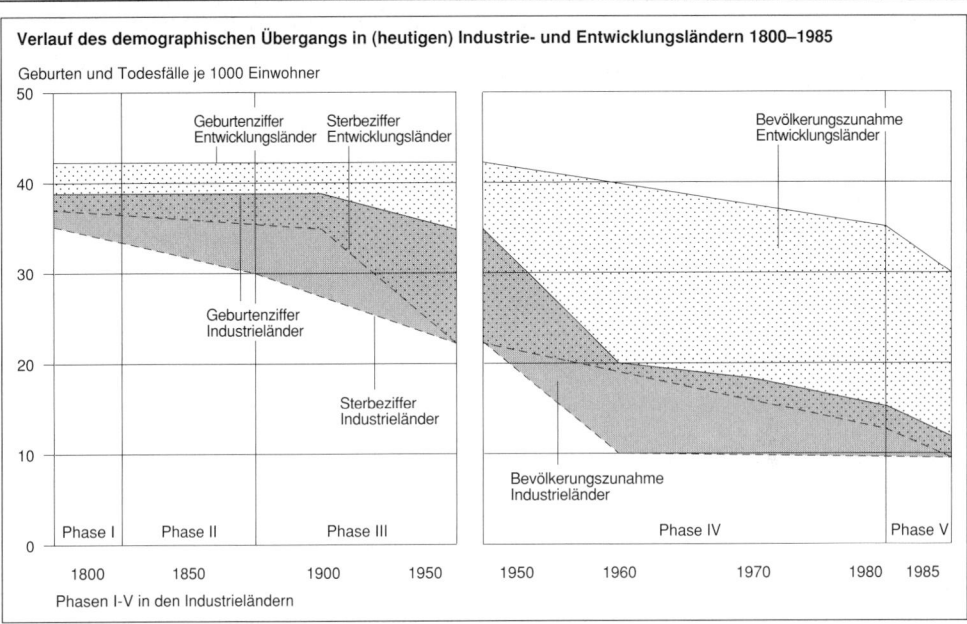

Geburten und Todesfälle je 1000 Einwohner

Geburtenziffer Entwicklungsländer
Sterbeziffer Entwicklungsländer
Geburtenziffer Industrieländer
Sterbeziffer Industrieländer
Bevölkerungszunahme Entwicklungsländer
Bevölkerungszunahme Industrieländer

Phase I | Phase II | Phase III | Phase IV | Phase V

1800 — 1850 — 1900 — 1950 — 1960 — 1970 — 1980 — 1985

Phasen I-V in den Industrieländern

Stand des demographischen Übergangs in verschiedenen Ländern und Ländergruppen 1985

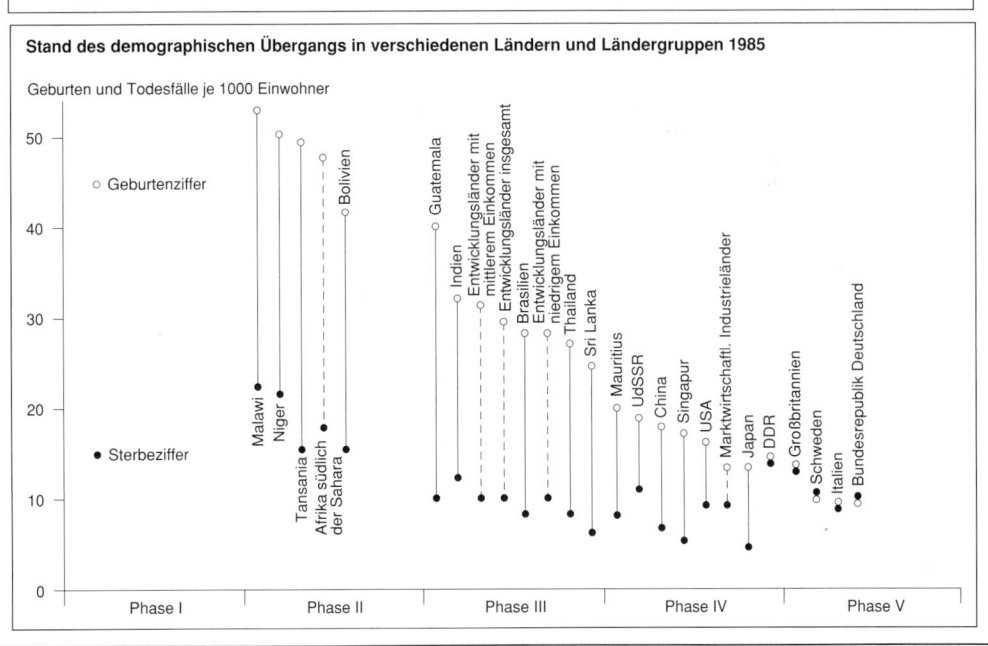

Geburten und Todesfälle je 1000 Einwohner

○ Geburtenziffer
● Sterbeziffer

Malawi, Niger, Tansania, Afrika südlich der Sahara, Bolivien, Guatemala, Indien, Entwicklungsländer mit mittlerem Einkommen, Entwicklungsländer insgesamt, Brasilien, Entwicklungsländer mit niedrigem Einkommen, Thailand, Sri Lanka, Mauritius, UdSSR, China, Singapur, USA, Marktwirtschaftl. Industrieländer, Japan, DDR, Großbritannien, Schweden, Italien, Bundesrepublik Deutschland

Phase I | Phase II | Phase III | Phase IV | Phase V

107

Bevölkerungspolitik

Die meisten Entwicklungsländer streben mehr oder minder entschlossen eine Verringerung des Bevölkerungswachstums an, weil dieses „unter dem Strich" als ein wichtiger Hemmfaktor des Entwicklungsprozesses gilt. Mögliche Mittel dafür sind die Heraufsetzung des Heiratsalters und die Verringerung der Geburtenzahl mit Hilfe verstärkter Familienplanung (Empfängnisverhütung). Zu berücksichtigen ist dabei aber, daß es bei der Frage der Familiengröße um grundlegende Entscheidungen im Intimbereich des Menschen geht. Der staatliche Einfluß in diesem Bereich ist hinsichtlich Wirksamkeit, moralischer Legitimation und zulässiger Instrumente umstritten.

Bisherige Erfahrungen zeigen, daß es für die Verringerung der Geburtenzahl nicht zuletzt auf eine Veränderung der Rahmenbedingungen ankommt. Allgemeine Verbesserung der Lebensqualität, eine nicht mehr allein durch eine große Kinderzahl gesicherte Altersversorgung, aber auch Einstellungsveränderungen, zum Beispiel weg von der Fixierung auf männliche Nachkommen, sind wichtige Faktoren. Die Volksrepublik China ist eines der wenigen Länder der Dritten Welt, in denen eine starke und schnelle Verringerung der Geburtenrate gelungen zu sein scheint. Dies funktioniert allerdings nur mit Hilfe einer radikalen Kombination von öffentlicher Erziehung, gesellschaftlichem Druck und wirtschaftlichen Maßnahmen (Anreize für Ein-Kind-Familien und Strafen bei höherer Kinderzahl) in einem totalitären Regime.

Warum man viele Kinder braucht. — Tradition gegen Bevölkerungspolitik.

„Es gibt gute Gründe wirtschaftlicher wie soziopolitischer Natur, eine große Familie haben zu wollen. So ist eine der wichtigsten Überlegungen, sich durch zahlreichen Nachwuchs eine Altersversicherung zu verschaffen. Kinder sind auch Arbeitskräfte. Die westliche Vorstellung von der Kindheit als einer Zeit des Spiels und der Freiheit von Verantwortung gibt es außerhalb der Eliten in den Entwicklungsländern nicht.

Durch die tiefverwurzelten geschlechtsbedingten Ungleichheiten, die es in vielen Teilen der Dritten Welt gibt, kommt es, daß die Söhne bei der Kosten-Nutzen-Rechnung, die Ehepaare im Rahmen ihrer Familienplanung aufmachen, die Töchter bei weitem übertrumpfen. Nach der Hindu-Religion kann nur ein Sohn die Begräbnisriten für die Seele des Vaters ausführen: Ein rechtgläubiger Mann muß einen Sohn bekommen, sonst läuft er Gefahr, in minderwertiger Form, etwa als Schlange oder Schwein, wiedergeboren zu werden. Fast in allen Kulturen sind es die Söhne, die Namen und Ruf der Familie weitertragen und die Familiengüter erben. In Asien bekommen die Söhne die Aussteuer. Männer verdienen mehr als Frauen – daher bringen Söhne mehr Geld nach Hause, bevor sie heiraten und können besser für ihre alten Eltern sorgen. So ist es nicht weiter verwunderlich, wenn indische Bräute traditionell mit dem Wunsch begrüßt werden: Mögest Du Mutter von acht Söhnen werden.

Eine Mutter erklärte, die ideale Familie seien zwei Jungen und ein Mädchen; um jedoch sicher zu sein, daß auch zwei Söhne überlebten, konnten sie es sich nicht leisten, weniger als fünf Kinder zu haben, die über die schwierigen Jahre vor dem zehnten Lebensjahr gekommen sind. Bei einer solchen gesellschaftlichen Lage sind Bevölkerungsprogramme meist ohne großen Erfolg geblieben. In der indischen Stadt Khanna wurde ein intensives Familienplanungs-Programm durchgeführt, das sich sowohl um die entsprechende Information als auch um die Versorgung mit Verhütungsmitteln kümmerte, die an die Haustür gebracht wurden.

Durch das Programm war praktisch niemand vom Nutzen einer kleinen Familie überzeugt worden. Man fand heraus, daß viele Dorfbewohner die Pille aus Höflichkeit annahmen und dann wegwarfen. Eine Familie hatte mit den Schachteln sogar ein kleines Standbild gebaut. Die Leute traten den an der Ausführung des Programms Beteiligten mit zwar verhohlener, aber beträchtlicher Skepsis gegenüber. Nichts war so einfach wie die wahre Erklärung für diesen Mißerfolg: Es wurde massenhaft Geld ausgegeben, weniger Kinder zu kriegen, obwohl sie doch wußten, daß es besser war, mehr Kinder zu bekommen."

(Harrison 1982, S. 181 f.)

Nahrungsspielraum und politisches Fehlverhalten

Die Fähigkeit, eine große und wachsende Zahl der Menschen zu ernähren, hängt von den natürlichen Produktionsbedingungen, den weltwirtschaftlichen Verflechtungen, aber auch den inneren agrarpolitischen Zielsetzungen ab. „Von der Unfähigkeit der Entwicklungsländer, ihre eigene Versorgung in den Griff zu bekommen", überschreibt Professor Nasibambi von der Makerere Universität in Kampala ein Kapitel seines Beitrags zu Ernährungsproblemen in Schwarzafrika. Er setzt sich darin kritisch mit all jenen Theorien auseinander, die die hausgemachten Fehler der Entwicklungsländer vernachlässigen.

Als die Briten von 1894 bis 1962 Uganda kontrollierten, konzentrierten sie ihre Agrarpolitik auf die cash crops für den Export, hauptsächlich Kaffee und Baumwolle. Daneben betrieben sie aber eine gezielte Ernährungspolitik und förderten den Anbau von Grundnahrungsmitteln wie Kassava und die Anlage von Nahrungsmittelreserven. Die Notwendigkeit einer ausreichenden Versorgung entsprang der Einsicht, daß nur wohlgenährte Eingeborene auch hart genug für ihren Herrn arbeiten könnten.

Die Regierungen nach der Unabhängigkeit schufen die koloniale Praxis der Nahrungsmittelförderung und -reserven mit dem Hinweis ab, daß von nun an die Bauern frei über den Anbau entscheiden würden. Dies entspricht einer anarchischen Ernährungspolitik des laissez-faire, die sich nur auf das leichte Erreichen von Staatseinnahmen ausrichtet.

(1) Die Versuchung, schnell zu indirekten Steuern (Zöllen) und Devisen zu kommen, führt zur Bevorzugung der cash crops und zur Vernachlässigung der Grundnahrungsmittel. Hinzu kommt natürlich, daß die Industrieländer nur Interesse an den cash crops, nicht jedoch an den Grundnahrungsmitteln haben, die sie selbst im Überfluß produzieren. 1985 machten Ugandas Kaffee-Exporte 95 Prozent aller Exporterlöse oder fast 400 Millionen Dollar aus. Davon erhielt der Staat 48 Prozent und mit 200 Millionen Dollar an Zöllen den größten Teil des Staatshaushaltes. Nur 31,5 Prozent gingen an die Kaffeefarmer. Vom Anbau an Kochbananen und Kassava, der Nahrungsgrundlage für Millionen, profitiert der Staat keinen Cent.

Maniok-Verkauf auf einem Markt in Zentralafrika

(2) Während es für die cash crops feste Absatzwege und Organisationsformen gibt, fehlen solche bei den Grundnahrungsmitteln weitgehend. Diese Organisationen stammen noch aus der Kolonialzeit, erfreuen sich heute noch einer Monopolstellung und waren die einzigen Institutionen, die nennenswert Kapital anhäufen konnten. Sie wurden damit auch zum Motor der Industrialisierung. Ab 1950 floß Geld aus den Absatzorganisationen für Kaffee und Baumwolle in Entwicklungsprojekte wie den Bau des Jinja-Staudammes, der fast gesamt Uganda mit Strom versorgt und die Grundlage für Industriebetriebe bildet.

(3) Demgegenüber hat der Staat die Produktion, Lagerung und Vermarktung von Lebensmitteln in den Jahren nach der Unabhängigkeit vernachlässigt. Die ersten schwachen Versuche, den Lebensmittelmarkt zu beeinflussen und die Preise zu kontrollieren, schlugen fehl. Beamte, die Lebensmittel zu verwalten hatten, verkauften am Ende die Ware selbst am Schwarzmarkt zu hohen Preisen.

(4) Auch vor der Macht und Autonomie der Bauern mußte der Staat zunächst kapitulieren. Der Bauer mag als klein erscheinen, doch er ist mächtig, besitzt einen gewissen Grad an Unabhängigkeit und kann die Maßnahmen der Regierung unterlaufen. 1976 richtete der Provisorische Militär-Verwaltungsrat von Äthiopien eine neue Agentur, die Agricultural Marketing Corporation, ein, um eine gleichmäßige, sichere und öffentliche Versorgung mit Getreide zu akzeptablen Preisen sicherzustellen. Die Bauern belieferten die AMC nicht, sie hielten Getreide von den lokalen Märkten zurück und bedienten nur private Händler. Dies brachte Knappheit, Schwarzmarkt und Preisinflation.

Dieses anarchische laissez-faire-System der Lebensmittelversorgung führte am Ende dazu, daß Uganda mit exzellenten natürlichen Produktionsbedingungen Grundnahrungsmittel in erheblichem Ausmaß einführen muß. Nun bestehen durchaus Lösungsmöglichkeiten, um sich etwa das preisbewußte Verhalten der Bauern zunutze zu machen. In Sambia wurde der Preis von Mais an den von Tabak und Erdnüssen gekoppelt mit dem Erfolg, daß die Produktion von cash crops zurückging, die von Mais zunahm.

Es gibt nicht nur zahlreiche Herausforderungen, sondern auch Chancen für die Agrarpolitik. Der Staat muß allerdings aktiv in den Markt eingreifen und vor allem für eine bessere Lagerung und ein integriertes Transportsystem sorgen. Nahrungsmittelvorräte verhindern nicht nur kurzfristig Hungersnöte, sie tragen langfristig zu stabilen Preisen und günstigen Absatzerwartungen bei. Heute werden allerdings noch viele Nahrungsmittel nach Ruanda, Kenia, Sudan und Tansania geschmuggelt, während der staatliche Produce Marketing Board von Uganda keine Vorräte anlegen kann, in Teilen des Landes Menschen verhungern. Würden die Überschuß-Exporte über den Produce Marketing Board von Uganda laufen, wären als zusätzliche Effekte noch erhebliche Zolleinnahmen zu erzielen."

(nach Hansen [Hrsg.] 1988)

Diese im Gegensatz zu abstrakten Entwicklungstheorien sehr konkreten Analysen und auch die vorsichtige Abwägung von Verbesserungsmaßnahmen zeigen das hohe Niveau der einheimischen Fachleute. Sie bedürfen keiner schulmeisterlichen Belehrung durch die Industrienationen, wohl aber einer Förderung und Bestärkung ihrer Strategien. Und das kostet oft nur wenig Geld.

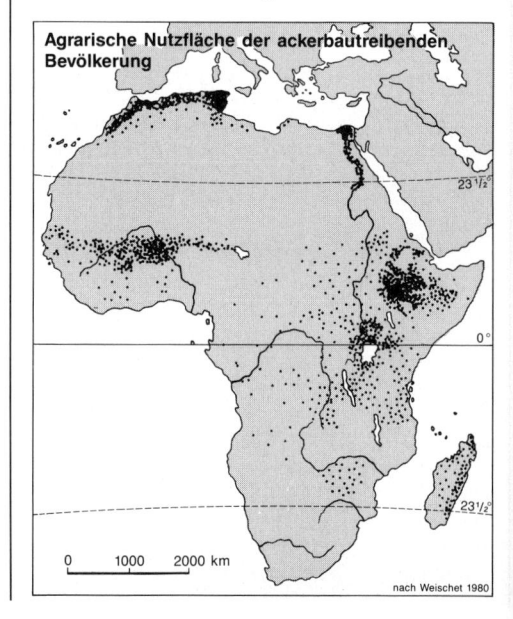

Agrarische Nutzfläche der ackerbautreibenden Bevölkerung

nach Weischet 1980

Die Rolle der Frau bei der Ernährungssicherung in Afrika

Ein beachtlicher Teil (etwa 60–70%) der Subsistenzlandwirtschaft und auch der Verkaufsproduktion und Vermarktung (etwa 60%) liegt in den Händen der Frauen. Die traditionelle Rolle der Frau, wie sie sich in vielen afrikanischen Gesellschaften manifestiert, wurde lange verkannt. Im Zuge der kolonialen Flurbereinigungsmaßnahmen zum Beispiel erhielten die Frauen im allgemeinen kein ihnen traditionell zustehendes Land zugesprochen. Damit verloren die Frauen in einigen Ländern ihre bisherigen Rechte auf selbständigen Anbau.

Nach der Aufgabenverteilung lassen sich zwei Typen der Subsistenzwirtschaft unterscheiden. Einmal erfolgt der überwiegende Zeit- und Arbeitsaufwand durch die Frau, im anderen Fall durch den Mann. Daneben gibt es Zwischenformen mit einer ausgeglichenen Arbeitsbelastung zwischen Mann und Frau.

Die von Frauen betriebene Landwirtschaft (zumeist Hackbau) ist in Zentral- und Ostafrika sowie im südlichen Afrika vorherrschend. In Nord- und Nordostafrika und im Sudan dominieren die männlichen Formen (zum Teil Pflugbau), an der Oberguineaküste eher die Landbewirtschaftung durch Frauen. Der Anteil der von Frauen betriebenen Landwirtschaft ist in Afrika insgesamt auf 45, in Afrika südlich der Sahara auf 53 Prozent geschätzt worden. Hinzu kommt, daß die Frauen zusätzlich für die gesamte Hausarbeit, das sehr aufwendige Herbeischaffen von Brennmaterial und häufig auch von Wasser verantwortlich sind.

Von Frauen betriebene Landwirtschaft zeichnet sich aus durch:
– vorherrschenden Wanderhackfeldbau,
– Polygamie,
– Bezahlung des Brautpreises seitens der Familie des Mannes,
– ökonomisch weitgehend vom Mann unabhängige Frauen,
– beträchtliche Bewegungsfreiheit der Frauen.

Von Männern betriebene Landwirtschaft ist durch folgende Merkmale charakterisiert:
– vorherrschende Pflugkulturen, Körnerfruchtanbau, Viehwirtschaft,
– in der Mehrheit monogam; wenn polygam, dann gelten Frauen als Statussymbol,
– Bezahlung einer Mitgift seitens der Eltern des Mädchens,
– Frauen ökonomisch abhängig,
– begrenzte Bewegungsfreiheit.

Die Rolle der Frau in der Landwirtschaft muß auch in der historischen Dimension gesehen werden. In vielen Ländern, wie zum Beispiel Kenia, Simbabwe oder Sambia, wurden die Männer in der Kolonialzeit auf den europäischen Pflanzungen und den Farmen beschäftigt, oder sie arbeiteten im städtischen Dienstleistungssektor und der Industrie. Die Frauen blieben als hauswirtschaftliche Selbstversorger und Reproduzenten zukünftiger Arbeitskräfte (hohe Kinderzahl!) zunächst in den Stammesreservaten. Aufgrund der Verknappung des zur Verfügung stehen-

Das Herbeischaffen von Brennmaterial ist überwiegend Frauenarbeit

111

den Landes durch zunehmenden Bevölkerungsdruck, aber auch aufgrund der Veränderungen im Bewußtsein traditioneller Wertordnungen haben in den letzten Jahren auch viele Frauen ihre ländliche Heimat verlassen, um in die Städte zu gehen. Insgesamt ist die Zahl der weiblichen Land-Stadt-Wanderer niedriger als die der männlichen Zuwanderer.

Der Gegensatz von Marktproduktion durch die Männer und Selbstversorgung durch die Mehrzahl der Frauen blieb auch nach der Kolonialzeit erhalten. Mit zunehmender Individualisierung des Landbesitzes verfestigte sich die wirtschaftliche Position der Männer weiter, weil nur sie Zugang zu Krediten aufgrund ihrer Besitztitel hatten. Auch die Zusammenarbeit mit agrarischen Schulungs- und Beratungsdiensten ist Frauen bis heute meist verwehrt. Beim Anbau exportorientierter Monokulturen wurden die besseren Böden im allgemeinen zuerst genutzt, der Subsistenzwirtschaft der Frauen blieben die weniger fruchtbaren, oft weit vom Dorf entfernten Anbauflächen.

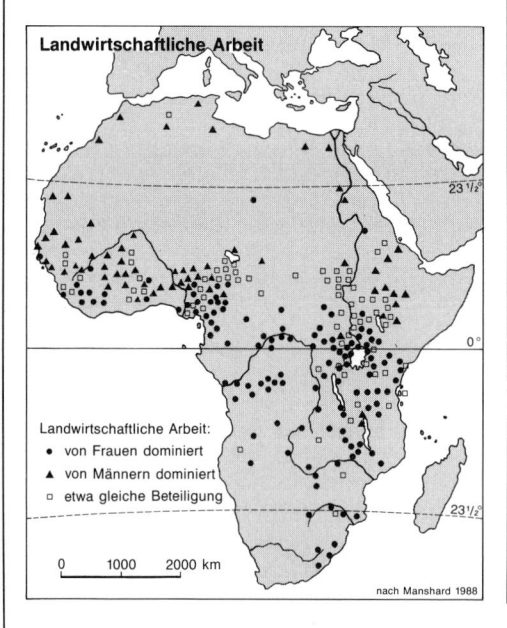

Landwirtschaftliche Arbeit

Landwirtschaftliche Arbeit:
- von Frauen dominiert
- ▲ von Männern dominiert
- □ etwa gleiche Beteiligung

0 1000 2000 km

nach Manshard 1988

So verlor die afrikanische Frau allmählich das frühere Ausmaß an Kontrolle über die landwirtschaftliche Erzeugung, die Lebensmittelverarbeitung und auch die Verteilung der Nahrungsgüter, was sich auf die Entscheidungsstrukturen innerhalb der Familie auswirkte. Der Mann bestimmt für seine Frau/en, wann und wie lange sie auf seinen Feldern und ihren Subsistenzfeldern arbeiten kann/können. Um die Produktion seiner Marktfrüchte ständig zu steigern, benötigt der Mann die Arbeitskraft seiner Frau/en.

Als Resultat der mehrfachen Arbeitsbelastung der Frau und ihrer angeschlagenen Gesundheit infolge hoher Kinderzahl und mangelhafter Gesundheitsdienste auf dem Lande sank oder stagnierte die Nahrungsmittelproduktion in der Familie. Aus der Gegenüberstellung der durchschnittlichen Jahresarbeitszeiten wird der höhere Arbeitsanteil der Frauen für den Nährfrüchteanbau deutlich:

Tansania:	Haya-Frau:	1100 Stunden
	Haya-Mann:	925 Stunden.
Elfenbein-	Bete-Frau:	300 Stunden
küste:	Bete-Mann:	760 Stunden.

Die afrikanischen Frauen auf dem Lande haben nur sehr geringe Bareinkommen. Sie müssen also mehr und mehr selbsterzeugte Nahrungsmittel verkaufen, um für sich und ihre Kinder die Existenz zu sichern. In vielen Fällen müssen sie zum Nebenerwerb (besonders im Kleinhandel) übergehen. Diese geschlechtsspezifischen Gesichtspunkte werden in Entwicklungsprojekten oft übersehen. Sie sollten jedoch in Zukunft verstärkt in alle Maßnahmen zur Verbesserung der Lebensgrundlagen der Welthungerhilfe einbezogen werden. Ohne eine verstärkte Berücksichtigung der Frauen kann sicher keine vernünftige Strategie gegen den Hunger entwickelt werden. Verbesserte Kenntnisse über die innerhaushaltliche Arbeitsverteilung sind eine Grundvoraussetzung für die Förderung von Entwicklungsmaßnahmen. Im Gegensatz zur Rolle der Frau, die in den letzten Jahren etwas genauer untersucht wurde, wissen wir über die weitverbreitete Kinderarbeit erst sehr wenig. *(nach Manshard 1988, S. 31–34)*

Verstädterung in der Dritten Welt

Die afrikanischen Entwicklungsländer zeichnen sich in der Gegenwart durch eine außergewöhnlich große Dynamik der gesellschaftlichen Prozesse aus. Neben dem hohen natürlichen Bevölkerungswachstum gehört dazu auch die rapide Verstädterung. Lebten 1950 auf dem afrikanischen Kontinent nur rund 15 Prozent der Bevölkerung in Städten, so hat sich dieser Anteil bis 1980 fast verdoppelt. Im Jahre 2000 werden mindestens zwei Fünftel der afrikanischen Bevölkerung Stadtbewohner sein.

Obwohl Afrika in der Gegenwart das mit Abstand höchste Städtewachstum der Welt aufweist, rangiert der Kontinent nach dem erreichten Grad oder Niveau der Verstädterung derzeit noch auf dem vorletzten Platz vor Südasien, denn der Verstädterungsgrad betrug in Afrika 1985 32 Prozent, in Südasien 24 Prozent. In den entwickelten Industriestaaten lebten dagegen 1985 im Durchschnitt 72 Prozent der Bevölkerung in Städten. Seit 1980 geht das Tempo der Verstädterung zurück, so daß der Höhepunkt dieser Entwicklung überschritten wurde.

Einwohner in Städten der Dritten Welt 1950–2000 (in Millionen)

	1950	um 1980	2000
Mexiko-Stadt	3,1	16,0	26,3
São Paulo	2,7	12,6	24,0
Bombay	3,0	8,2	16,0
Jakarta	1,5	6,2	12,8
Kairo	2,5	8,5	13,2
Delhi	1,4	5,8	13,3
Manila	1,8	5,5	11,1
Lagos	0,3	4,0	8,3
Bogotá	0,6	3,9	9,6
Nairobi	0,1	0,8	5,3
Dar es Salaam	0,1	0,9	4,6

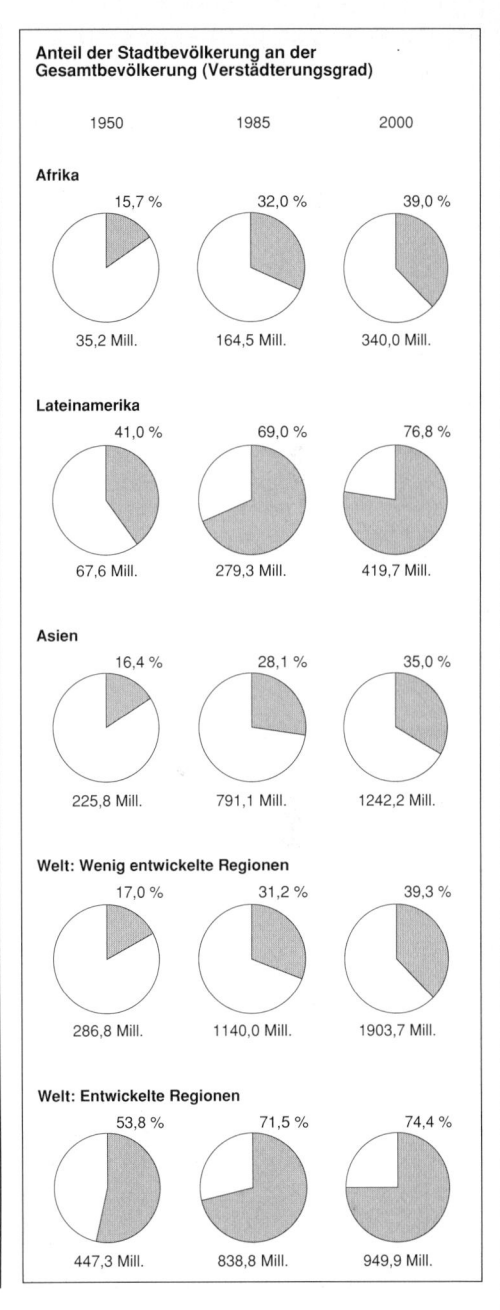

Anteil der Stadtbevölkerung an der Gesamtbevölkerung (Verstädterungsgrad)

	1950	1985	2000
Afrika	15,7 % / 35,2 Mill.	32,0 % / 164,5 Mill.	39,0 % / 340,0 Mill.
Lateinamerika	41,0 % / 67,6 Mill.	69,0 % / 279,3 Mill.	76,8 % / 419,7 Mill.
Asien	16,4 % / 225,8 Mill.	28,1 % / 791,1 Mill.	35,0 % / 1242,2 Mill.
Welt: Wenig entwickelte Regionen	17,0 % / 286,8 Mill.	31,2 % / 1140,0 Mill.	39,3 % / 1903,7 Mill.
Welt: Entwickelte Regionen	53,8 % / 447,3 Mill.	71,5 % / 838,8 Mill.	74,4 % / 949,9 Mill.

Merkmale der Verstädterung am Beispiel Afrika

Ein charakteristisches Merkmal des Verstädterungsprozesses in Afrika ist die sehr ungleichmäßige Verteilung der städtischen Bevölkerung nach Siedlungsgrößen. 1980 gab es in Afrika nur 147 Großstädte mit 100 000 und mehr Einwohner, in denen aber 58 Prozent der gesamten städtischen Bevölkerung des Kontinents lebten.

Eine genauere Analyse zeigt, daß sich der Verstädterungsprozeß in den Entwicklungsländern Afrikas grundlegend von dem Verlauf der Urbanisierung in den heutigen Industrieländern unterscheidet. In Afrika vollzieht sich ein Verstädterungsprozeß, ohne daß sich dafür eine entsprechende wirtschaftliche Basis entwickeln konnte. Man kann diesen Vorgang als vorindustrielle Verstädterung bezeichnen.

Bis in die Gegenwart fehlt in den afrikanischen Ländern ein nationales System hierarchisch gestaffelter städtischer Zentren, insbesondere ein notwendiges Netz von Mittelstädten.

Obwohl der Verstädterungsprozeß ein historisch bislang nicht gekanntes Tempo angenommen hat, wächst auch die ländliche Bevölkerung weiterhin stark an. Bei einer Mechanisierung der landwirtschaftlichen Produktion könnte deshalb noch eine ungeheure Menge an Arbeitskräften freigesetzt werden.

Gleichzeitig ist das sehr schnelle Anwachsen der Stadtbevölkerung stärker mit einem Prozeß des Weiterbestehens ländlicher Lebens- und Wirtschaftsformen in den Städten verbunden, als umgekehrt mit der Ausbreitung städtischer Lebensweisen auf das nahe und weitere Umland.

In den Industrieländern ist die verarbeitende Industrie in der Regel die stadttypische Art der Produktion und erst deren Entwicklung bildete die Basis für einen breiten Dienstleistungssektor. In der afrikanischen Stadt dominiert fast immer der aufgeblähte Dienstleistungssektor, trotz (oder wegen) der hier sehr geringen Produktivität.

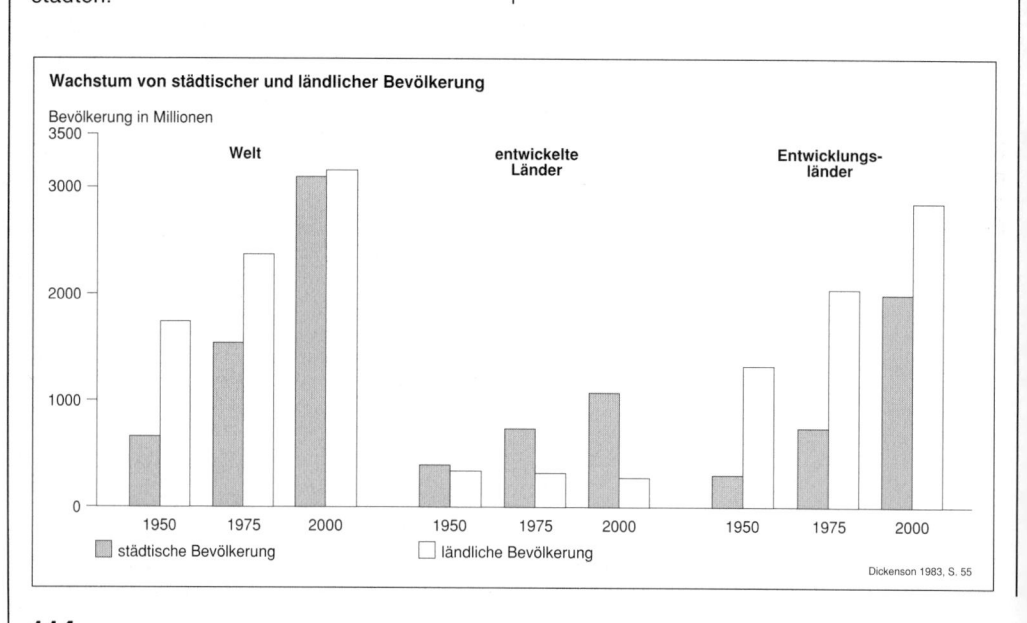

Wachstum von städtischer und ländlicher Bevölkerung

Bevölkerung in Millionen

■ städtische Bevölkerung   □ ländliche Bevölkerung

Dickenson 1983, S. 55

Der Vorgang der Metropolisierung

Ein wesentliches Merkmal der Verstädterung in Afrika ist die schnelle Entwicklung der größten Städte, insbesondere der Millionenstädte. Gab es 1950 erst drei von ihnen in Afrika, in denen zusammen 14 Prozent der städtischen Bevölkerung des Kontinents wohnten, so waren es 1970 schon acht (19%), 1980 20 (27%), und im Jahre 2000 sollen es nach neueren Prognosen 59 sein, in denen etwa 45 Prozent der gesamten urbanen Bevölkerung Afrikas konzentriert sein werden.

Die mit Abstand wichtigste Quelle des Bevölkerungswachstums der Metropolen in der frühen Phase ihrer Entwicklung war die Land-Stadt-Wanderung. So entfielen in Accra bis in die 60er Jahre noch 60 Prozent des Bevölkerungswachstums auf Wanderungsgewinne. In der Gegenwart erhält das natürliche Bevölkerungswachstum, das heißt der Geburtenüberschuß, in den Metropolen selbst eine zunehmende Bedeutung. Ursachen dafür sind die relativ bessere Versorgung mit sozialen, vor allem medizinischen Dienstleistungen in den Metropolen und der bedeutend höhere Anteil an Bevölkerung im reproduktionsfähigen Alter im Vergleich zum Landesdurchschnitt. So ist zum Beispiel die Kindersterblichkeit in den Metropolen meist nicht einmal halb so hoch wie in den ländlichen Gebieten des entsprechenden Landes.

Die afrikanischen Metropolen sind als dynamische Zentren entscheidende Umschaltstationen zwischen den nationalen und internationalen Systemen der Arbeitsteilung. In ihnen konzentrieren sich brennpunktartig die wichtigsten politischen, administrativen, Handels-, industriellen und kulturellen Funktionen.

Als Einfallstor und Umschlagstation des ausländischen Kapitals liegen die Metropolen Afrikas in meist peripherer Lage an einem Küstenstandort und nicht im geographischen Zentrum des Landes. Dieses Merkmal trifft auf rund zwei Drittel aller Metropolen Afrikas zu. In den Verkehrsknotenpunkten

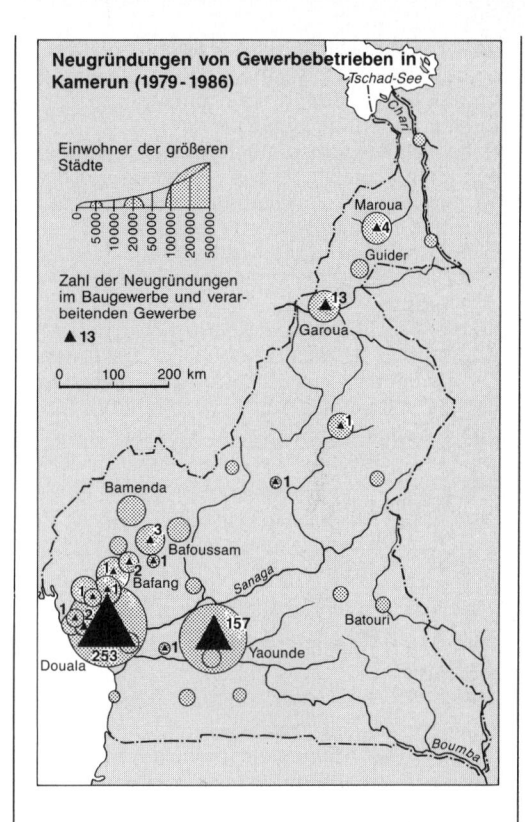

Neugründungen von Gewerbebetrieben in Kamerun (1979-1986)

Anteil (in %) der Industrieproduktion ausgewählter Metropolen Afrikas an der gesamten Industrieproduktion des Landes

Metropole (Land)	Anteil (in %)
Abidjan (Côte d'Ivoire)	75
Accra (Ghana)	50
Addis Abeba (Äthiopien)	60
Casablanca (Marokko)	74
Dakar (Senegal)	80
Harare (Simbabwe)	50
Kairo (Ägypten)	55
Khartum (Sudan)	75
Lagos (Nigeria)	60
Luanda (Angola)	70
Maputo (Mosambik)	50
Tunis (Tunesien)	65

Scheffler 1987, S. 155

und Warenumschlagplätzen gelang zuerst eine bescheidene Industrialisierung, sie waren und sind industrielle Brückenköpfe zu den Staaten der entwickelten Welt.

Neben außenwirtschaftlichen Aspekten wirken auch weitere „innere" Faktoren auf die anschwellenden Agglomerationen ein. So sind in Groß-Khartum etwa 85 Prozent der Handelsgesellschaften des Landes ansässig, und rund 80 Prozent der Bankaktivitäten in der Republik Sudan werden hier durchgeführt. 1976 befanden sich 60 Prozent aller Krankenhausbetten Senegals in Dakar. In Zaire war 1979 etwa ein Drittel aller Ärzte des Landes in Kinshasa ansässig, und in der Republik Sudan waren 1981/82 über 85 Prozent aller Studenten an Hochschuleinrichtungen des Landes an den drei Universitäten Khartums immatrikuliert.

Der informelle Sektor oder – die städtische Subsistenzwirtschaft

Trotz der starken Konzentration von Investitionen, von Dienstleistungseinrichtungen und von Kapazitäten der verarbeitenden Industrie auf die Metropolen kann weder das Wachstumstempo des produktiven Sektors noch das der nichtproduktiven Bereiche in den Metropolen mit dem Tempo des Bevölkerungswachstums Schritt halten. Ein wesentliches Merkmal der Probleme in den afrikanischen Metropolen ist die Beschäftigungsstruktur ihrer Einwohner, insbesondere das starke Aufblähen des sogenannten „informellen Sektors": das heißt des Bereichs der kleinen, einfachen Dienstleistungen, der Gelegenheitsarbeiten, des Kleinhandwerks. Dem Wesen nach ist dieser rückständige Dienstleistungsbereich als städtische Subsistenzwirtschaft zu bezeichnen, da hier die Beschäftigten fast ausschließlich nur das Ziel haben, ihre dringendsten Lebensbedürfnisse, also ihr Überleben zu sichern.

Mit der Funktion des primitiven Dienstleistungsbereiches als „Überlebensnische" für einen sehr großen Teil der städtischen Bevölkerung hängt auch die Verschleierung der tatsächlichen Arbeitslosigkeit in den Metropolen zusammen. Die amtliche Statistik weist in den meisten Staaten Afrikas eine deutlich geringere Arbeitslosenquote aus als bei uns. Eine Fallstudie in einem Elendsviertel von Nairobi ergab, daß nur 20 Prozent der Befragten Lohnbeschäftigte waren, 63 Prozent sich dagegen als „Selbständige" bezeichneten und „nur" 17 Prozent als arbeitslos galten. Unter den „Unternehmen" sind häufig eine Vielzahl von kleinsten und kleinen Handwerks- und anderen Betrieben zu finden. Charakteristisch ist außerdem, daß ein erheblicher Anteil der städtischen Beschäftigten in der landwirtschaftlichen Produktion tätig ist, so zum Beispiel in Kairo im Jahre 1980 12 Prozent aller Arbeitskräfte. 1967 besaßen sogar noch 19 Prozent aller Haushalte in Daressalam eine eigene, meist kleine Landwirtschaft. *(nach Scheffler 1987)*

Städtische Subsistenzwirtschaft – zum Beispiel eine Autoreparaturwerkstatt in Ghana: Schrotthaufen, Büro und Ersatzteillager zugleich

Slums der Großstädte: Notwendigkeit oder Übel?

Slums und Elendsviertel gelten als typische Merkmale von Großstädten in Entwicklungsländern. Im Unterschied zu Slumgebieten in Städten der Industrieländer ist ihre Entstehung jedoch weniger auf die Degradierung und Verelendung von Stadtteilen zurückzuführen, als vielmehr auf die notwendige Übertragung von ländlichen Siedlungsweisen in die Großstädte, da andere Alternativen der Wohnraumversorgung für die Masse der Bevölkerung fehlen. Und ein zweiter wesentlicher Unterschied besteht: In den Elendsvierteln der Industriestaaten ist der Bau- und Wohnstandard der Behausungen deutlich niedriger als im Durchschnitt auf dem Land. Slums oder Marginal-Siedlungen werden bei uns in der öffentlichen Diskussion fast ausschließlich als Fehlentwicklungen dargestellt. Die unmittelbar betroffenen Menschen sehen durchaus auch positive Aspekte, die nachfolgend der afrikanische Geograph Kakumirizi aus eigener Kenntnis des Problems bestätigt.

Elendsviertel in Nairobi

„Slums sind ein fester Bestandteil der Verstädterung. In vielen städtischen Gebieten sowohl der entwickelten als auch der unterentwickelten Welt sind sie ein alltägliches Phänomen, zum Beispiel in den USA die Slums von New York, Chicago, Pittsburgh. Kisenyi und Katanga sind Beispiele aus den Entwicklungsländern.

(1) Menschen beiderlei Geschlechts, jeden Alters müssen in unmittelbarer Nähe zueinander leben; Eltern schlafen mit ihren Kindern im gleichen Zimmer und manchmal, obwohl es für die afrikanische Kultur nicht üblich ist, sogar im gleichen Bett. Es gibt keine private, intime Sphäre.

(2) Die Häuser stehen schrecklich eng beieinander, in der Hauptsache nur durch einen Fußweg getrennt.

(3) Die Häuser sind aus primitiven Materialien gebaut, ohne Lüftung und Besonnung, und die meisten von ihnen stehen bald am Rande des Zusammenbruchs. Doch irgend jemand findet immer noch Schutz.

(4) Normalerweise hält sich die ganze Familie in einem Raum auf. Streitigkeiten hören alle Bewohner und meistens noch 20 weitere Familien.

(5) Es gibt keine geregelte Abwasser- und Müllbeseitigung und auch keinen Platz für derartige Anlagen.

(6) Slums sind eine Quelle des Alkoholismus. Durch das enge Zusammenleben von Menschen verschiedenster sozialer Herkunft kommt es in den Slums zu Kämpfen und immerwährenden Streitigkeiten.
(7) Prostitution zu dem Zweck, den Lebensunterhalt zu verdienen, ist eines der wichtigsten Merkmale. Das beschleunigt aber die Ausbreitung bestimmter Krankheiten und vaterloser Kinder.
(8) In Slums herrschen unmoralische Zustände, sie gelten als Hauptquartier von Kriminellen.
(9) Die Slums widersetzen sich im großen Maße der Idee der Familienplanung, und das ist eine Folge der fehlenden Bildung. Zählungen haben gezeigt, daß die Bevölkerungsexplosion in diesen Gebieten alarmierend ist.
(10) Die sanitäre Ausstattung ist sehr schlecht. In vielen Fällen müssen die Fußwege als Latrinen herhalten, was die Gesundheit gefährdet.
(11) Das Problem der Krankheiten rührt von der schlechten Hygiene und der Überbevölkerung her.
(12) Das Problem der unzureichenden Trinkwasserversorgung führt zum Ausbrechen von Typhusepidemien.
(13) Slumgebiete sind ein Sammelbecken für Ungebildete und Analphabeten.
(14) In überfüllten Slums finden sich keine Freizeiteinrichtungen, die notwendig für das menschliche Leben sind.

Nach den ausschließlich negativen sollen nun die weniger negativen Aspekte genannt werden.
(1) Slums spielen eine wichtige Rolle, indem sie billige Unterkünfte für die Armen und Wanderarbeiter zur Verfügung stellen.
(2) In Slums leben Menschen ohne Schranken, ohne Rücksicht auf Stammes-, ethnische oder Rassenzugehörigkeit zusammen. Kein Stamm beansprucht die Kontrolle über die Slumgegend.
(3) Sie werden für Neuankömmlinge zu einem wichtigen Trainingslager zum Leben und Überleben in der Stadt. Es ist ein Platz, wo sie sich über erste Jobs und das Stadtleben orientieren können.
(4) In Slums findet man unqualifizierte Arbeiten aller Kategorien, aber nur körperliche/handwerkliche Tätigkeiten.
(5) Die Slums akzeptieren Leute, die in die normale Gesellschaft nicht (mehr) passen."

(Kakumirizi 1987, S. 94—97)

Push- und Pull-Faktoren der Land-Stadt-Wanderung (Landflucht) in Entwicklungsländern

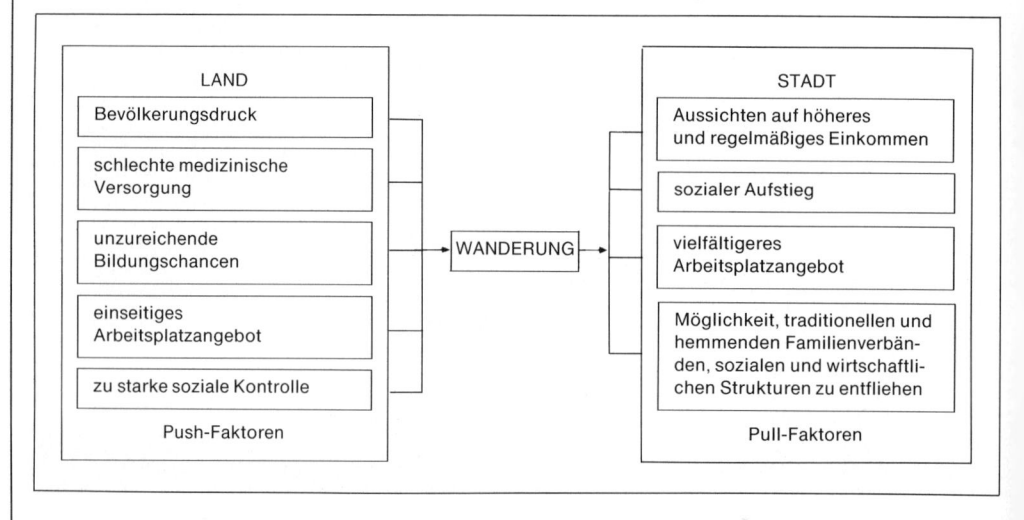

LAND		STADT
Bevölkerungsdruck		Aussichten auf höheres und regelmäßiges Einkommen
schlechte medizinische Versorgung		sozialer Aufstieg
unzureichende Bildungschancen	WANDERUNG	vielfältigeres Arbeitsplatzangebot
einseitiges Arbeitsplatzangebot		Möglichkeit, traditionellen und hemmenden Familienverbänden, sozialen und wirtschaftlichen Strukturen zu entfliehen
zu starke soziale Kontrolle		
Push-Faktoren		Pull-Faktoren

Ausrichtung der Infrastruktur – Küstenorientierung und Binnenlage

Die Lagebeziehungen eines Staates sind vielfachen Wandlungen unterworfen. Als sich in historischen Zeitabläufen die weltpolitischen und weltwirtschaftlichen Machtkonstellationen veränderten, sanken Zentralmächte zu Randstaaten herab (zum Beispiel Ägypten), entwickelten sich weltwirtschaftlich eher periphere Länder zu ökonomischen Kernräumen (zum Beispiel Japan) und rückten verkehrsgeographisch ursprünglich abseits gelegene Gebiete in den Schnittpunkt wichtiger Handels- und Transportrouten (zum Beispiel Südafrika).

Auch die Küstenlage vieler Staaten war solcher Dynamik unterworfen. Aufgrund politisch-militärischer Auseinandersetzungen wurden ehemalige Küstenstaaten durch Gebietsabtretungen vom Meereszugang abgeschnitten (zum Beispiel Bolivien) oder konnten meeresferne Länder durch territoriale Annexionen Küstenteile gewinnen (zum Beispiel Äthiopien). Galten noch in den Jahrzehnten des Sklaven-Fernhandels zum Beispiel west- und ostafrikanische Küstengebiete als ausgesprochene „Ungunsträume", so erfuhren im Zuge kolonialer Expansion gerade diese afrikanischen Regionen die stärksten wirtschaftlichen Entwicklungsimpulse. Für die Seeschiffahrt geeignete Naturhäfen wuchsen als Metropolen in die Rolle von Brückenköpfen für den Handel zwischen

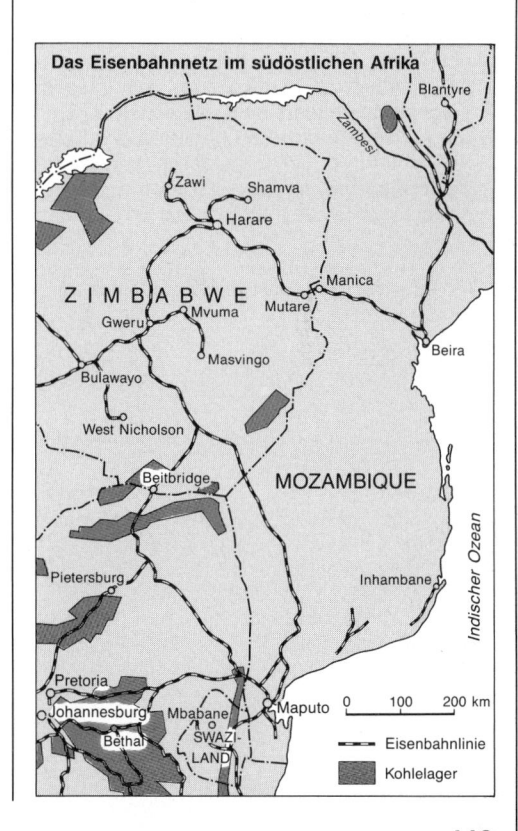

Kolonialmächten und Kolonialgebieten hinein, während küstenfernen Räumen durch ihre Ausweisung als Hinterland allenfalls die Funktion von Ergänzungsgebieten zukam.

Entsprechend konzentrierte sich auch auf dem afrikanischen Kontinent die von den europäischen Mächten betriebene Kolonisierung zunächst auf küstennahe Bereiche. Aus der Sicht der Metropolen begrenzten die eigenen technischen, finanziellen und militärischen Möglichkeiten, die im Kontinentinneren gelegenen Hochländer und Plateaus zu durchdringen.

Die generelle Vernachlässigung der küstenfernen Kolonialgebiete im Vergleich zu meerangrenzenden Gebieten rührte daher, daß mit dem Vordringen des europäischen Kolonialismus
– der seegebundene Welthandel und Weltverkehr sprunghaft zunahm und entsprechend die Seehäfen mit ihrem küstennahen Umland wirtschaftlich von diesem Wachstum am meisten profitierten;
– die wirtschaftliche Erschließung der Kolonialgebiete vor allem als deren weitgehende Integration in die Beschaffungs- und Absatzmärkte der Metropole verstanden wurde und daraus eine einseitige Ausrichtung und Zusammensetzung der Handelsströme resultierte.

In dieser gewachsenen Struktur europaorientierter, seegebundener Außenhandelsbeziehungen ist die relative „Behinderung" der afrikanischen Binnenstaaten begründet. Ihre Lageungunst äußert sich in relativ hohen Transportkosten der Außenhandelsgüter, die sich sowohl in den Einstandspreisen für lebenswichtige Importe (zum Beispiel Treibstoffe) wie auch in den Preisen für eigene Exporte niederschlägt.

Daher liegt in küstenfernen Staaten die Rentabilitätsschwelle für die Nutzung eigener Ressourcen im allgemeinen höher als in Küstenländern. Für die Industrialisierungsstrategien von Binnenstaaten hat dies Folgen:
– Es liegt einerseits der Aufbau von importsubstituierenden Betrieben nahe,
– andererseits auch die Hinwendung zur Veredelung von inländischen Rohstoffen für den Export bis zu einer Verarbeitungsstufe, auf der Transportkosten keine wesentliche Rolle mehr spielen.

(nach Jeske 1986, S. 36–39)

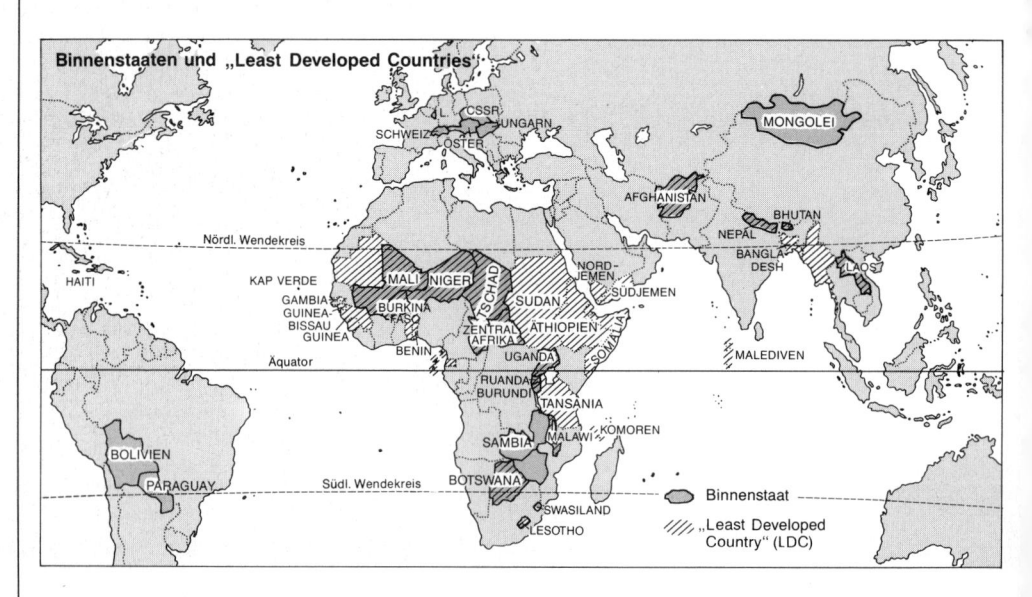

Versuche zur Überwindung der Disparitäten

Binnenkolonisation Amazonia Legal

Der tropische Regenwald des Amazonasgebietes ist die größte geschlossene Waldregion der Erde. Die Flächenangaben schwanken zwischen 2,8 und 5 Millionen Quadratkilometer, wobei letztere die meistgenannte Zahl ist. Die Hyläa, wie der immergrüne tropische Regenwald seit Humboldt bezeichnet wird, teilt sich grob in zwei Zonen unterschiedlicher Ausstattung und Nutzungsmöglichkeiten:
- Regenwald der Varzea (und Igapo), als relativ fruchtbare Alluvialebene im periodischen Überschwemmungsbereich der Flüsse mit 4,5 Prozent der Fläche Amazoniens; niedrige Teile als Rinderweide, höhere für Juteanbau und als Standort für Wildkautschukbaum geeignet;
- Regenwald der Terra firme, der riesige überschwemmungsfreie Bereich (95,5%) mit wenig fruchtbaren, meist sauren Böden; Hauptstandort des Paranußbaumes, der den Hauptanteil der Ölfrüchte Amazoniens liefert.

Brasilianische Entwicklungsexperten gehen von folgenden sinnvollen Nutzungsanteilen im Amazonasgebiet aus:
- 10% Schutzwald, der unbedingt intakt bleiben muß,
- 10% ackerbaulich geeignete Flächen,
- 10% weidewirtschaftlich geeignete Flächen,
- 20% wald(forst-)wirtschaftlich geeignete Flächen,
- 50% biologische Reserven, die vorerst aus der Nutzung ausgeschlossen bleiben, solange keine sicheren Erkenntnisse über die Folgen der Eingriffe vorliegen.

Erschließung und Entwicklung der Binnenräume Brasiliens sind Aufgabe der staatlichen Einrichtung INCRA (Instituto Nacional de Colinizacao de Reforma Agraria). SUDAM (Superintendecia do Desenvolimento da Amazonica) umfaßt die Makroregion Norden mit den Bundesstaaten Amazonia, Para, Acre, Goias, den Norden von Mato Grosso und weitere kleinere Teilbereiche, ein durch Gesetz festgelegtes Planungsgebiet von 5 Millionen Quadratkilometer oder der Hälfte Brasiliens.

Straßenbau im Amazonas-Tiefland

In den 60er Jahren wurde speziell für das Amazonasgebiet ein ehrgeiziges Entwicklungsprogramm (Amazonia Legal) aufgestellt, das 57 Prozent der Staatsfläche Brasiliens mit 4 Prozent der Staatsbevölkerung umfaßt. Es hatte die Ansiedlung von einer Million Familien in nur 10 Jahren zum Ziel. Allein 1970/72 sollten 100 000 Familien im Amazonasgebiet eine neue Heimat finden und damit vor allem die übervölkerten Gebiete Ostbrasiliens entlasten. Nach dem Motto „Land ohne Menschen für Menschen ohne Land" wollte die Regierung die „große potentielle Fruchtbarkeit" Amazoniens nutzen. Die Warnungen von Wissenschaftlern vor der falschen Einschätzung wurden von den Politikern nicht beachtet.

Völlig ohne Rücksicht auf die Rechte der Ureinwohner (Indianer) wurden 1971 im Gebiet Amazonia Legal jeweils 100 Kilometer breite Streifen zu beiden Seiten aller bestehenden, im Bau befindlichen oder geplanten Bundesstraßen als „unerläßlich für die nationale Sicherheit und Entwicklung" erklärt (2,2 Mill. km^2). Erster wichtiger Ansatz entlang der 6000 Kilometer langen Transamazonica war der Abschnitt Maraba-Altamira-Itaituba (1100 km) im Staat Pará.

Das Raumordnungskonzept für die neu zu erschließenden Gebiete sah drei getrennte Zonen der Agrarkolonisation für Klein-, Mittel- und Großbetriebe vor. Es sollte ein geregelter Siedlungsvorgang erfolgen mit:

– gezielter Anwerbung und Auswahl der Siedler (vorwiegend aus dem übervölkerten Nordosten Brasiliens),
– Zuweisung von 100 Hektar Land,
– Bereitstellung eines Norm-Wohnhauses (Gesamtfläche 53 m^2 für 6–7 Personen),
– Bereitstellung einfacher Arbeitsgeräte,
– Anbau nach Brandrodung zunächst von Grundnahrungsmitteln (Bergreis, Mais, Bohnen, Maniok) auf 4 Hektar, Rodung von weiteren 2 Hektar pro Jahr; später Anbau von Baumwolle und Rizinus als Cash crops,
– einem gestuften zentralörtlichen System von neuen Agrovilas (im Endausbau 500–1500 Einwohner), Agropolis (als Mittelpunkt für 8–12 Agrovilas; 1500–3000 Einwohner), Ruropolis als Verwaltungsmittelpunkt (20 000 Einwohner).

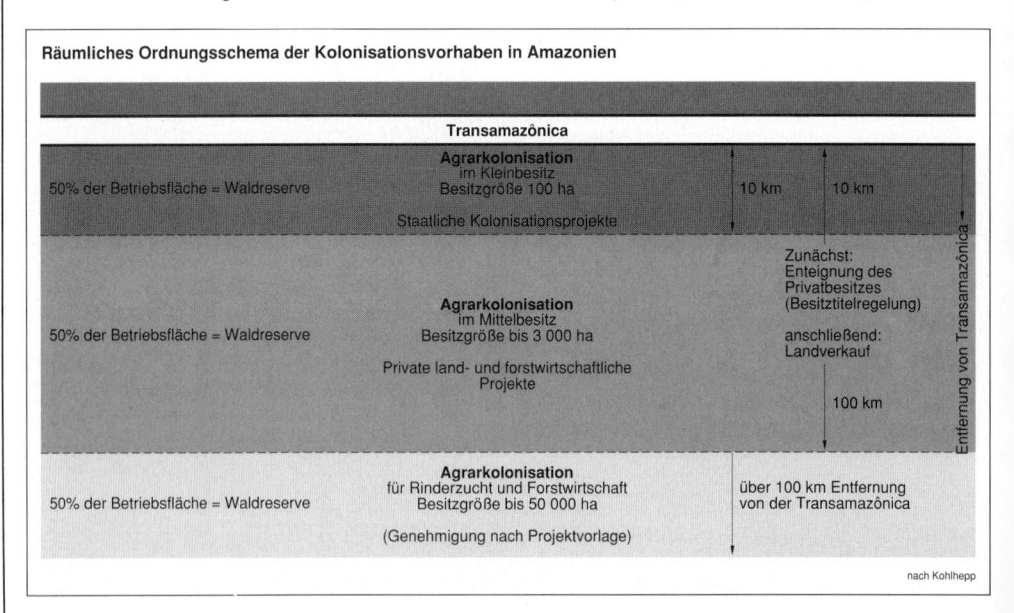

Räumliches Ordnungsschema der Kolonisationsvorhaben in Amazonien

	Transamazônica	
50% der Betriebsfläche = Waldreserve	**Agrarkolonisation** im Kleinbesitz Besitzgröße 100 ha Staatliche Kolonisationsprojekte	10 km / 10 km
50% der Betriebsfläche = Waldreserve	**Agrarkolonisation** im Mittelbesitz Besitzgröße bis 3 000 ha Private land- und forstwirtschaftliche Projekte	Zunächst: Enteignung des Privatbesitzes (Besitztitelregelung) anschließend: Landverkauf / 100 km
50% der Betriebsfläche = Waldreserve	**Agrarkolonisation** für Rinderzucht und Forstwirtschaft Besitzgröße bis 50 000 ha (Genehmigung nach Projektvorlage)	über 100 km Entfernung von der Transamazônica

Entfernung von Transamazônica

nach Kohlhepp

Die große Pleite an der Transam

Das Projekt einer Agrarkolonisation mit privaten Kleinbetrieben wurde ein vernichtender Fehlschlag. Gründe:
- Nur geringe Kontrolle, chaotische Zuwanderung in den ersten Jahren;
- Abwanderung in den Folgejahren nach Mißernten, somit Ansiedlung 1970–1975 von nur 6500 Familien;
- Parzellen, Wege ohne Rücksicht auf Relief, Wasseranschluß abgeteilt, in der Regenzeit unpassierbar;
- zu lange Wege (bis 15 km) von den Agrovilas zu den Parzellen; Folge: Errichtung von Hütten auf den Feldern mit Wochenendpendlern!
- versprochene Häuser und Einrichtungen der Infrastruktur wurden überhaupt nicht oder schlecht gebaut;
- wegen geringer Erträge starke Ausweitung der Brandrodung;
- fehlende Absatzorganisation;
- Ausbreitung der Malaria (nichtgeplante Wasserstaus entlang der Transam) und anderer Tropenkrankheiten.

In der Folge verlagerte sich ab Mitte der 70er Jahre die staatliche Förderung der schwerpunktmäßigen Erschließung auf private Investoren in Großprojekte der Agro-Industrie. Dies führte vor allem zu großflächigen Rodungen des Regenwaldes und seine Umwandlung in Viehweiden. Die traditionelle Viehwirtschaft beschränkte sich bis in die 60er Jahre auf die inselhaft in den Regenwald eingestreuten Naturweiden der Campos de varzea und Campos de firmes.

Anfang der 80er Jahre waren schon über 300 zum Teil multinationale Konzerne als agroindustrielle Großbetriebe in Amazonien tätig. Die Bestockungsdichte von einem Rind je Hektar ist sehr gering. Bullen benötigen vier Jahre, um ein Schlachtgewicht von 450 Kilogramm zu erreichen, bei uns eineinhalb Jahre. Die nährstoffarmen Böden liefern nur für wenige Jahre nach der Brandrodung eine magere Weide. Dennoch sind fast 100 000 Quadratkilometer brasilianischer Regenwald der Umwandlung in Weide zum Opfer gefallen, im gesamten Lateinamerika sollen es über 325 000 Quadratkilometer sein.

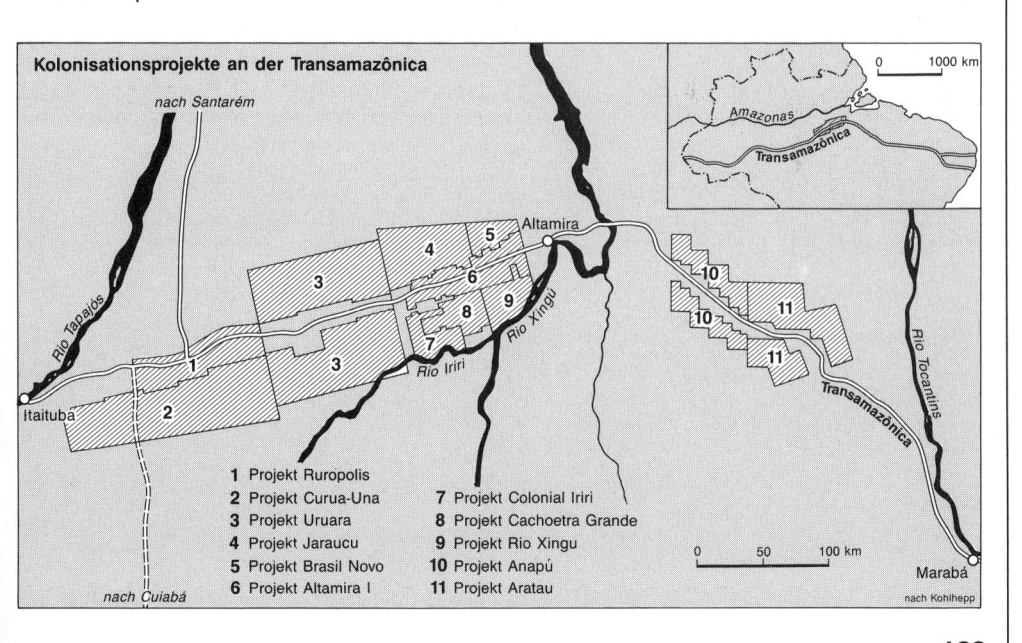

Kolonisationsprojekte an der Transamazônica

1 Projekt Ruropolis
2 Projekt Curua-Una
3 Projekt Uruara
4 Projekt Jaraucu
5 Projekt Brasil Novo
6 Projekt Altamira I
7 Projekt Colonial Iriri
8 Projekt Cachoetra Grande
9 Projekt Rio Xingu
10 Projekt Anapú
11 Projekt Aratau

nach Kohlhepp

Auch wenn Ariquemes, 200 Kilometer von Porto Velho entfernt, heute schon 90 000 Einwohner zählt, regieren Pistole und Gewehr die Pionierstadt, deren Prädikat „Welthauptstadt der Malaria" vieles über die Lebensbedingungen aussagt. Gleichwohl fühlen sich die Bewohner als große Saubermänner.

Das große Aufräumen in Nordwesten

„Das war alles Schmutz", sagte der Siedler, und er meinte den Urwald. „Saubermachen mußten wir", erinnert sich der 56jährige Luis Santos, und er meinte das Abholzen und Verbrennen des Dschungels in Südamazonien. So reden die Neusiedler im brasilianischen Bundesstaat Rondonia, wo in knapp 20 Jahren die Hälfte des Urwalds vernichtet wurde. Luis war wie Hunderttausende von Menschen mit den großen Trecks aus den Südstaaten Brasiliens nach Rondonia gezogen, hatte Bohnen und Bananen gepflanzt, Zebu-Rinder und Schweine gemästet. „Dies ist für mich das Gelobte Land", versicherte der Vater von elf Kindern.

Die 100 Hektar Land, die Luis Santos vom Institut für Kolonisation und Bodenreform für 1000 Mark erhielt, waren zur Hälfte Urwald. Der wurde bis auf kleine Reste abgeholzt und abgebrannt, obwohl das Brasilianische Forstinstitut den Kolonisten zur Auflage gemacht hat, 50 Prozent Wald auf dem Besitz zu erhalten. Inzwischen wurde sogar angeordnet, 75 Prozent des Dschungels stehenzulassen. Doch an Vorschriften, selbst vernünftige, lebenswichtige, pflegt man sich in Brasilien nicht zu halten; und wirksame Kontrolle scheint geradezu verpönt.

(Kassebeer, 1988, S. 40)

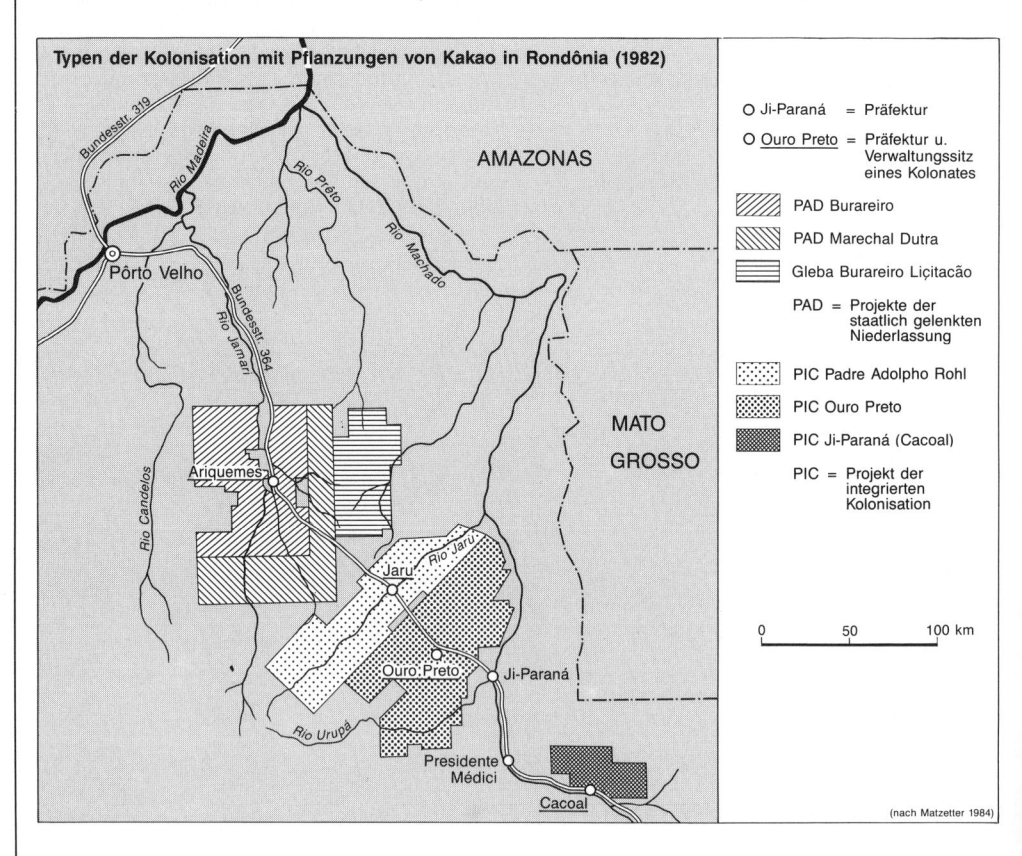

Typen der Kolonisation mit Pflanzungen von Kakao in Rondônia (1982)

(nach Matzetter 1984)

Integriertes Kolonisationsprojekt Ji-Paraná (Cacoal (1982)

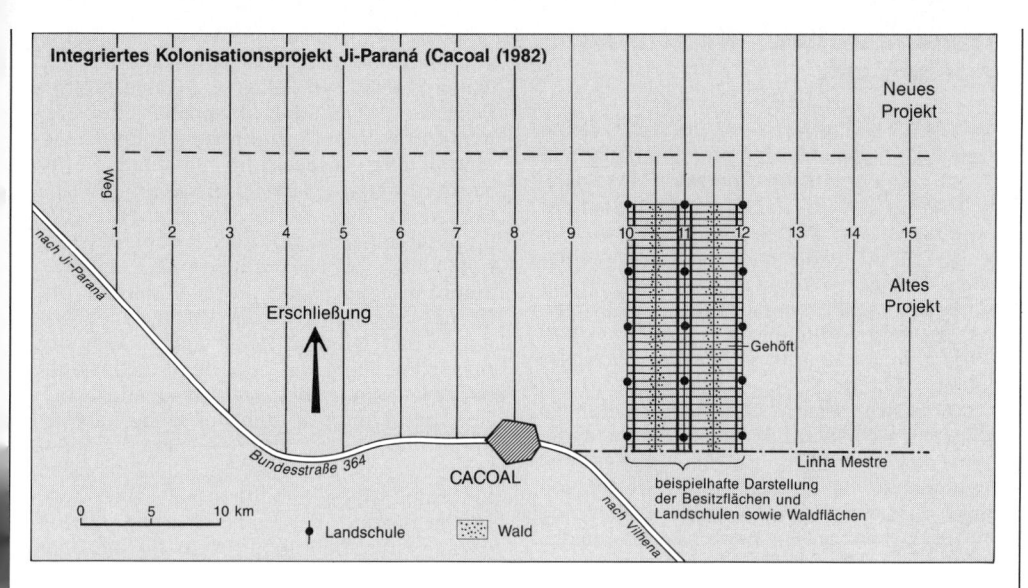

Die Agrarkolonisation in Rondonia

Die Agrarkolonisation in Rondonia ist das zweite große Projekt im Amazonia Legal und erfolgversprechender. Die Rondonia bedeckenden Wälder gehören überwiegend nicht mehr dem tropischen Regenwald der Terra firme an. Der Übergangsbereich der Feuchtsavanne weist relativ fruchtbare Böden aus tiefgründig verwittertem Gestein auf, die Landbau ebenso gestatten wie Baumkulturen und Weidewirtschaft.

Bereits ab 1948 entstanden um die Kautschuk-Gründung Porto Velho vereinzelt Kolonate beiderseits der Bundesstraße 364, der wichtigsten Erschließungsachse in Nordwestbrasilien. Aber erst ab 1970 erfolgten halbwegs geregelte Ansiedlungen, in denen bis 1981 etwa 60 000 Familien eine neue Existenz fanden. Als Siedlungsform kam für die Kleinbauern ein Waldhufenmodell mit Grundstücken von 500 auf 2000 Meter zur Anwendung. Zentrale Orte unterster Stufe (Nucleo) als städtische Kernsiedlungen im ländlichen Raum wurden ergänzt durch zentrale Orte höherer Stufen. Neben dem bäuerlichen Kleinbesitz gab es von vornherein Großgrundeigentum von Brasilianern aus den Städten des Ostens. Ihre Verwalter gingen mit den ursprünglichen Besitzern, den Indianern, nicht gerade sanft um.

Verbunden mit der Kolonisation ist die Neuanlage von Kakaoplantagen. Die Sträucher tragen bereits nach zweieinhalb Jahren Früchte und geben nach vier bis fünf Jahren eine volle Ernte (1200 kg/ha) ab. Rondonia ist (Zucker ausgenommen) heute ein Überschußgebiet für alle Agrarprodukte. Für eine erfolgreiche Kolonisation sprechen mehrere Gründe:

– Die Randzone des Amazonasbeckens bietet bessere ökologische Voraussetzungen als der Binnenbereich.
– Ein höherer Anteil an Zuwanderern aus dem südlichen und zentralen Brasilien verfügt über landwirtschaftliche Kenntnisse und etwas Startkapital.
– Man konnte die Negativerfahrungen früherer Jahre verwerten und Verbesserungen bringen (Waldhufen statt Mittelpunktsdörfer bzw. Agrostädte; bessere Infrastruktur und Absatzorganisation).
– Die von Anfang an vorhandenen Baum- und Strauchkulturen brachten als cash crops bald ausreichende Einnahmen.

Transmigration – Exodus auf indonesisch

Die Bevölkerungsverteilung in dem weiten Archipel Indonesiens ist äußerst ungleichmäßig: Im Kerngebiet, den „zentralen" Inseln Java, Madura und Bali, leben auf 7 Prozent der Landfläche zwei Drittel der Gesamtbevölkerung. Entsprechend hoch sind die Dichtewerte, Ziffern, die nur in Ausnahmefällen von bundesdeutschen Landkreisen erreicht werden. Extreme Verhältnisse bestehen im Ballungsraum der Hauptstadt, Jakarta Raya, wo auf einer Fläche ähnlich der Westberlins mit 11 000 Einwohner pro Quadratkilometer die dreifache Bevölkerungszahl lebt. Am anderen Ende der Skala stehen ausgedehnte Randgebiete mit geringen Dichtewerten von unter 20 Einwohnern je Quadratkilometer. Nichts liegt näher, als innerhalb des Staates einen Ausgleich vorzunehmen.

Zur Entlastung der am dichtesten besiedelten Inseln Java, Madura und Bali hat die Regierung seit langem verschiedene Umsiedlungsprogramme in Gang gesetzt. Bereits zu Anfang dieses Jahrhunderts hatte die holländische Kolonialverwaltung mit Umsiedlungen begonnen, und seit 1930 waren eine Million landarme oder landlose Bauern umgesiedelt worden. Im Rahmen der „Transmigration" der indonesischen Regierung verließen 1966 bis 1970 allein 650 000 javanische Familien (3,2 Millionen Menschen) ihre Heimat und wurden in dünnbesiedelten Gebieten Sumatras ansässig. Im Jahrzehnt 1971/80 wurden weitere 143 000 Familien (640 000 Personen), drei Viertel davon in Sumatra, umgesiedelt. Im Laufe des 3. Fünfjahresplanes sollten 500 000 Familien (2,5 Millionen Menschen) vor allem nach Westirian und Borneo auswandern. Die Pläne sehen vor, daß im Jahrzehnt ab 1985 sogar 21 Millionen Menschen allein aus Java „in dünn besiedelte Gebiete umgesetzt" werden sollen.

Zur Umsiedlung werden nur junge Familien angeworben, deren Elternteile noch nicht 40 Jahre alt sind. Der Staat erschließt das Siedlungsland; jede Familie erhält eine Zwei-Hektar-Parzelle mit Haus, Saatgut, Arbeitsgeräten und Nahrungsmitteln für ein Jahr. Außerdem werden in den Neusiedlungsgebieten die erforderlichen Infrastruktureinrichtungen (Straßen, Schulen, Gesundheitsvorsorge) geschaffen. Die Kosten für die Umsiedlung betragen zwischen 15 000 und 25 000 DM pro Familie. Es wird erwartet, daß die Umsiedler sich nach fünf Jahren selbst unterhalten können.

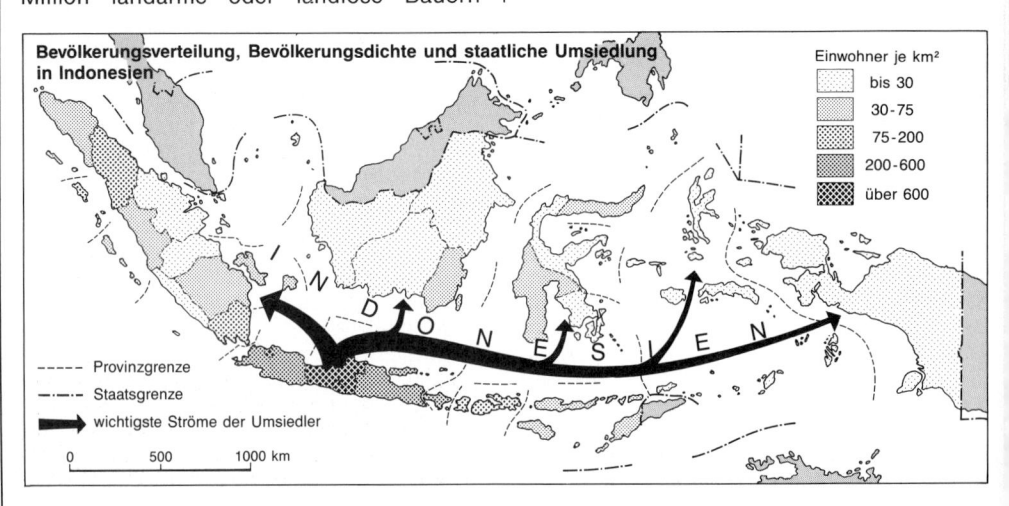

Bevölkerungsverteilung, Bevölkerungsdichte und staatliche Umsiedlung in Indonesien

Einwohner je km²:
- bis 30
- 30–75
- 75–200
- 200–600
- über 600

- ------ Provinzgrenze
- —·—·— Staatsgrenze
- ➤ wichtigste Ströme der Umsiedler

0   500   1000 km

Verlagerung der Hauptstadt

Das Bevölkerungswachstum der Metropolen erfordert ständig riesige Aufwendungen für die Schaffung von Arbeitsplätzen, Wohnungen, Infrastruktur. In der Regel ist jedoch trotz aller Bevorzugung der Metropolen nur ein Bruchteil der dafür notwendigen Mittel vorhanden. Dadurch verschärfen sich zunehmend auch die sozialen Probleme in diesen Städten, kommt es verstärkt zu politischen Unruhen und Konflikten. Andererseits verschärfen sich ebenso die territorialen Disparitäten und Entwicklungsunterschiede im Lande. Das veranlaßte die Regierungen in vielen Ländern, nach Wegen der Milderung und Entschärfung dieser Situation zu suchen.

Als spektakulärste Vorhaben zur Entlastung von Metropolen sind sicherlich die Programme der Hauptstadtverlagerung in einigen afrikanischen Ländern zu betrachten. So ist schon 1973 die Entwicklung von Dodoma zur zukünftigen Hauptstadt Tansanias beschlossen worden, während 1983 Yamoussoukro zur Hauptstadt der damaligen Republik Elfenbeinküste (jetzt Côte d'Ivoire) ernannt wurde, wobei Abidjan noch Regierungssitz ist. In Nigeria wurde vor allem von 1978 bis 1982 der Aufbau der neuen Hauptstadt Abuja vorangetrieben.

Wichtige Zielstellungen bei allen Projekten dieser Art sind die Verlagerung der Hauptstadtfunktionen an eine zentralere Stelle im Landesinneren und damit verbunden die relativ planmäßige Entwicklung eines neuen großstädtischen Zentrums, das einen wesentlichen Teil der Wanderungsströme sowie von wirtschaftlichen und anderen gesellschaftlichen Aktivitäten auf sich ziehen kann. Dodoma, das eigentlich bis 1983 im wesentlichen fertiggestellt sein sollte und möglicherweise die geplanten 500 000 Einwohner beherbergen wird, war 1980 noch eine Stadt mit 70 000 Einwohnern und völlig ohne hauptstädtische Funktionen. In Yamoussoukro, dem Geburtsort des Präsidenten, hat sich die Einwohnerzahl von 1965 bis 1980 von 8000 auf 80 000 erhöht. Hier wurden ähnlich wie in Abuja, das schon über 100 000 Einwohner hat, bedeutende Investitionen getätigt.

Betrachtet man die bisher erreichten Ergebnisse im Vergleich mit der gesamten gesellschaftlichen Entwicklung dieser Länder, so zeigt sich, daß mit diesen Projekten weder territoriale Disparitäten beseitigt oder ökonomisches Wachstum in großen Umlandregionen erzielt, noch der Metropolisierungsprozeß damit gemindert oder reguliert werden konnte. Ähnliche Erfahrungen hat man auch in Brasilien mit der neuen Hauptstadt gemacht. Kein Beamter oder Wirtschaftsmanager, der es sich nur einigermaßen leisten kann, wohnt in Brasilia.

In Ägypten wird versucht, die Entwicklung der Metropole Kairo sowie auch der Millionenstadt Alexandria über einen anderen Weg zu beeinflussen und mehr oder weniger zu steuern. Hier soll durch die Anlage von „Neuen Städten" unterschiedlichen Typs insbesondere ein weiteres unkontrolliertes, sehr hohes Wachstum von Kairo vermieden werden.

Die Basilika der neuen Hauptstadt der Elfenbeinküste Yamoussoukro: Nachbildung des Petersdoms und zweitgrößte Kirche der Welt!

Weltwirtschaftliche Verflechtungen

Die Story des Otto B. oder die Ursachen der Verschuldung

Otto B.'s Wunschtraum ist ein eigenes Haus, ein Bungalow. In den sechziger Jahren macht Otto B., verheiratet, keine Kinder, von Beruf ungelernter Arbeiter, viele Überstunden und spart sich davon ein paar tausend Mark zusammen. Als er von einer Tante etwas Barvermögen erbt, läßt sich Otto B. von seiner Bank beraten. Der Finanzierungsplan der Bank zum Kauf des Grundstücks und zum Bau des Bungalows ist günstig. Sechseinhalb Prozent Zinsen, fest für fünf Jahre, plus ein Prozent Tilgung. Die monatliche Belastung erscheint Otto B. erträglich. Er verwirklicht seinen Wunschtraum, bezieht Anfang 1969 die eigenen vier Wände und bezahlt pünktlich seine Raten.

Im Herbst 1973 wird Heizöl teurer. Der Bungalow ist nicht unterkellert und schlecht isoliert. Otto B.'s Ölrechnung steigt. Die gesamtwirtschaftliche Lage verschlechtert sich. Otto B.'s Überstunden fallen weg. Frau B. nimmt eine Heimarbeit an. Familie B. zahlt pünktlich Zinsen und Tilgung.

1979 bis 1981 steigen die Erdölpreise drastisch. Die Weltwirtschaft schlittert in eine Rezession. Otto B. muß kurzarbeiten. Er schränkt den privaten Konsum ein, an Sparen ist nicht mehr zu denken. 1981 läuft die Zinsbindungsfrist seines Darlehens zum zweiten Mal ab. Das Zinsniveau erreicht einen Nachkriegshöhepunkt. Statt bisher sieben Prozent muß Otto B. nun zwölf Prozent zuzüglich ein Prozent Tilgung bezahlen. Seine monatliche Rate steigt von 660 DM auf 1080 DM. Sein Kurzarbeitergeld beträgt 1430 DM im Monat. Für notwendige Reparaturen muß Otto B. einen Kredit bei seiner Bank aufnehmen, Zinssatz 14 Prozent. 1982 wird Otto B. arbeitslos. Einen Teil des Bungalows vermietet er. Ein Jahr später erhält Otto B. nur noch Arbeitslosenhilfe. Mit dem Kredit einer zwielichtigen Bank zahlt Otto B. seine Raten,

„Jetzt gebe ich dir erst mal Geld, damit ich dir ein neues Pferd verkaufen kann."

Hans Geisen. Copyright by Basler Zeitung

Zinssatz: 18 Prozent. Des öfteren greift er zur Flasche. Seine Frau verläßt ihn. Ein halbes Jahr später wird das Flachdach undicht. Der Mieter zieht aus. Ein Termin für die Zwangsversteigerung wird festgesetzt. Am Vorabend findet man Otto B. im Badezimmer seines Bungalows, am Fensterkreuz erhängt.
Schulden sind keine Schande! Jedes Wirtschaftsunternehmen hat und macht Schulden. Üblicherweise werden viele dieser Schulden auch nicht zurückgezahlt. Solange das Unternehmen floriert, ist es den Banken nur recht. Sie erhalten die Zinsen. Um eine Garantie für die Rückzahlung des Kredits zu haben, verlangen die Banken Sicherheiten und eine sinnvolle Verwendung des Geldes. Sinnvoll sind Investitionen, deren Erträge größer sind als die Kosten inklusive der Kreditzinsen.
Praktisch jeder Staat hat Schulden. Schulden im Inland, bei den eigenen Bürgern und Geschäftsbanken, und Schulden im Ausland. Für den Schuldendienst (Zinszahlungen und Tilgung der Kredite) gegenüber den inländischen Gläubigern gibt es mehrere Möglichkeiten. Eine, wenn auch problematische, ist es, die Notenbankpresse in Gang zu setzen.
Unter Auslandsverschuldung versteht man die Kreditaufnahme eines Landes bei ausländischen Geldgebern, zum Beispiel bei ausländischen Regierungen, Geschäftsbanken, privaten Unternehmen, internationalen Organisationen. Im Ausland Schulden zu machen, ist für Länder der Dritten Welt, die ihre Volkswirtschaften entwickeln wollen, durchaus sinnvoll. Normalerweise behindern die unzureichende inländische Ersparnis und die Devisenknappheit aufgrund niedriger Exporte die Finanzierung von Investitionen. Mit Hilfe von Auslandskrediten jedoch erhalten Entwicklungsländer die für den Kauf ausländischer Investitionsgüter (Maschinen) so dringend benötigten Devisen.
Die Rückzahlung der Auslandsschulden ist schwieriger als die der Inlandsschulden. Die ausländischen Gläubiger geben harte Währung und wollen wieder harte Devisen sehen.

Harte Währungen sind Währungen, die international als Zahlungsmittel anerkannt sind: US-Dollar, DM, Yen, Schweizer Franken, britisches Pfund, französischer Franc. Polnische Zloty, brasilianische Cruzados, mexikanische Pesos oder ägyptische Pfund sind als internationale Zahlungsmittel nicht gefragt. Kein ausländischer Gläubiger und kein Exporteur akzeptiert sie. US-Dollar, DM oder Yen können die Schuldnerländer nicht drucken. Diese Devisen müssen sie sich auf dem Weltmarkt verdienen. Das geht nur, wenn die Exporte größer sind als die Importe. Werden die ausländischen Gelder sinnvoll investiert und ist das weltwirtschaftliche Umfeld den Schuldnerländern hold, dann besteht die Chance, Exportüberschüsse zu erwirtschaften und den Schuldendienst zu bestreiten. Ohne Exportüberschüsse sind die Schuldnerländer chancenlos.

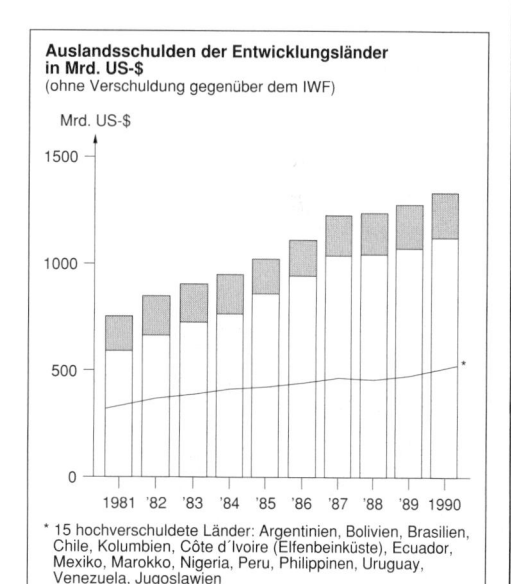

Auslandsschulden der Entwicklungsländer in Mrd. US-$
(ohne Verschuldung gegenüber dem IWF)

* 15 hochverschuldete Länder: Argentinien, Bolivien, Brasilien, Chile, Kolumbien, Côte d´Ivoire (Elfenbeinküste), Ecuador, Mexiko, Marokko, Nigeria, Peru, Philippinen, Uruguay, Venezuela, Jugoslawien

☐ langfristig   ▨ kurzfristig   Quelle: (IWF) 1989

Zinssätze auf Kreditaufnahmen der Entwicklungsländer im Ausland, 1976 bis 1987

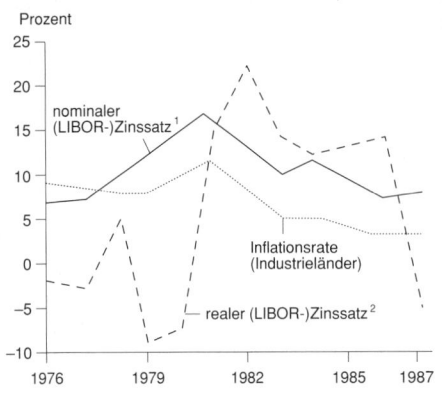

LIBOR (London Interbank Offered Rate) ist der Zinssatz für Kredite zwischen Banken. Für andere Kreditnehmer wird noch ein Aufschlag erhoben, der von der Bonität (= Kreditwürdigkeit) des Kreditnehmers abhängt, bei Entwicklungsländern zwischen 1,5 und 2,5 Prozent.

[1] Der nominale (LIBOR-)Zinssatz ist der jahresdurchschnittliche Sechsmonats-Dollar-LIBOR; der reale (LIBOR-)Zinssatz ist der nominale (LIBOR-)Zinssatz, deflationiert mit den Veränderungen des Exportpreisindex der Entwicklungsländer.

[2] Ein negativer Realzins ergibt sich, wenn die Exportpreissteigerung über dem Nominalzinssatz liegt.

Quelle: Weltentwicklungsbericht 1988, S. 34

Eine Erhöhung des Zinssatzes auf die Auslandsschulden um 1% kostete Brasilien (1980–82) gleichviel wie

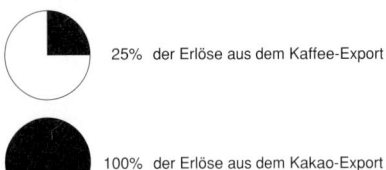

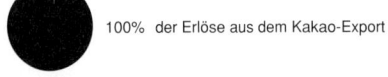

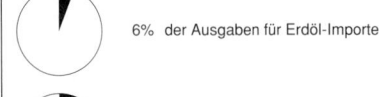

- 25% der Erlöse aus dem Kaffee-Export
- 100% der Erlöse aus dem Kakao-Export
- 6% der Ausgaben für Erdöl-Importe
- 10% der neu erhaltenen Kredite und Darlehen

Quelle: Misereor 1987, S. 15

Die rapide Zunahme der Auslandsverschuldung zahlreicher Entwicklungsländer begann mit der ersten Ölkrise der Jahre 1973/74. Aufgrund der gestiegenen Erdölpreise gerieten die ölimportierenden Entwicklungsländer in Schwierigkeiten. Sie brauchten mehr Dollars, um die gestiegenen Ölrechnungen zu bezahlen. Die Dollars bekamen sie von den großen Geschäftsbanken der westlichen Welt. Diese drängten ihnen Kredite geradezu auf, denn die Banken schwammen im Geld. Aufgrund der höheren Erdölpreise vervierfachten sich die Einnahmen der OPEC-Länder innerhalb eines Jahres. So schnell wie das Geld in ihre Kassen floß, konnten es die Erdölexporteure gar nicht im eigenen Land investieren. Deshalb legten sie die „Petrodollars" bei ausländischen Banken an. Ist das Angebot einer Ware größer als die Nachfrage, dann sinkt normalerweise der Preis. So geschah es auch mit dem Preis für Kredite, dem Zins. Der sinkende Zins erleichterte den ölimportierenden Entwicklungsländern die Verschuldung. Der Schuldendienst konnte zuverlässig bewältigt werden. Bis zur zweiten Ölkrise wuchs zwar die Verschuldung der Entwicklungsländer laufend, doch die Kreditgeber sahen keinen Grund zur Besorgnis.

Von 1979 (Revolution im Iran) bis 1981 stiegen die Erdölpreise erneut drastisch. Die zweite Ölkrise führte die Weltwirtschaft in eine Rezession. In den westlichen Industrieländern wurde die gestiegene Inflation mit hohen Zinsen bekämpft. Aufgrund der Stagnation bzw. des negativen Wirtschaftswachstums importierten die Industrieländer weniger Rohstoffe. Darüber hinaus erschwerten sie verarbeiteten Gütern aus Entwicklungsländern (vor allem Textilien und Lederwaren) den Zutritt auf ihre Märkte. Die Folgen für die ölimportierenden Entwicklungsländer waren fatal. Die Preise der nichtenergetischen Rohstoffe fielen. Die Exporterlöse gingen drastisch zurück, während die Importe immer teurer wurden. Zur Finanzierung der Importüberschüsse mußten weitere Kredite aufgenommen werden. Für die alten Kredite waren zum größten Teil variable Zinsen vereinbart worden, das heißt Zinsen, die sich ständig dem aktuellen Zinsniveau auf den Finanzmärkten anpaßten. Durch die steigenden Zinsen verteuerten sich diese Kredite enorm. Die Banken verlangten schließlich bis zu 16 Prozent Zinsen. Die bereits übermäßig verschuldeten Länder nahmen neue Kredite auf, um nun mit „fresh money" den Schuldendienst leisten zu können. In kurzer Zeit wuchs der Schuldenstand der Entwicklungsländer von 534 Milliarden US-Dollar (1979) auf 1229 Milliarden US-Dollar (1988).

Die Schuldenkrise traf aber nicht nur die ölimportierenden Entwicklungsländer. Im Vertrauen auf hohe Einnahmen aus dem Erdölexport hatte sich Mexiko in großem Umfang im Ausland, vor allem bei US-Banken, verschuldet. Als 1982 der Ölpreis sank, war Mexiko innerhalb weniger Monate außenwirtschaftlich pleite.

Neben den äußeren, das heißt den weltwirtschaftlich bedingten Ursachen, gibt es auch sogenannte innere Ursachen für die Schuldenkrise der Dritten Welt, das sind Ursachen, für die die Entwicklungsländer selbst verantwortlich gemacht werden. Man wirft ihnen vor, eine schlechte Wirtschaftspolitik betrieben zu haben, zu viel konsumiert und zu wenig sinnvoll investiert zu haben, um mit den Erträgen solcher Investitionen den Schuldendienst begleichen zu können. Sie haben den Staatsapparat aufgebläht und mit ausländischem Geld Prestigeobjekte finanziert. Sie sind verantwortlich für die hohe Inflation und die wirtschaftliche und politische Instabilität. Solche Verhältnisse scheut das Kapital. In den am stärksten verschuldeten Ländern, in denen man das heimische Kapital so dringend bräuchte, ist die Kapitalflucht am größten.

Ein gewisses Eigenverschulden der Verantwortlichen in den Entwicklungsländern ist nicht zu leugnen. Um jedoch Zinsen und Schulden bezahlen zu können, müssen die Entwicklungsländer Exportüberschüsse erwirtschaften. Das ist aber nur möglich, wenn sie ihre Waren auf dem Weltmarkt verkaufen können. Auf dem aber diktieren die Industrieländer die Spielregeln.

Durchschnittliche jährliche Wachstumsrate des Bruttoinlandsproduktes ausgewählter Entwicklungsländer
1982–88 gegenüber 1976–81 (in Prozent)

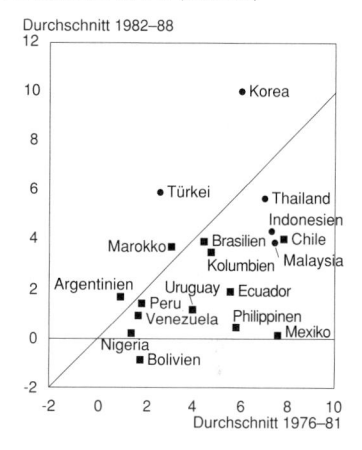

Eintragung oberhalb der 45°-Linie bedeutet höheren Wert 1982–88 als 1976–81;
Eintragung unterhalb der 45°-Linie bedeutet höheren Wert 1976–81 als 1982–88.

Investitionen in Prozent des Bruttoinlandsproduktes ausgewählter Entwicklungsländer
1982–88 gegenüber 1976–81
(jährlicher Durchschnitt in Prozent)

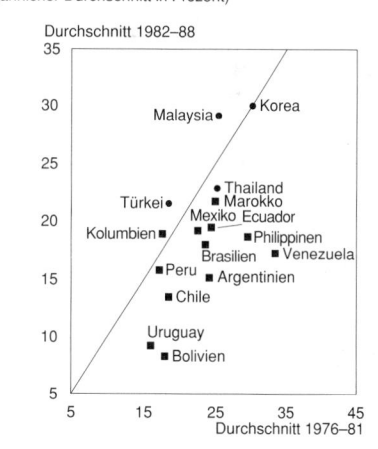

■ Mitglied der Gruppe der 15 hochverschuldeten Länder
● Ausgewählte Schuldnerländer ohne gegenwärtige Schuldendienstprobleme

Quelle: IWF 1989, S. 62

Macht und Ohnmacht der Rohstoffexporteure

„Wenn die Scheichs es wollen, kann kein Auto rollen." Am 1. Advent des Jahres 1973 war es soweit. Zum ersten Mal standen in der Bundesrepublik Deutschland alle Räder still: Sonntagsfahrverbot! An vier autofreien Sonntagen vor Weihnachten gehörten Straßen und Autobahnen den Fußgängern und Radfahrern. Nicht der Umwelt zuliebe kam es zu dem Fahrverbot; Grund war die Preispolitik der OPEC-Länder, die zur ersten Ölkrise führte. Im vierten israelisch-arabischen Krieg setzten die Araber erstmals Öl als Waffe gegen die Industrieländer ein. Am 17. Oktober 1973 beschlossen die arabischen Mitgliedsländer der OPEC, die Öllieferungen an die westlichen Industriestaaten um 25 Prozent zu kürzen und drohten für den Fall, daß diese Länder Israel weiterhin unterstützen sollten, weitere Kürzungen an. Tatsächlich boykottiert wurden nur die USA, die Niederlande und Dänemark, die als Feinde der arabischen Sache angeprangert wurden. Die Ölversorgung der drei Länder war aber nicht gefährdet, dafür sorgten die multinationalen Ölkonzerne. Viel schwerwiegender als der Lieferboykott war die drastische Erhöhung der Rohölpreise, die sich innerhalb weniger Wochen vervierfachten.

Die Macht, den Weltmarktpreis zu bestimmen, hatten die OPEC-Mitgliedsländer, weil sie den größten Marktanteil besaßen. 1974 entfielen 52 Prozent der Weltölproduktion und 90 Prozent des Weltexportes von Rohöl auf die OPEC-Länder. Erstmals in der Geschichte hatten einige Entwicklungsländer den Industrieländern ihre wirtschaftliche Macht demonstriert.

Zwischen 1979 und 1981 schlugen die OPEC-Länder ein zweites Mal zu, erhöhten den Rohölpreis von 18 auf 34 US-Dollar pro Barrel (159 Liter) und trugen damit wesentlich zur größten weltwirtschaftlichen Krise nach dem Zweiten Weltkrieg bei. Die Industrieländer reagierten mit verstärkten Anpassungsbemühungen: Energiesparmaßnahmen und der vermehrte Einsatz anderer Energieträger bewirkten einen Rückgang des Ölverbrauchs. Durch das geringe Wirtschaftswachstum sank generell der Energiebedarf. Die Ölförderung außerhalb der OPEC-Länder wurde forciert. Binnen weniger Jahre wandelte sich der Ölmarkt von einem Verkäufer- zu einem Käufermarkt. Der Marktanteil der OPEC insgesamt schwand, und der Kampf der Mitgliedsländer um Marktanteile hat fast zum Auseinanderbrechen des einstmals gefürchteten Rohstoffkartells geführt.

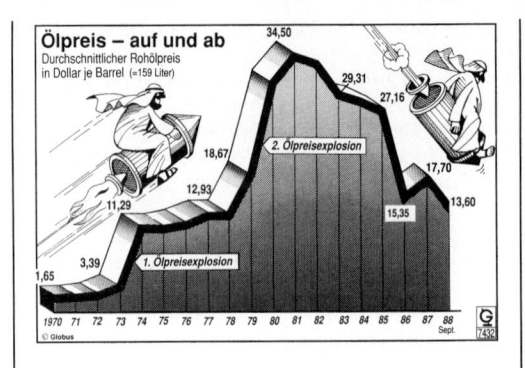

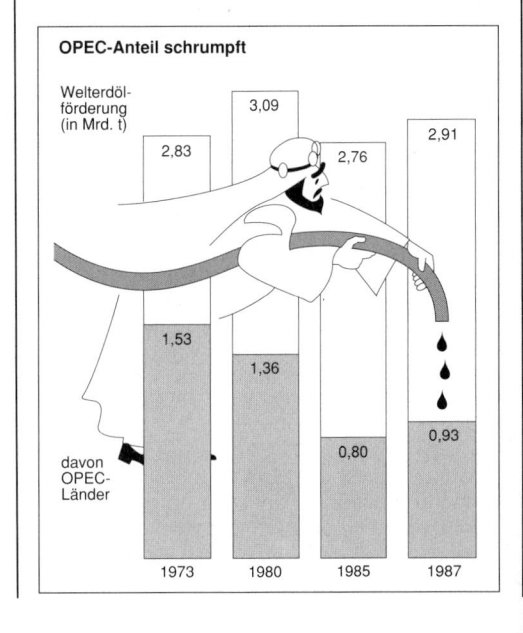

OPEC: Das Öl-Kartell

Seit ihrer Gründung im Jahr 1960 in Bagdad hat die „Organization of Petroleum Exporting Countries (OPEC)" als Anbieterkartell den Weltölmarkt wesentlich beeinflußt.

Von einem Kartell spricht man, wenn Marktteilnehmer (vorwiegend Anbieter) vertraglich vereinbaren, den Wettbewerb zu beschränken, zum Beispiel durch Absprachen über Preise, Produktionsmengen oder Absatzgebiete.

Die Gründung der OPEC war eine Reaktion auf ständige Kontroversen der Erdöl-Staaten mit den multinationalen Ölkonzernen. Die Multis kontrollierten den Ölmarkt, die Förderländer mußten sich mit bescheidenen Förderabgaben und Gewinnanteilen zufriedengeben. Bald wurde es Ziel der OPEC, über die Festlegung von Richtpreisen und Fördermengen für die einzelnen Mitgliedsländer den Wettbewerb zu beschränken und den Preis hochzuhalten.

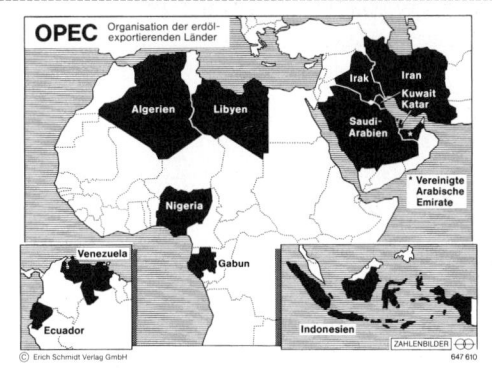

Starke Preiserhöhungen (1973/74 und 1979/81) führten zur ersten und zweiten Ölkrise. Der Erfolg der OPEC beeindruckte manche rohstoffexportierende Entwicklungsländer und ließ Überlegungen aufkommen, ähnliche Rohstoffkartelle zu gründen. Seit Beginn der achtziger Jahre verlor die OPEC wegen sinkender Ölnachfrage und neuer Konkurrenten an Einfluß.

Rohstoffe ausgewählter Entwicklungsländer und ihr Anteil am Gesamtexporterlös (in %)

Land	Rohstoff	1974	1981–83
Algerien	Erdöl	86,3	38
Bolivien	Zinn	42,8	29
Chile	Kupfer	66,7	46
Indonesien	Erdöl	65,6	48
Jamaica	Aluminium	47,5 ⎫ 67,5	⎫ 50
	Bauxit	20,0 ⎭	⎭
Marokko	Phosphate	55,1	29
Mauretanien	Eisenerz	71,5	55
Nigeria	Erdöl	91,1	91
Tunesien	Erdöl	34,3 ⎫ 54,8	47 ⎫ 49
	Phosphate	20,5 ⎭	2 ⎭
Venezuela	Erdöl	96,5	66
Togo	Phosphate	76,4	47
Zaire	Kupfer	73,2	59

Quelle: Uhlig 1986, S. 26

Die Veränderung der Nachfrage nach Produkten der Dritten Welt bei Einkommensänderungen in den Industrieländern

Produktgruppe	Prozentuale Änderung der Exporte der Entwicklungsländer nach 10% Einkommenssteigerung in Industrieländern	
	1960–1970	1970–1980
Gesamtexport (ohne Brennstoffe)	+ 8,6%	+ 17,4%
Industrieprodukte	+ 18,7%	+ 40,8%
Rohstoffe	+ 9,5%	+ 0,7%
Lebensmittel	+ 4,9%	+ 6,5%

Produktgruppe	Prozentuale Änderung der Agrarexporte der Entwicklungsländer nach 10% Einkommenssteigerung in Industrieländern	
	1967–1970	1970–1980
Kaffee	+ 4,69%	+ 1,79%
Kakao	+ 0,73%	− 6,15%
Tee	+ 3,26%	+ 4,0 %
Erdnüsse	− 1,21%	− 2,43%

Quelle: Schlösser, Geueke 1987, S. 2

Wirtschaftlich mächtig waren die armen Brüder der OPEC-Länder, die Exporteure von Agrarprodukten und mineralischen Rohstoffen, nie. Steigt das Einkommen der Haushalte in den Industrieländern, dann steigt die Nachfrage nach Lebensmitteln unterproportional. Das spüren die Landwirte der Industrieländer, aber auch die Agrarexporteure der Entwicklungsländer. In vielen Ländern der Dritten Welt werden verstärkt cash-crop-Produkte angebaut, um Devisen zu erwirtschaften. Dieses Verhalten erhöht das Angebot auf dem Weltmarkt und drückt auf die Preise. Rohstoffe sind normalerweise sehr homogene, das heißt gleichwertige Güter. Die Nachfrager können ohne Schwierigkeiten den Anbieter wechseln. Dadurch erhöht sich die Wettbewerbsintensität. Produktivitätsfortschritte in den Entwicklungsländern – eigentlich etwas Positives, sollte man meinen – führen, so die Ansicht von Experten, zu niedrigeren Weltmarktpreisen und kommen somit den Konsumenten in den Industrieländern zugute. Steigt hingegen die Produktivität in den Industrieländern, so kommt dies – dafür sorgen starke Gewerkschaften – teilweise den Arbeitnehmern zugute. Wenn überhaupt, so wirkt sich nur ein Teil des Produktivitätsfortschritts in sinkenden Preisen für Industriegüter aus.

Die Angst vor steigenden Rohstoffpreisen und das Bestreben, Ressourcen zu schonen, verstärkten in den Industrieländern die Bemühungen, Rohstoffe zu substituieren. Kunststoffe ersetzen Metalle; Recyclingverfahren verringern den Rohstoffbedarf enorm. Bei Blei, Kupfer und Zink liegen die Wiederverwendungsquoten zwischen 40 und 50 Prozent, Tendenz steigend. So wünschenswert diese Entwicklung angesichts der begrenzten Ressourcen ist, so nachteilig ist sie kurz- und mittelfristig für die Entwicklungsländer, die immer weniger Rohstoffmengen zu immer niedrigeren Preisen auf dem Weltmarkt verkaufen können. Die meisten Rohstoffexporteure sind ohnmächtig gegen die Macht der grauen Zellen der technischen Intelligenz in den Forschungslabors und Konstruktionsbüros der Industrieländer.

**Preisschwankungen ausgewählter Rohstoffe
1957 bis 1987 (1980 = 100)**

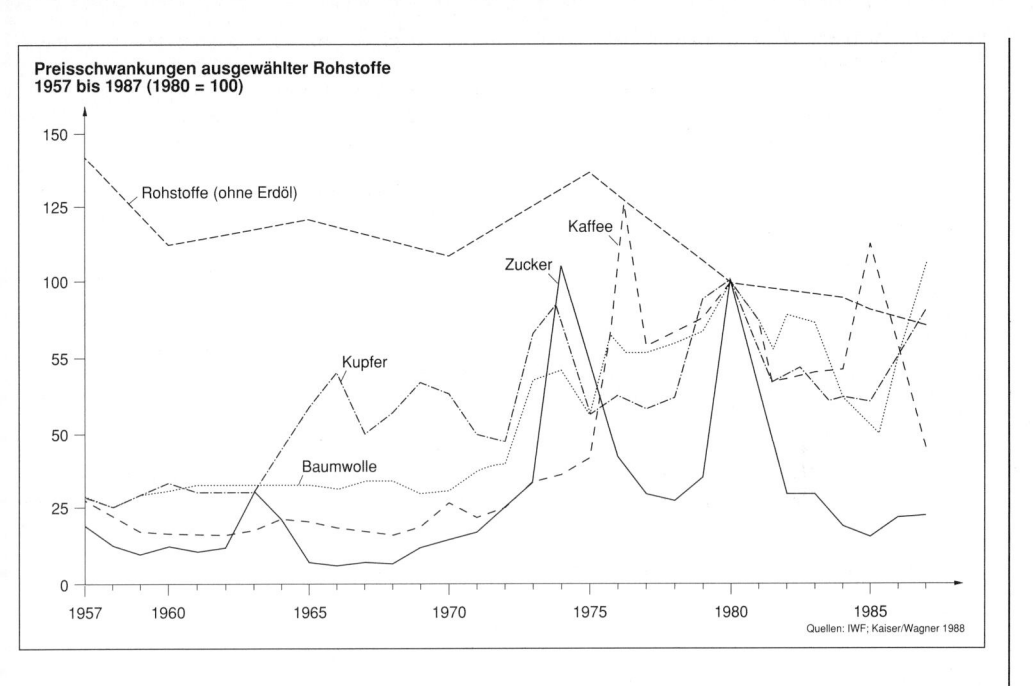

Rohstoffe (ohne Erdöl)
Kaffee
Zucker
Kupfer
Baumwolle

Quellen: IWF; Kaiser/Wagner 1988

Exportabhängigkeit

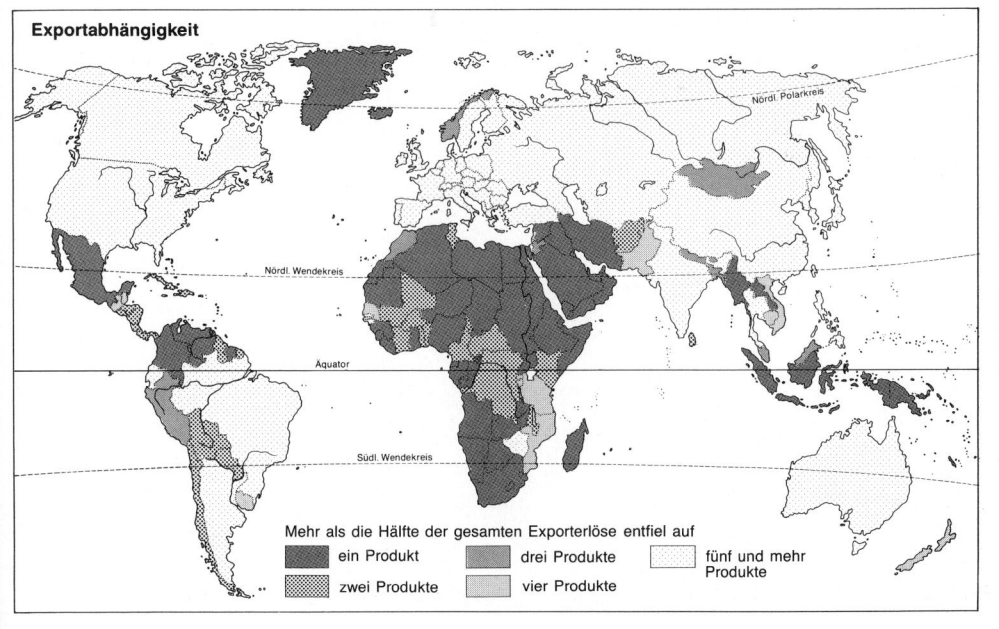

Nördl. Polarkreis
Nördl. Wendekreis
Äquator
Südl. Wendekreis

Mehr als die Hälfte der gesamten Exporterlöse entfiel auf
- ein Produkt
- zwei Produkte
- drei Produkte
- vier Produkte
- fünf und mehr Produkte

Teefabrik bei Fort Portal, bis etwa 1965 Zweitgrößte der Welt

Straßenhändler und Hutmacher im Souk el Khalili, Kairo

Billige Rohstoffe gegen teure Fertigprodukte

„Noch immer werden beispielsweise große Mengen von unbearbeitetem Holz über die Weltmeere verschifft. Die Industrieländer verarbeiten die Rohstoffe und verkaufen hochwertige Fertigprodukte. So praktizieren sie bisher das System der internationalen Arbeitsteilung. Doch gibt es heute bereits eine Gruppe von Entwicklungsländern, die viele ihrer Bedürfnisse aus eigener Fertigwarenproduktion befriedigen können. Ihre Produktionspalette reicht von Autobatterien bis Zement. Einige von ihnen wurden inzwischen auf dem Weltmarkt sogar zu Konkurrenten für die Industrieländer. Deren Antwort auf die Markterfolge einiger Entwicklungsländer bei Textilien, Stahl oder Schiffen droht ein wachsender Protektionismus zu werden. Hierfür würden gerade die Entwicklungsländer in ihrem Wachstum hart getroffen, deren Inlandsmarkt für die Aufnahme ihrer Industrieproduktion zu klein ist. Dies ist in erster Linie die Gruppe von Entwicklungsländern mit mittlerem Einkommen, deren industrielles Wachstum zwischen 1973 und 1983 bei 4,9 Prozent lag. Aber auch die 35 Entwicklungsländer mit niedrigerem Einkommen konnten in dem gleichen Zeitraum ein Plus von 3,5 Prozent erzielen."

(BMZ 1987, S. 38f.)

Alle Daten über Entwicklungsländer sind in jeder Richtung mit Vorsicht zu interpretieren. Auch für den industriellen Sektor gilt, daß die Erfassung lückenhaft ist und die Wirklichkeit unzureichend widerspiegelt. Etwa ein wesentlicher Teil der Dienstleistungen wie auch handwerklicher und kleinindustrieller Tätigkeit wird nicht erfaßt, weil sie im „informellen Sektor" liegen. Als „informell" (= formlos oder formwidrig) bezeichnet man jenen Zweig der Wirtschaft, der sozusagen im Verborgenen blüht und gewöhnlich weder von der Steuer oder der Statistik belästigt, noch von anderen Vorschriften geregelt wird. Der informelle Sektor reicht vom Schuhputzer, Straßenhändler, Taxifahrer, Handwerker bis zum Kleinunternehmer. So wird der – nirgends erfaßte – Tagesumsatz der Straßenhändler in Jakarta auf sechs Millionen Mark geschätzt. Er liegt damit pro Kopf höher als das offizielle Bruttosozialprodukt pro Einwohner in Indonesien.

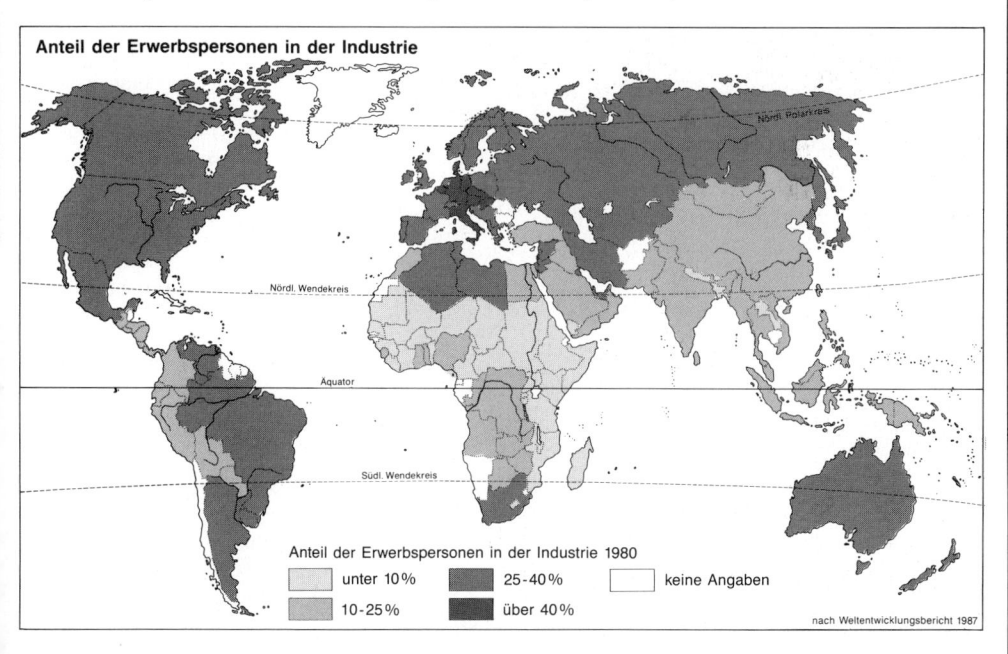

Anteil der Erwerbspersonen in der Industrie

Anteil der Erwerbspersonen in der Industrie 1980

- unter 10%
- 10-25%
- 25-40%
- über 40%
- keine Angaben

nach Weltentwicklungsbericht 1987

Die Neue Weltwirtschaftsordnung: seit zwanzig Jahren ein Flop

„Was die Weltwirtschaft angeht, so ist sie verflochten."

(Kurt Tucholsky)

Und einigermaßen kompliziert, so daß das wichtigste weltwirtschaftliche Element, der Gütertausch und seine Folgen, an einem einfachen Beispiel erläutert werden soll.
Robinson Crusoe ist ein Paradebeispiel für eine sich selbst versorgende (autarke) Wirtschaftseinheit, in der sich das Problem der Arbeitsteilung nicht stellt. Zur Sicherung seines Lebensunterhaltes benötigt Robinson Fisch und Kokosnüsse. Für den Fischfang produziert er Angeln. Zur Herstellung einer Angel benötigt er 20 Zeiteinheiten, zum Pflücken einer Kokosnuß 10 Zeiteinheiten. Wenn ihm 60 Zeiteinheiten zur Verfügung stehen, dann kann er in dieser Zeit eine Angel herstellen und vier Kokosnüsse pflücken. Als Freitag auftaucht, wird die Sache komplizierter! Freitag benötigt zur Herstellung einer Angel zwar 30 Zeiteinheiten, zum Pflücken einer Kokosnuß aber, weil er seit seiner Kindheit kaum etwas anderes tut, als auf Kokospalmen zu klettern, nur zwei Zeiteinheiten. In 60 Zeiteinheiten kann also Freitag eine Angel und 15 Kokosnüsse produzieren. Nachdem sich die beiden Inselbewohner dieser ökonomischen Grunddaten bewußt sind, beschließen sie, sich die Arbeit aufzuteilen. Robinson spezialisiert sich auf Angeln, Freitag klettert auf die Palmen. Als Folge der Arbeitsteilung steigt die Gesamtproduktion bei gleichem Zeitaufwand an.

Zeiteinheiten für	1 Angel	1 Kokosnuß
Robinson	20	10
Freitag	30	2

Das ergibt vor einer Arbeitsteilung bei 60 Zeiteinheiten:

	Angeln	Kokosnüsse
Robinson	1	4
Freitag	1	15
insgesamt	2	19

nach einer Arbeitsteilung:

	Angeln	Kokosnüsse
Robinson	3	0
Freitag	0	30
insgesamt	3	30

Da jeder Spezialist nur noch ein Gut herstellt, aber wahrscheinlich über beide Güter verfügen möchte, ist ein Austausch der produzierten Güter erforderlich. Für Robinson dürfte eine Angel vor der Arbeitsteilung soviel wert gewesen sein wie zwei Kokosnüsse, für Freitag hingegen wie 15 Kokosnüsse. Für beide Beteiligten wird ein Tausch daher nur dann günstig sein, wenn Robinson für eine Angel mehr als zwei Kokosnüsse erhält und Freitag für eine Kokosnuß mehr als – rechnerisch – $1/15$ Angel. Robinson erhält dann pro Angel mehr Kokosnüsse, als er selbst erzeugen könnte, und Freitag muß pro Angel auf weniger Kokosnüsse verzichten als bei Eigenproduktion.
Welches Preisverhältnis sich tatsächlich einstellt, kann nicht theoretisch beantwortet werden. Es ist durchaus möglich, daß bei einem solchen Tauschvorgang der eine Beteiligte deutlich mehr profitiert als der andere.

Anteil der Entwicklungsländer an der Weltproduktion 1987 (in %)

Kunststoff	2,2
Eisen und Stahl	2,6
Bekleidung	4,7
Lederwaren	4,8
Nahrungsmittel	7,4
Schuhe	8,5
Textilien	21,6
Ölprodukte	27,4
Tabakwaren	31,0

Quelle: Altmann 1989, S. 344

Wie verhält es sich mit der Arbeitsteilung, wenn der eine Tauschpartner beide Güter schneller (billiger) herstellt als der andere?

Zeiteinheiten für	1 Angel	1 Kokosnuß
Robinson	20	10
Freitag	18	2

Das ergibt vor einer Arbeitsteilung bei 60 Zeiteinheiten:

	Angeln	Kokosnüsse
Robinson	1	4
Freitag	1	21
insgesamt	2	25

Kommt es zu einer Arbeitsteilung, dann wird sich Robinson auf die Produktion von Angeln spezialisieren, weil dort sein Produktivitätsrückstand gegenüber Freitag am kleinsten ist, seine vergleichsweisen (komparativen) Kosten am günstigsten, günstiger als bei Kokosnüssen, bei denen der Produktivitätsvorsprung von Freitag am größten ist. Nach der Arbeitsteilung ergibt sich folgende Güterproduktion:

	Angeln	Kokosnüsse
Robinson	3	0
Freitag	0	30
insgesamt	3	30

(Beispiel nach Altmann, 1988, S. 21 ff.)

In der Theorie der komparativen Kosten hat der Engländer David Ricardo 1817 überzeugend dargelegt, daß auch der Handelspartner, der bei beiden (allen) Tauschgütern die ungünstigeren Kosten hat, von der internationalen Arbeitsteilung profitiert und dabei die Gesamtgüterproduktion erhöht wird.

Dieser Theorie nach sollte es um die Entwicklungsländer in der Weltwirtschaft nicht schlecht bestellt sein, wenn da nicht die ungleichen Machtverhältnisse auf dem Weltmarkt wären. Die mächtigen Nachfrager in den Industrieländern diktieren den Rohstoffexporteuren der Dritten Welt, zumal bei überschüssigem Angebot, den Preis. Bei sinkenden Einnahmen sind die Exporteure geneigt, mehr zu produzieren und zu verkaufen. Dadurch fällt erst recht der Preis, und die Terms of Trade der rohstoffexportierenden Länder verschlechtern sich.

Gelingt es einem Entwicklungsland, die Rohstoffe selbst zu verarbeiten und seine Exportstruktur zu diversifizieren, dann läuft es Gefahr, daß die Industrieländer den Zutritt für solche Produkte auf ihre Märkte erschweren.

Die Hauptforderungen der Entwicklungsländer an die Weltwirtschaftsordnung sind naheliegend und einleuchtend:
– Höhere und stabilere Rohstoffpreise und damit Verbesserung der Terms of Trade.
– Freier Zutritt zu den Märkten der Industrieländer.

Seit der ersten Welthandelskonferenz in Genf 1964 fordern die Entwicklungsländer diese Neue Weltwirtschaftsordnung. Stabilere Rohstoffpreise sollten durch internationale Rohstoff-Fonds für 18 Produkte (unter anderem Zinn, Kaffee, Kakao, Zucker, Baumwolle, Kupfer, Tee) garantiert werden.

Das Prinzip, nach dem Rohstoff-Fonds ar-

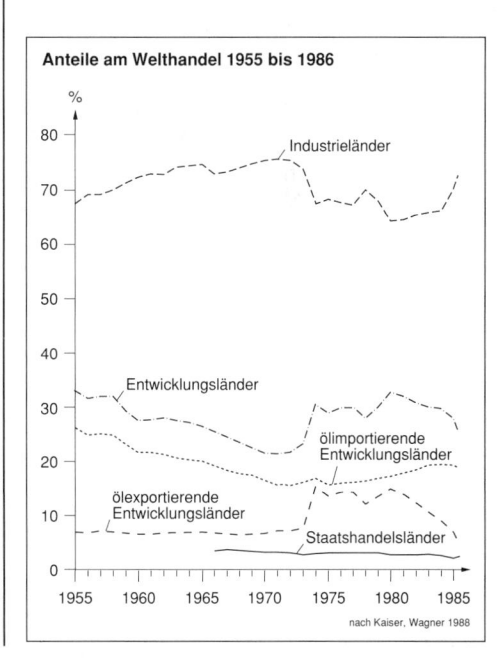

Anteile am Welthandel 1955 bis 1986

nach Kaiser, Wagner 1988

beiten, ist einfach. Die beteiligten Erzeugerländer verpflichten sich, festgelegte Exportmengen nicht zu überschreiten. Die Versammlung der Mitgliedsländer eines Rohstoff-Fonds setzt den Höchst- und den Mindestpreis fest. Zwischen diesen beiden Preisen kann sich der Weltmarktpreis frei durch Angebot und Nachfrage bilden. Fällt der Weltmarktpreis unter den Mindestpreis, so wird das Produkt vom Fonds aufgekauft und gelagert (Buffer-Stock). Steigt der Weltmarktpreis über den Höchstpreis, so wird aus dem Lager verkauft. Dadurch vergrößert sich die angebotene Menge, und der Preis sinkt. Die Aufkäufe werden von den Beiträgen der Mitgliedsländer (Entwicklungs- und Industrieländer) und aus den Erlösen der Verkäufe aus den Buffer-Stocks finanziert.

Praktisch alle Rohstoff-Fonds sind bisher gescheitert. Dafür gibt es eine Reihe von Gründen. Hat der Fonds die Interventionspreise zu hoch gesetzt, was natürlich verlockend ist, und ist der Weltmarktpreis niedriger, weil zum Beispiel wichtige Produzenten dem Fonds nicht angehören, dann geht der Fondskasse schnell das Geld aus. Bei hohen Rohstoffpreisen versuchen die Abnehmer, die Rohstoffe durch andere Stoffe zu ersetzen oder den Bedarf einzuschränken. Einer sinkenden Nachfrage steht dann oft ein steigendes Angebot gegenüber, weil manche Rohstoffproduzenten (vor allem Nicht-Fonds-Mitglieder), animiert durch den hohen Preis, ihre Produktion ausdehnen. In der Folge sinkt der Weltmarktpreis.

Bis vor kurzem existierten noch Rohstoff-Fonds für Kaffee und Kakao. Der Internationalen Kaffee-Organisation ICO gehörten die wichtigsten Produzenten- und Verbraucherländer an. Mit Hilfe von Exportquoten, die für die Erzeugerländer festgelegt wurden, hatte man lange Zeit den Preis auf einem für die Produzenten erträglichen Niveau halten können. Als Verbraucherländer außerhalb der ICO, vor allem Ostblockländer, Rohkaffee mit Preisabschlägen bis zu 50 Prozent erhielten und diesen auch noch mit Gewinn nach Nordamerika und Europa verkauften, kam es zu Querelen. Im Juli 1989 platzte die ICO.

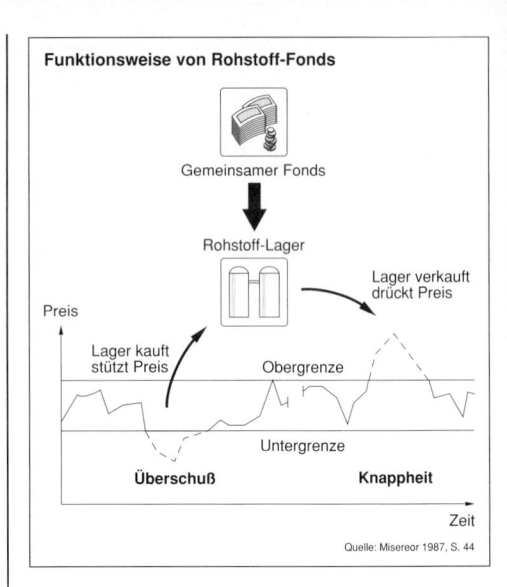

Funktionsweise von Rohstoff-Fonds

[Diagramm: Preis-Zeit-Verlauf mit Obergrenze und Untergrenze; Gemeinsamer Fonds → Rohstoff-Lager; Lager kauft stützt Preis (Überschuß); Lager verkauft drückt Preis (Knappheit)]

Quelle: Misereor 1987, S. 44

Importzollsätze in ausgewählten Industrieländern

	vor Tokyo-Runde (1979)			nach Tokyo-Runde (1979)		
	EG	Japan	USA	EG	Japan	USA
Rohstoffe (ohne Erdöl)	1,9	2,5	3,3	1,6	1,4	1,8
Halbfertigprodukte	8,9	9,7	10,1	6,2	6,3	6,1
Fertigwaren (Ohne Erdölprodukte	10,0	11,5	13,0	7,0	6,4	7,0

Quelle: Kaiser, Wagner 1988, S. 310

Anteile am Weltexport (in %)

	1965	1970	1975	1980	1984
Agrarprodukte, Rohstoffe	29,5	23,8	19,4	16,9	16,2
Erdöl, Mineralölprodukte	9,3	9,3	19,4	24,0	19,8
Industriewaren	57,2	64,8	59,4	56,6	61,3
Weltexport insgesamt (Milliarden US-Dollar)	191,9	312,0	872,7	2001,9	1907,2

Quelle: Institut der Deutschen Wirtschaft 1987, S. 8

Terms of Trade (Realtauschverhältnis)

Der Weltmarktpreis für Kaffee lag 1985 bei rund 2500 £/t, 1987 bei etwa 1250 £/t. Hatte ein kaffeeexportierendes Land 1985 ein britisches Auto für 25 000 £ importiert, so benötigte es dafür den Exportwert von 10 Tonnen Kaffee. Zwei Jahre später mußte das rohstoffexportierende Land 20 Tonnen Kaffee exportieren. Das Austauschverhältnis der Güter, das sogenannte Realtauschverhältnis, hat sich für das kaffeeexportierende Land verschlechtert, für das Pkw-exportierende Land verbessert.

Unter Realtauschverhältnis oder Terms of Trade versteht man das Verhältnis von Exportpreisen zu Importpreisen. Sinken die Preise der Exportgüter eines Landes bei konstanten oder steigenden Preisen der Importgüter desselben Landes, dann verschlechtern sich die Terms of Trade des Landes, weil es für die gleiche Importgütermenge eine größere Exportgütermenge ausführen muß.

Zwischen 1977 und 1982 haben sich die Terms of Trade der Entwicklungsländer verschlechtert, weil zunächst die Importpreise relativ stärker gestiegen sind als die Exportpreise und von 1980 bis 1982 die Exportpreise gefallen sind, während die Importpreise noch etwas stiegen und dann zurückgingen.

Protektionismus

Unter Protektionismus versteht man eine Außenhandelspolitik, die den Schutz inländischer Produzenten gegen die ausländische Konkurrenz zum Ziel hat.

Maßnahmen des Protektionismus:
- Tarifäre Handelshemmnisse: Behinderung des internationalen Warenaustauschs durch unmittelbare preis- beziehungsweise kostenwirksame Maßnahmen (vor allem Zölle).
- Nichttarifäre Handelshemmnisse: Mengenmäßige Importbeschränkungen, „freiwillige Selbstbeschränkungen", Subventionen für die inländischen Anbieter (zum Beispiel Landwirte, Stahlerzeuger), Normensysteme, Sicherheits- und Gesundheitsvorschriften, bürokratische Importbehinderungen.

Durch Importzölle wird der Marktzutritt für ausländische Anbieter zwar erschwert, aber nicht unmöglich gemacht. Dagegen können nichttarifäre Handelshemmnisse den Marktzugang verhindern oder begrenzen. Es gibt Schätzungen, wonach die Industrieländer über 20 Prozent ihrer Einfuhren aus Entwicklungsländern mit nichttarifären Handelshemmnissen behindern. Bei wettbewerbsempfindlichen Produkten rechnet man mit noch wesentlich höheren Anteilen (Textilien und Bekleidung bis zu 65 Prozent, Agrarerzeugnisse bis zu 47 Prozent).

Terms of Trade der Entwicklungsländer*
1963–1984 (1980 = 100)

* ohne größere ölexportierende Länder

nach Ehlers 1984, S. 15

Lomé, GATT und UNCTAD

Lomé: 1975 haben 66 AKP-Staaten (afrikanische, karibische und pazifische Staaten) mit der EG das Abkommen von Lomé (Togo) geschlossen. Es sieht für 99,5 Prozent der Ausfuhrerzeugnisse der AKP-Länder in die Gemeinschaft die vollständige Zollfreiheit ohne Verpflichtung zur Gegenseitigkeit vor. Für einige Erzeugnisse, die im Wettbewerb mit EG-Agrarprodukten stehen, wurden den AKP-Ländern Präferenzen eingeräumt, zum Beispiel eine Abnahme- und Preisgarantie für die Zuckerausfuhren.

Das „STABEX-System" sichert den AKP-Ländern ein Mindesteinkommen für ihre Erlöse aus den Ausfuhren von 48 Grundstoffen in die Gemeinschaft, wenn diese Ausfuhren einen nennenswerten Teil ihrer Erlöse ausmachen. Mit dieser „Absicherung gegen schlechte Jahre" kompensiert die Gemeinschaft durch Darlehen oder, für die am wenigsten entwickelten Länder, durch unentgeltliche Leistungen Ausfälle bei den Exporteinnahmen, die von sinkenden Weltmarktpreisen ausgelöst werden.

„Zur Verdeutlichung ein Beispiel: Die Elfenbeinküste führte im Jahre 1981 Waren im Wert von rund 2535 Millonen US-Dollar aus, davon für rund 858 Millionen US-Dollar Kakao. Der Anteil der Kakaoexporte an den Gesamtexporten lag bei 34 Prozent und damit weit über der Abhängigkeitsschwelle von 6 Prozent. Es sei nun angenommen, von den gesamten Kakaoexporten würde Kakao im Wert von 500 Millionen US-Dollar in die EG exportiert. Auch in den Jahren 1982 bis 1984 liege der Kakaoexport in die EG bei 500 Millionen US-Dollar. Der Durchschnittserlös dieser vier Jahre (Bezugsniveau) beträgt demnach 500 Millionen Dollar. Im Jahr 1985 gehe nun infolge von Ernteausfällen oder Preiseinbrüchen auf dem Weltmarkt der Erlös auf 450 Millionen US-Dollar zurück. Der Erlösrückgang ist größer als 6 Prozent. Die Elfenbeinküste kann demnach eine Stabilisierungszahlung von 50 Millionen US-Dollar von der EG (auf Antrag) erhalten."

(Kaiser/Wagner, 1988, S. 382)

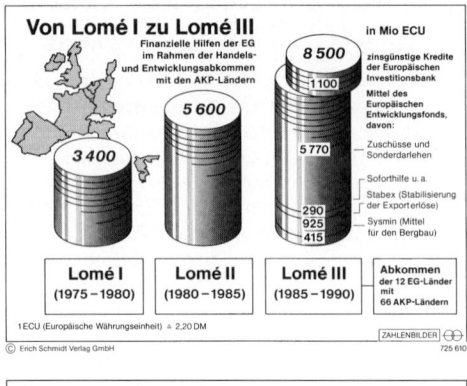

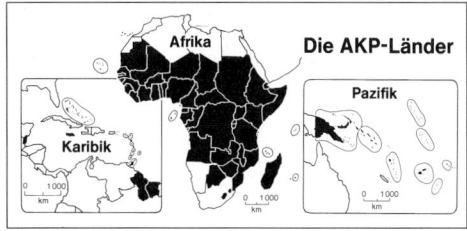

Mit einem ähnlichen System, genannt „SYSMIN", wurde ein Mineralienfonds zur Unterstützung von Bergbaubetrieben geschaffen. Von 1985 bis 1990 stellte die EG für STABEX und SYSMIN rund 1,3 Milliarden ECU, etwa 2,6 Milliarden DM, zur Verfügung. Zum Vergleich: die öffentliche Entwicklungshilfe aller Geberländer betrug 1985 weltweit 49 Milliarden ECU.

GATT: Das Allgemeine Zoll- und Handelsabkommen (General Agreement on Tariffs and Trade – GATT) war ursprünglich als Vorstufe zur Gründung einer internationalen Handelsorganisation gedacht. Es wurde 1947 von 23 Staaten unterzeichnet und trat 1948 in Kraft. Das Abkommen ist das einzige internationale Vertragswerk mit allgemein anerkannten Regeln für den Welthandel. Der Leitgedanke des GATT ist es, daß ein von Handelsbeschränkungen befreiter Welthandel zu einer Steigerung des Wohlstands in allen beteiligten Ländern führt. Dabei sind die Interessen der Entwicklungsländer besonders zu berücksichtigen. Die „Kennedy-" und die „Tokyo-Runde" brachten große Fortschritte beim Zollabbau. Die „Tokyo-Runde" diente auch der Beseitigung nichttarifärer Handelshemmnisse. Dieses Ziel hat auch die „Uruguay-Runde", in der besonderes Augenmerk auf den Handel mit Textilien, Agrarprodukten und Dienstleistungen gelegt werden soll.

UNCTAD: Die UNCTAD (United Nations Conference on Trade and Development) wurde auf Drängen der Entwicklungsländer eingerichtet, weil sie ihre Handels- und Entwicklungsfragen in den anderen Gremien der Vereinten Nationen, insbesondere im GATT, nur unzureichend behandelt fanden. „Sprachrohr" der Entwicklungsländer ist die „Gruppe der 77", mit gegenwärtig 126 Mitgliedsländern. Die Vollversammlung (Welthandelskonferenz) der 168 Mitgliedsländer findet alle vier Jahre statt.

Welthandelskonferenzen

UNCTAD I, Genf 1964: Gründung eines Forums für Fragen der Entwicklungsländer, die nicht durch bestehende Institutionen abgedeckt werden; Bildung der Gruppe der 77. Diskussion über Terms of Trade, Ressourcenlücke, Allgemeines Präferenzsystem.

UNCTAD II, Neu-Delhi 1968 und UNCTAD III, Santiago 1972: Themen waren vor allem Terms of Trade, Technologietransfer, Entwicklungspolitiken.

UNCTAD IV, Nairobi 1976 und UNCTAD V, Manila 1979: Im Mittelpunkt standen der Ölpreisanstieg, die Rezession, die Inflation und Rohstoffprobleme.

UNCTAD VI, Belgrad 1983 und UNCTAD VII, Genf 1987: Schwerpunktthemen waren Verschuldung und Protektionismus.

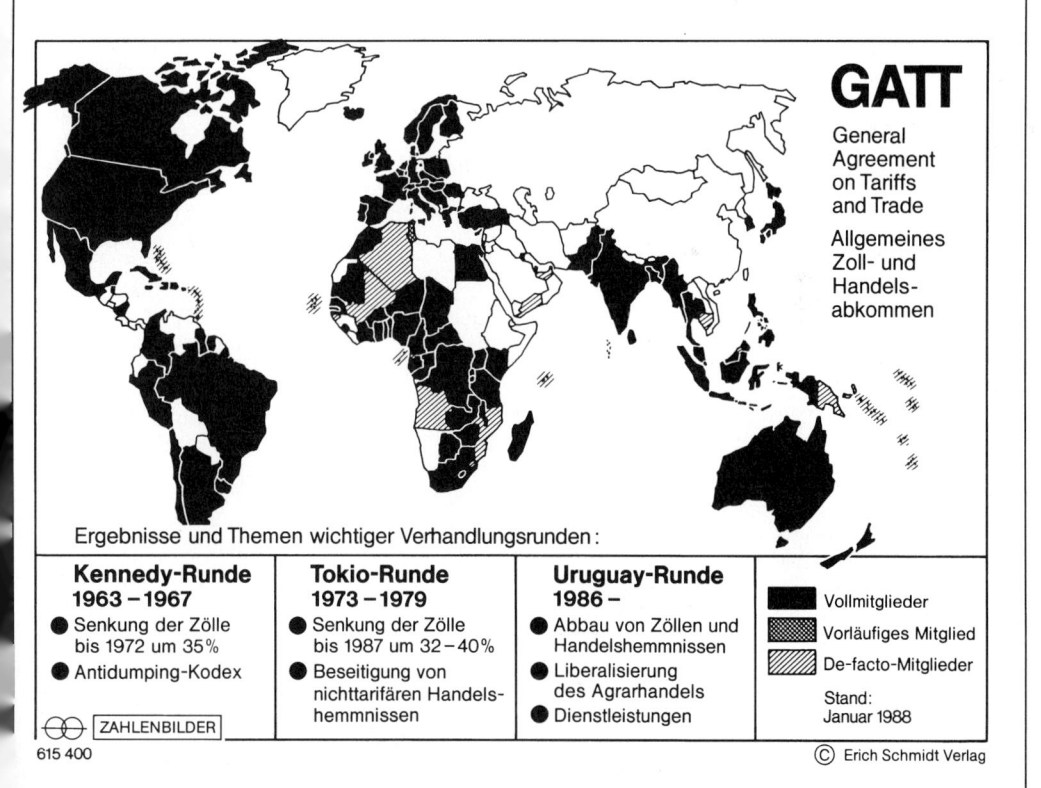

GATT
General Agreement on Tariffs and Trade

Allgemeines Zoll- und Handelsabkommen

Ergebnisse und Themen wichtiger Verhandlungsrunden:

Kennedy-Runde 1963–1967
- Senkung der Zölle bis 1972 um 35%
- Antidumping-Kodex

Tokio-Runde 1973–1979
- Senkung der Zölle bis 1987 um 32–40%
- Beseitigung von nichttarifären Handelshemmnissen

Uruguay-Runde 1986–
- Abbau von Zöllen und Handelshemmnissen
- Liberalisierung des Agrarhandels
- Dienstleistungen

- Vollmitglieder
- Vorläufiges Mitglied
- De-facto-Mitglieder

Stand: Januar 1988

ZAHLENBILDER
615 400

© Erich Schmidt Verlag

Schulden und kein Ende

„Wenn auf einem Mann eine Schuld lastet und seinen Acker der Regengott überschwemmt und die Früchte fortnimmt oder wenn aus Mangel an Wasser kein Korn auf dem Acker steht, dann soll er seinem Gläubiger in diesem Jahr auch nichts zurückgeben, er soll seine Tafel hinausschieben (den Vertrag verlängern) und keinen Zins bezahlen."
(Codex Hammurabi; Babylon, um 1700 v. Chr. . . .)

Am 16. November 1982 geschah das Unfaßbare: der größte Finanz- und Börsenkrach der Geschichte. Ohne Vorwarnung hatten Mexiko und 14 weitere hochverschuldete Entwicklungsländer angekündigt, unwiderruflichlich keine Zins- und Tilgungszahlungen mehr an ausländische Banken zu leisten. Als erstes kam das Aus für die New Yorker Citibank, die überwiegend im Lateinamerikageschäft engagiert war. Sie riß die größten US-Banken mit sich. In Wall Street gingen die Lichter aus. Japanische und bundesdeutsche Banken versuchten zu retten, was zu retten war. Vergebens! Der Kollaps des Weltbankensystems war perfekt. Ohne Banken kann keine Wirtschaft funktionieren. Die Aktienkurse rasten zu Tal, weltweit stieg die Arbeitslosigkeit unaufhaltsam an. Erst zur Jahrtausendwende sollte sich die Weltwirtschaft von dieser ihrer schwersten Krise wieder erholen.

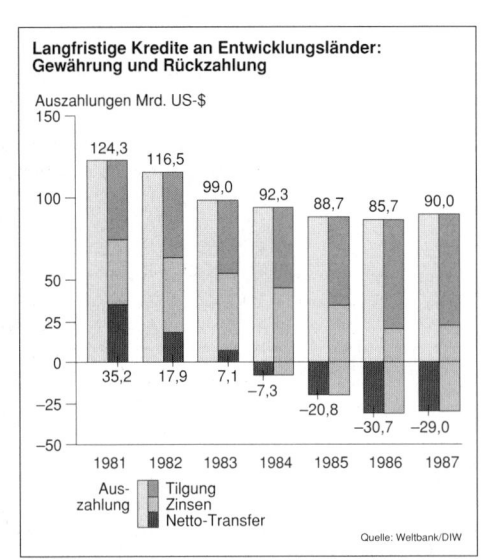

So oder ähnlich hätte es gehen können, damals, am 16. November 1982, als Mexiko vor der außenwirtschaftlichen Zahlungsunfähigkeit stand, bankrott war. Für kurze Zeit hatten die Habenichtse der Dritten Welt die Chance, die Weltwirtschaft aus den Angeln zu heben, wie seinerzeit die OPEC-Länder. Aus dem Schuldnerkartell wurde nichts, glücklicherweise. Die Gläubigerbanken hatten es zunächst nur mit Mexiko zu tun; die anderen Schuldnerländer zahlten brav weiter. Rasch schnürten die Banken ein Umschuldungspaket, und die brenzlige Situation war fürs erste bereinigt. In der Folgezeit aber gehörten Meldungen über Zahlungseinstellungen von Schuldnerländern zum Alltag für Banker und Journalisten.

Ein Patentrezept zur Lösung der Schuldenkrise gibt es nicht. Gefragt sind Strategien, die kurzfristig den verschuldeten Ländern Liquidität zur Verfügung stellen und mittel- und langfristig den Schuldendienst gewährleisten. Schuldenmanagement heißt das Zauberwort. Kredite werden umgeschuldet, das heißt die Laufzeiten werden verlängert, die Zinsen erniedrigt, Tilgungen vorübergehend ausgesetzt. Der Einfallsreichtum der Geldmanager ist groß. Ein raffiniertes Mittel zum Abbau der Auslandsschulden sind Debt-equity-swaps, Umwandlungen von Darlehen in Beteiligungskapital. Die Gläubigerbank verkauft die Forderung (der Kredit, den das Schuldnerland erhalten und nicht zurückbezahlt hat) mit einem Abschlag von beispielsweise 30 Prozent an einen Investor, meist ein multinationales Unternehmen, das im Schuldnerland investieren will. Der Investor legt die gekaufte Forderung der Zentralbank des Schuldnerlandes vor und erhält von dieser den ursprünglichen Forderungsbetrag, nun aber in der Landeswährung des Schuldnerlandes, und finanziert mit diesem Geldbetrag die geplante Investition.

Debt-equity-swaps verringern die Schulden-

Langfristige Kredite an Entwicklungsländer: Gewährung und Rückzahlung

Auszahlungen Mrd. US-$

Jahr	Auszahlung	Netto-Transfer
1981	124,3	35,2
1982	116,5	17,9
1983	99,0	7,1
1984	92,3	−7,3
1985	88,7	−20,8
1986	85,7	−30,7
1987	90,0	−29,0

Auszahlung / Tilgung / Zinsen / Netto-Transfer
Quelle: Weltbank/DIW

last. Sie verhindern aber möglicherweise den Zustrom neuer Devisen, wenn der Investor sowieso in dem Land investiert hätte. Manche Schuldnerländer gehen zögernd mit Debt-equity-swaps um, weil sie fürchten, die Kontrolle über die eigene Wirtschaft zu verlieren. Investoren zu finden, die sich in den am höchsten verschuldeten Ländern engagieren wollen, ist angesichts der wirtschaftlichen und politischen Unsicherheiten in diesen Ländern ein weiteres Problem. Rein mengenmäßig darf man sich von den Debt-equity-swaps keine Wunder erwarten.

Zur Lösung der Schuldenkrise bedarf es weit größerer Anstrengungen. Das erkannte auch der ehemalige amerikanische Finanzminister Baker. In dem nach ihm benannten Plan kommt die Ansicht der US-Regierung zum Ausdruck, daß alle Beteiligten – Schuldnerländer, Geschäftsbanken, IWF, Weltbank und die Regierungen der Gläubigerländer – zusammenarbeiten müssen. Nach dem Baker-Plan sollen die hochverschuldeten Länder durch interne Reformen ihre Wirtschaft von Wachstumshemmnissen befreien und durch gesteigerte Exporte in die Industriestaaten ihre Deviseneinnahmen verbessern. Konkret heißt das für die Schuldnerländer: sich dem Weltmarkt zu öffnen, mehr zu exportieren, aber auch den Import nicht zu behindern, den Wettbewerb nicht zu beschränken, sondern den Marktkräften freien Raum zu lassen, den staatlichen Dirigismus zu verringern und die private Initiative zu stärken, die Staatsausgaben zu drosseln und den Geldwert zu stabilisieren. Von den internationalen Kreditgebern (IWF, Weltbank und Geschäftsbanken) sollten die Schuldnerländer die zum Wachstum benötigten Finanzmittel erhalten. IWF und Weltbank sollten ihre Auszahlungen erhöhen, und die Geschäftsbanken, die sich nach 1982 bei der Neuvergabe von Krediten deutlich zurückhalten, wurden aufgefordert, wieder mehr Kreditmittel zur Verfügung zu stellen. Den Erfolg der Baker-Initiative unterstellt, würde sich die Kreditwürdigkeit der Schuldnerländer verbessern, so daß sie wieder normalen Zugang zu den Finanzmärkten hätten.

Ein klassischer Debt-Equity-Swap

Eine Transaktion, die 1986 von der Nissan Motor Company durchgeführt wurde, um den Tätigkeitsbereich ihrer Tochtergesellschaft in Mexiko zu erweitern, ist ein klassischer Fall einer Umwandlung eines Darlehens in Beteiligungskapital.

Auf dem Finanzmarkt kaufte Nissan von einer Geschäftsbank mexikanische Staatsschuldtitel über 60 Millionen US-Dollar für 40 Millionen US-Dollar.

Nissan legte die Schuldverschreibungen der mexikanischen Zentralbank zum Rückkauf vor und erhielt – mit dem offiziellen Wechselkurs umgerechnet – einen Gegenwert von 54 Millionen US-Dollar in mexikanischen Pesos.

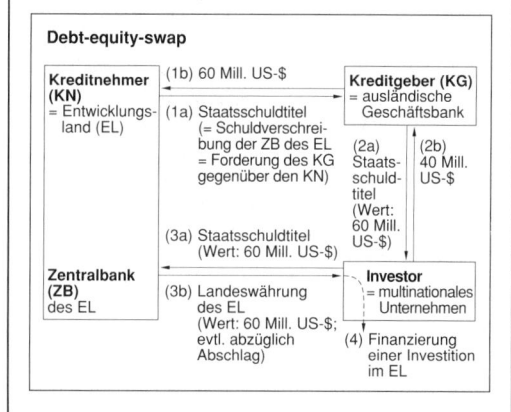

Mit den mexikanischen Pesos, die es bei dieser Transaktion erworben hatte, erhöhte Nissan das Kapital seiner mexikanischen Tochtergesellschaft.

Alle Beteiligten waren Nutznießer dieser Transaktion. Die Geschäftsbank verringerte ihre Darlehensforderungen gegen Mexiko um 60 Millionen US-Dollar, wobei ein Verlust von 20 Millionen US-Dollar entstand. Dies entspricht einem effektiven Abschlag von 33 Prozent. Nissan konnte die mexikanischen Pesos mit einem effektiven Abschlag von 26 Prozent erwerben. Die mexikanische Regierung reduzierte ihre Auslandsverbindlichkeiten und konnte darüber hinaus die Differenz zwischen dem Nennwert des Darlehens und dem für seine Rückzahlung aufgewendeten Betrag, das heißt 6 Millionen US-Dollar, einstreichen.

(nach Blackwell/Nocera, 1988, S. 17)

Debt-equity-swap

Kreditnehmer (KN) = Entwicklungsland (EL)	(1b) 60 Mill. US-$	Kreditgeber (KG) = ausländische Geschäftsbank	
	(1a) Staatsschuldtitel (= Schuldverschreibung der ZB des EL = Forderung des KG gegenüber den KN)	(2a) Staatsschuldtitel (Wert: 60 Mill. US-$)	(2b) 40 Mill. US-$
Zentralbank (ZB) des EL	(3a) Staatsschuldtitel (Wert: 60 Mill. US-$)	Investor = multinationales Unternehmen	
	(3b) Landeswährung des EL (Wert: 60 Mill. US-$; evtl. abzüglich Abschlag)	(4) Finanzierung einer Investition im EL	

IWF und Weltbank vergrößerten ihr finanzielles Engagement. „Doch läßt sich der Preis, den die beiden ... für ihre Hilfe fordern, nicht in Zahlen ausdrücken. Eine Geschäftsbank, die einen Kredit vergibt, will dafür Sicherheiten sehen. Staaten lassen sich jedoch nicht pfänden. Deshalb knüpfen die beiden Washingtoner Schwestern (IWF und Weltbank, Anm. d. Vf.) ihre Bereitschaft einzuspringen an Auflagen und Bedingungen, die massiv in die politische Ökonomie der Nehmer-Länder eingreifen. Der technische Terminus dafür ist die ‚Konditionalität'. In ihrer reinsten Form wird diese bittere Pille vom Währungsfonds verschrieben. Der Patient bezweifelt in der Regel, daß sie gut für ihn ist. Das ist kein Wunder, denn wenn man es aus der Geheimsprache der Auguren (svw. Eingeweihten, Anm. d. Vf.) in den Dialekt des Alltags übersetzt, läuft das Rezept auf ein paar Gemeinplätze hinaus, die kein Betroffener gern hört: „Niemand kann auf die Dauer über seine Verhältnisse leben! Man muß sich nach der Decke strecken! Ihr müßt den Gürtel enger schnallen!" (Enzensberger 1988, S. 188)

„Die Sattgefressenen sprechen zu den Hungernden von den großen Zeiten, die kommen werden." (Bert Brecht)

Der Konditionalität entkommt keiner. Peru hat es versucht und ist gescheitert.

Nach seinem Wahlsieg im Sommer 1985 löste der neue Präsident von Peru, Alan García, ein Versprechen ein, mit dem er den wirtschaftspolitischen Teil seiner Kampagne bestritten hatte und ohne das er vielleicht nie an die Macht gekommen wäre: Er brach die Beziehungen zum Internationalen Währungsfonds ab und kündigte alle Kreditvereinbarungen, die seine Vorgänger mit den internationalen Großbanken getroffen hatten. Peru werde eine „automatische Umschuldung" nach eigenen Kriterien vornehmen und seinen Schuldendienst künftig einseitig auf 10 Prozent seiner Exporterlöse begrenzen.

Zu diesem Zeitpunkt beliefen sich die Auslandsschulden des Landes auf 14,3 Milliarden Dollar. (Davon entfielen etwa 650 Millionen auf Kredite des IWF.) Das Pro-Kopf-Einkommen der Peruaner war innerhalb von drei Jahren um ein Drittel gesunken. Die fälligen Zinsen und Kapitalrückflüsse drohten die peruanische Wirtschaft völlig auszubluten.

Der ökonomische Niedergang kam nicht aus heiterem Himmel. Er war das Resultat einer langfristigen Fehlentwicklung, deren Wurzeln bis ins 19. Jahrhundert, ja bis in die Zeiten der spanischen Herrschaft zurückreichen. Die ungünstige Ausgangslage wurde durch zahlreiche akute Ursachen verschärft: Verfall der Rohstoffpreise, Rückgang des Fischfangs, Naturkatastrophen, hohe Inflation, Guerillakrieg, bürgerkriegsähnliche Strategien des Militärs, Unfähigkeit, Korruption und Verschwendung früherer Administrationen, schließlich der Weg in die „Schuldenfalle" als falsche Problemlösung. Das Land befand sich beim Amtsantritt Alan Garcías in einer typischen Verarmungsspirale. . . .

Dazu ein Sachbearbeiter des Fonds in einem Interview: „Peru hat im September 1985 seine Zahlungen an den IWF eingestellt. Für solche Fälle gibt es eine genau festgelegte Prozedur. Es dauerte fast ein Jahr, bis nach den vorgeschriebenen Warnungen und Mahnungen, nach dem Ablauf der üblichen Fristen, den Peruanern die Berechtigung zur Inanspruchnahme von Fonds-Krediten aberkannt' wurde. Der offizielle Beschluß klingt etwas umständlich, aber der Sachverhalt ist klar: Das fragliche Mitglied bekommt von uns keinen Dollar mehr und wird sich auf den internationalen Kapitalmärkten in Zukunft ziemlich schwertun."

„Was haben sich die Peruaner dabei gedacht? War das eine rationale Entscheidung?"

„Schwer zu sagen. Es ist bisweilen nicht einfach, zwischen einem Nervenzusammenbruch und einer Strategie zu unterscheiden. Alan García selbst ist ein Charismatiker. Er glaubt sich dazu berufen, die Dritte Welt auf einen neuen Pfad zu führen. In seiner Umgebung gibt es aber auch Leute, die glaubten, andere Schuldnernationen würden dem peruanischen Beispiel folgen; dann würde das Problem so große Dimensionen annehmen, daß die Gläubiger ihre Spielregeln ändern müßten. Aber dieses Kalkül ist nicht aufgegangen. Niemand hat sich mit Peru solidarisiert, weder die Brasilianer noch die Mexikaner, und die peruanischen Schulden sind einfach nicht groß genug, um irgend jemanden in Panik zu versetzen."

„Vielleicht waren die Kassen leer, und die Regierung García hatte keine andere Wahl."

„Das kann man nicht sagen. Im Gegenteil, die Peruaner hatten sich auf ihre Aktion sorgfältig vorbereitet. Sie hatten beizeiten erhebliche Devisenreserven akkumuliert."

„Und was haben sie dann getan?"

„Was man in solchen Fällen immer tut. Devisenkontrollen, Preisstopps, Einfrieren aller Fremdwährungskonten, Importbeschränkungen, gespaltene Wechselkurse. Sie haben alle Instrumente der staatlichen Wirtschaftslenkung eingesetzt und dabei kurzfristig auch durchaus Erfolge erzielt. Das reale Wachstum für 1986 lag bei 8,5 Prozent, eine phantastische Rate, und das Masseneinkommen ist entsprechend gestiegen. Wunderbar! Aber der interne Boom wurde auf Kosten der Sparquote angeheizt, es gibt kaum neue Investitionen, und der Zustrom von ausländischem Kapital ist praktisch versiegt. Die Peruaner leben vom Eingemachten."

„Und wie lange kann das gutgehen?"

„Wir sind keine Propheten, aber die Devisenreserven des Landes gehen von Monat zu Monat zurück. Hier, sehen Sie: Ende 1985 1830 Millionen Dollar, Mitte 86 1620, Ende 86 1430. Wenn das in diesem Tempo weitergeht, sehe ich für das Ende der achtziger Jahre schwarz."

„Sie brauchen also nur abzuwarten. Pleite oder Kapitulation."

„Nun, wir sind immer für unsere Mitglieder da, und wir werden auch Peru nicht im Stich lassen, falls die Regierung sich an uns wenden sollte." ...

Andererseits braucht man keine hellseherischen Fähigkeiten, um den Ablauf der Ereignisse zu rekonstruieren. In Lima ist es um diese Jahreszeit feucht und ziemlich heiß, und auf die Klimaanlage im Finanzministerium ist kein Verlaß. Der Staatssekretär ist am Ende seines Lateins. Er telefoniert gerade mit dem persönlichen Referenten des Präsidenten. Die Stimmung im Palast ist hektisch. Nach der Verfassung kann Alan García nicht wiedergewählt werden. Die Kandidaten für die Nachfolge bereiten ihre ersten Grabenkämpfe vor. Jede Nacht gehen in der Hauptstadt die Lichter aus. Die Guerilleros vom Leuchtenden Pfad haben sich bereits in den besseren Wohnvierteln eingenistet. Der Notenbank-Präsident weiß nicht, wie er die dringendsten Importe finanzieren soll. Die Militärs drohen schon wieder mit Putschplänen.

Alan García ist nicht zu sprechen, und sein Referent versucht, den lästigen Anrufer abzuwimmeln. Aber der besteht darauf, ihm zu erklären, daß in Peru derzeit über 20 Programme unter der Führung der Weltbank laufen, Gesamtvolumen über 1900 Millionen Dollar. Was für Projekte? Na, zum Beispiel Bajo Piura, Bewässerung von 35 000 Hektar, Kostenpunkt 180 Millionen, oder der Flughafen von Pucallpa, 47 Millionen. Ferner 580 Kilometer Straße, der achte Abschnitt des Plans... Wo denn? Im Hochland, Cerro de Pasco, La Merced und so weiter... Nie davon gehört? Dann fragen Sie mal im Transportministerium, was das bedeutet! Sie müssen dem Präsidenten klarmachen, was auf dem Spiel steht... Haben Sie seine Rede vom letzten Sonntag gehört? Wir lassen uns keine Einmischung von außen mehr gefallen. Wir zahlen nicht mehr, auch nicht an die Weltbank!

Auch dem nervösen Sachbearbeiter in Washington ist die Rede Garcías nicht entgangen. Sein Kontaktmann in Lima versichert ihm, das sei eine Panne, der Präsident habe nur aus dem Fenster gesprochen, man dürfe das nicht auf die Goldwaage legen... Ein paar Tage später ist der peruanische Finanzminister in Washington zu Besuch, aber in der Weltbank läßt er sich nicht blicken. Essen mit den Herren vom Treasury, Verhandlungen in New York, alles ganz inoffiziell. Unter der Hand versichert er, Peru werde zahlen, es handle sich nur um vorübergehende Schwierigkeiten...

147

Inzwischen hat der Sachbearbeiter die Leitung der Bank informiert, das läßt sich gar nicht vermeiden. Man beschließt, zunächst stillzuhalten... Aber schon melden sich bei der Finanzabteilung die ersten Investoren aus Hongkong. Die Anleger im Fernen Osten sind empfindlich, mimosenhaft empfindlich... Nein, von einem Bruch der Peruaner mit der Weltbank könne gar keine Rede sein, der Zahlungsverzug sei technisch motiviert, kein Grund zur Besorgnis.

Der Sachbearbeiter allerdings überlegt bereits, was im schlimmsten Fall passieren kann. Er denkt an die Agrarexperten, die vielleicht bald ihre Koffer packen müssen, an die Ärzte, die ihre Station im Urwald verlassen werden, wenn ihre Gehälter ausbleiben, und an die 20 000 Familien in der Ceja de Selva, darunter 2000 Indianer. Über die Hälfte leben in extremer Armut. Er kann sich das genau vorstellen, er war ja dort. Seit drei Jahren läuft das Projekt in dieser Urwaldregion, Chanchamayo-Satipo heißt es, ein Satellitenfoto der Gegend hängt irgendwo an der Wand, Stichstraßen, Obst- und Kaffeeanbau, Aufforstung, billige Kredite, Land für die Kleinbauern. Sah alles sehr vielversprechend aus, aber jetzt...

Unterdessen ist das Zahlungsziel längst überschritten, und es ist nur noch eine Frage von Tagen, bis das Telex nach Lima abgeschickt werden muß. Die letzte Warnung, das Ultimatum... Irgend jemand ganz oben in der Hierarchie wird vielleicht noch versuchen, den zuständigen Minister telefonisch zu erreichen, aber dann ruft Lima nicht zurück, weil die Luftwaffe wieder einmal Scherereien macht oder weil gerade Feiertag ist in Peru...

(Enzensberger 1988, S. 193 ff.)

Drei Jahre lang verteufelte die Regierung García den IWF als „Instrument des Imperialismus", und IWF und Weltbank erklärten Peru für kreditunwürdig. Im Frühjahr 1989 rief García den IWF um Hilfe an im Kampf gegen die Hyper-Inflation, die 1988 die Rekordhöhe von 1700 Prozent erreichte. Wenn Peru eine „symbolische Zahlung" von 30 Millionen US-Dollar leiste, so erklärten IWF und Weltbank, seien sie zu „ernsthaften Gesprächen" bereit.

Die Frage nach der richtigen Entwicklungsstrategie stellt sich für die hochverschuldeten Länder schon längst nicht mehr, denn die Antwort steht seit langem fest.

Wer sich an den Baker-Plan hielt, drosselte die Staatsausgaben, kürzte die Gehälter der Staatsbediensteten, öffnete sich dem Welthandel und versuchte den Export zu erhöhen. Die Wirkungen waren oft fatal und trafen wie immer zuerst die Schwächsten. Die Verarmung nahm zu, das erhoffte Wachstum stellte sich nicht ein. Das erkannte auch die Weltbank, die mittlerweile Maßnahmen zur „Abfederung der Anpassungsfolgen für die ärmsten Bevölkerungsgruppen" verlangt. Allmählich wurde es vielen Beteiligten klar, daß ein weiteres Umschulden und immer neue Kredite keine Lösung bringen würden.

Seit 1984 zahlen die Entwicklungsländer jährlich mehr Geld für Zinsen und Tilgung an die Industrieländer, als sie von diesen in Form von neuen Krediten bekommen. Selbst die Weltbank erhielt in den letzten Jahren mehr Geld von den Schuldnerländern, als sie an diese auszahlte. „Welchen Sinn soll es ergeben, wenn schon seit einigen Jahren durch den Schuldendienst mehr Mittel aus

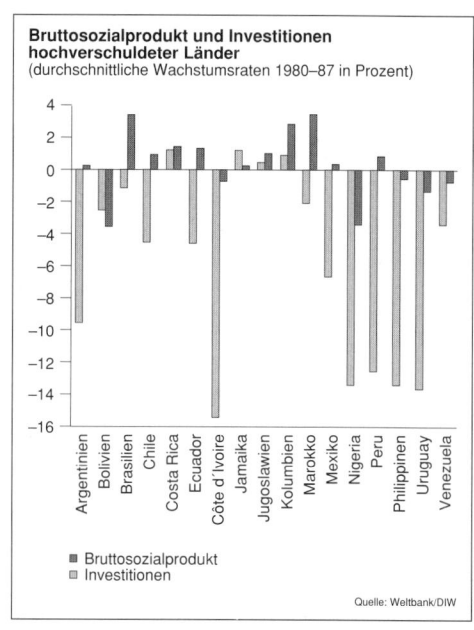

Bruttosozialprodukt und Investitionen hochverschuldeter Länder
(durchschnittliche Wachstumsraten 1980–87 in Prozent)

■ Bruttosozialprodukt
■ Investitionen

Quelle: Weltbank/DIW

148

Auslandsschulden und Schuldendienst in Prozent des Exporterlöses (ohne Verschuldung gegenüber dem IWF)

	1981	1982	1983	1984	1985	1986	1987	1988	1989	1990
Auslandsschulden in % des jährlichen Exporterlöses										
Entwicklungsländer	95,8	120,0	134,8	134,3	150,8	170,8	158,7	141,9	132,1	126,6
Länder mit niedrigem Einkommen[1]	254,1	308,0	322,0	330,2	393,1	418,7	439,8	422,9	420,1	419,1
15 hochverschuldete Länder[2]	203,3	268,3	291,9	271,3	288,3	348,7	338,7	299,8	289,1	280,8
jährlicher Schuldendienst in % des Exporterlöses										
Entwicklungsländer	16,2	19,7	18,6	20,0	21,3	23,0	20,3	19,6	18,9	17,5
Länder mit niedrigem Einkommen	19,6	21,3	22,5	25,5	28,2	27,3	25,4	25,6	26,1	26,4
15 hochverschuldete Länder	40,7	51,9	41,8	41,7	40,7	45,3	35,5	39,6	40,8	39,7
darin enthalten: Zinszahlungen in % des Exporterlöses										
Entwicklungsländer	8,7	11,1	11,0	11,7	12,0	11,8	9,3	9,5	10,1	9,3
Länder mit niedrigem Einkommen	8,7	10,2	10,2	11,0	12,8	11,3	10,8	10,8	11,9	12,1
15 hochverschuldete Länder	22,5	31,2	29,5	29,4	28,6	28,3	21,7	24,3	26,7	24,5

[1] Länder, deren Bruttoinlandsprodukt pro Kopf 1986 kleiner als 425 US-$ war; u. a. Äthiopien, Afghanistan, Bangladesh.
[2] Argentinien, Bolivien, Brasilien, Chile, Ecuador, Côte d'Ivoire (Elfenbeinküste), Jugoslawien, Kolumbien, Marokko, Mexiko, Nigeria, Peru, Philippinen, Uruguay, Venezuela.

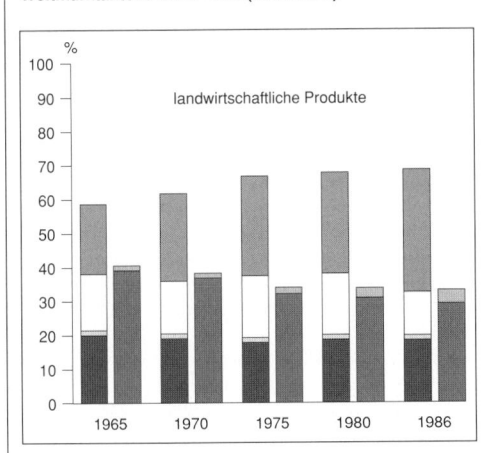

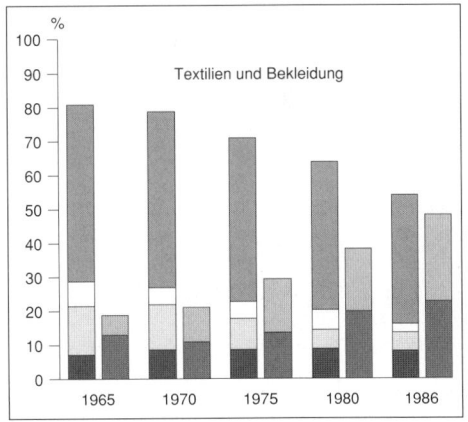

Quelle: IWF [Hrsg.] 1989, S. 192 ff.

Weltmarktanteile 1965–1986 (in Prozent)

landwirtschaftliche Produkte

Textilien und Bekleidung

EUR 9
USA
Japan
andere Industrieländer
vier asiatische NIC-Länder[1]
andere Entwicklungsländer

[1] Hongkong, Südkorea, Taiwan, Singapur
(NIC = Newly Industrializing Countries)

Quelle: Weltbank, Finance and Development 1988, S. 47

dem Süden abgezogen werden, als durch neue Finanztransfers aus dem Norden zufließen?", fragte Willy Brandt und gebrauchte das Bild von der umgekehrten Bluttransfusion vom Patienten zum Arzt.
Am 10. März 1989 sprach sich der amerikanische Finanzminister Brady für einen Schuldenerlaß für die ärmsten und am höchsten verschuldeten Entwicklungsländer aus. Was über Jahre hinweg tabu war, soll nun einen Strich unter die Verschuldungskrise setzen. Beiseite geschoben sind die Bedenken, daß sich aufgrund eines Schuldenerlasses die Kreditwürdigkeit der Schuldnerländer verschlechtern würde. Wieso auch, wenn eine weitere Verschlechterung praktisch nicht mehr möglich ist. Auch den Protest der Länder, die ihre Auslandsschulden bisher klaglos bezahlten, will man in Kauf nehmen. Der Baker-Plan ist tot. Wie lange lebt der Brady-Plan?

Profit jenseits der Grenzen

	Durch Kapitalflucht gebildetes Auslandsvermögen	
	in Milliarden US-Dollar	in Prozent der Auslandsschulden
Venezuela	58	171
Uruguay	4	105
Argentinien	46	93
Mexiko	84	80
Philippinen	23	79
Ecuador	7	78
Nigeria	20	74
Kolumbien	7	46
Bolivien	2	44
Jugoslawien	6	28
Brasilien	31	27
Marokko	3	17
Peru	2	12
Chile	2	10

Das durch Kapitalflucht gebildete Auslandsvermögen der 15 meistverschuldeten Länder wird Ende 1987 einschließlich Zinsen und Dividenden auf rund 300 Milliarden Dollar geschätzt.

Quelle: iwd 7/1989, S. 7

INTERNATIONALER WÄHRUNGSFOND

„Komm, Junge, trink noch einen – das vertreibt die Gedanken an die Zeche!"

„Ist die bisherige Praxis der Entwicklungspolitik lediglich eine ‚kapitalistische Kriegsführung' mit Zinsen?"

(Richard von Weizsäcker, 10. 9. 1988)

„Der arme Süden wird dann den reichen Norden beurteilen. Und die armen Menschen und armen Völker, denen nicht nur Nahrung, sondern auch Freiheit und Menschenrechte fehlen, werden jene richten, die ihnen diese Güter weggenommen und auf Kosten anderer für sich selbst das imperialistische Monopol wirtschaftlicher und politischer Überlegenheit mit Beschlag belegt haben."

(Papst Johannes Paul II. am 17. 9. 1984 in Edmonton, Kanada)

Auf der Weltwährungskonferenz in Berlin 1988 verteilten Demonstranten Fotokopien von 10-US-Dollar-Noten mit folgender Aufschrift: „Wer die Weltwirtschaftsordnung in Frage stellt und ihre Segnungen in Zweifel zieht oder die Ausbreitung des Kapitalismus behindert, wird mit Schuldenlasten nicht unter der Vernichtung seiner Existenz bestraft."

„Weder aus moralischen noch aus politischen Gründen können wir es uns leisten, mehr als 70 Prozent der Weltbevölkerung von relativem Wohlstand und Fortschritt auszuschließen ... Wenn dazu auch Opfer der Banken und der öffentlichen Gläubiger notwendig sind, es wären wie die Mittel des Marshall-Plans keine Almosen, sondern eine Investition in Stabilität und Prosperität der Weltwirtschaft."

(Alfred Herrhausen, 1988)

IWF und Weltbank

Die Gründung des Internationalen Währungsfonds (IWF) wurde im Jahre 1944 auf der Währungs- und Finanzkonferenz der Vereinten Nationen in Bretton Woods beschlossen. 1947 erhielt er den Status einer Sonderorganisation der Vereinten Nationen. Der IWF hat unter anderem die Aufgabe
- geordnete Währungsbeziehungen unter den Mitgliedsländern aufrechtzuerhalten,
- auf innere und äußere Stabilität der Währungen hinzuwirken,
- die Finanzierung und den Abbau von Zahlungsbilanzungleichgewichten zu fördern.

Zur Überwindung kurzfristiger Zahlungsbilanzungleichgewichte können die Mitgliedsstaaten die Hilfe des IWF in Anspruch nehmen. Voraussetzung für einen Kredit des IWF ist in der Regel ein wirtschaftspolitisches Stabilisierungsprogramm des Mitgliedslandes. Durch diese Konditionalität seiner Kredite wirkt der IWF darauf hin, daß die Mitgliedsländer Defizite in ihren Zahlungsbilanzen nicht nur finanzieren, sondern gleichzeitig die wirtschaftspolitischen Kurskorrekturen vornehmen, die notwendig sind, um ihr außenwirtschaftliches Gleichgewicht und die Basis für dauerhaftes, nicht-inflationäres Wirtschaftswachstum wiederherzustellen.

Mitglied kann jedes Land werden, das bereit ist, die aus dem IWF-Übereinkommen folgenden Pflichten zu enger währungspolitischer Konsultation und Kooperation mit dem IWF zu erfüllen. Zur Zeit gehören dem IWF 149 Mitgliedsländer an. Die Mittel des IWF stammen vorwiegend aus den Quoteneinzahlungen seiner Mitglieder, für deren Höhe die wirtschaftliche und finanzielle Stärke dieser Länder eine wichtige Rolle spielt. Von der Höhe der Quote hängt der Umfang des Stimmrechts ab. Die Quoten aller Mitgliedsländer betragen 90 Mrd. Sonderziehungsrechte (1 SZR = 2,35 DM).

Die Internationale Bank für Wiederaufbau und Entwicklung, genannt Weltbank, ist eine rechtlich selbständige Sonderorganisation der Vereinten Nationen. Zu den insgesamt 150 Mitgliedsländern (30. 6. 1986) gehören 24 Industrieländer (Stimmrechtsanteil: 62% bei 65% Kapitalanteil) sowie 126 Entwicklungsländer (Stimmrechtsanteil: 38% bei 35% Kaptialanteil). Das Ziel der Weltbank ist es, Wirtschaftswachstum und soziale Entwicklung in den weniger entwickelten Mitgliedsländern durch die Vergabe von langfristigen Darlehen oder durch Beteiligungen an Firmen zu fördern. Sie beteiligt sich sowohl an der Finanzierung von einzelnen Projekten als auch von Programmen. Die Weltbank vergibt Darlehen nur an Regierungen oder an Projektträger mit einer Regierungsgarantie. In den ersten Jahren hat sie hauptsächlich Infrastrukturmaßnahmen und Produktionsanlagen finanziert. In den vergangenen Jahren sind ihre Aktivitäten jedoch stärker auf sektorübergreifende gesamtwirtschaftliche Maßnahmen orientiert worden. Projekte und Programme, die unmittelbar der Masse der armen ländlichen und städtischen Bevölkerung in Entwicklungsländern zugute kommen, nehmen zu. *(nach Holthus 1987, S. 54ff.)*

Um den Zufluß privater Mittel an Entwicklungsländer zu fördern, ist 1988 die Multilaterale Investitions-Garantie-Agentur (MIGA) gegründet worden. Diese Weltbank-Institution hat zum Ziel, ausländische Direktinvestitionen, vor allem in den Entwicklungsländern, gegen nicht-kommerzielle Risiken wie Enteignung, Krieg oder politische Unruhen zu versichern.

Entwicklungspolitik

Die internationale Entwicklungspolitik und ihr Wandel

Seit 1950 leisten die westlichen Industriestaaten Entwicklungshilfe, sie erarbeiten Modelle und Strategien, um die Ursachen der Unterentwicklung zu klären und die globalen Ungleichgewichte abzubauen. Bislang hat sich keines der Modelle als endgültig tragfähig erwiesen. Am Ende jeder Entwicklungsdekade wurde trotz aller Bemühungen sowohl von der Geber- als auch von der Nehmerseite nicht mit Kritik an der Wirksamkeit der Maßnahmen gespart. Der Wandel ist bislang das einzige stabile Element der Entwicklungspolitik.

Die erste Entwicklungsdekade (1960–1970)

Wachstum ohne Entwicklung

Die Entwicklungsstrategie der Anfangsjahre wurde von der Überzeugung getragen, daß ein marktorientiertes, auf den freien, internationalen Warenaustausch angelegtes Wirtschaftssystem gelenkten Systemen überlegen sei. Angestrebt wurde eine internationale Arbeitsteilung. Die Erfolge des Marshallplans in Westeuropa galten als beispielhaft für Entwicklungsprozesse. Als Haupthindernis für einen wirtschaftlichen Aufschwung in den Entwicklungsländern galt der Kapitalmangel. „Führe der Wirtschaft ausreichende Kapitalmittel zu, dann werden der Aufschwung und die politische Stabilisierung nicht ausbleiben", so dachte man. In der ersten Dekade versuchte man daher durch massive Kapitalzufuhr, industrielle Großprojekte, oft auch prestigeträchtige Projekte, zu fördern, von denen man sich schnelle wirtschaftliche Erfolge versprach. Daß ein höheres Volkseinkommen zunächst die reichen Bevölkerungsschichten in den Entwicklungsländern begünstigte, nahm man in Kauf. „Kümmere dich um das Bruttosozialprodukt, dann kümmert es sich um die Armut", wurde zu einem Motto der ersten Dekade. Wenn es gelingt, das durchschnittliche Pro-Kopf-Einkommen auf mindestens 600 US-Dollar pro Jahr zu steigern, dann sollte sich auch die Einkommenssituation der ärmsten Bevölkerungsschichten deutlich verbessern, prognostizierten die Experten. Der Landwirtschaft und dem Kleingewerbe wurde für den volkswirtschaftlichen Entwicklungsprozeß kaum Bedeutung beigemessen. Der erste Rechenschaftsbericht der Weltbank, der sogenannte Pearson Bericht aus dem Jahre 1969, enttäuschte jedoch die Erwartungen. Das Bruttosozialprodukt der Entwicklungsländer war durch die Kapitalhilfe zwar um beachtliche fünf Prozent gestiegen, die Massenarmut hatte aber deutlich zugenommen, eine konkurrenzfähige Exportindustrie war in keinem Land zu erkennen, die Landwirtschaft konnte die Ernährung der Bevölkerung nicht leisten. Trotz dieser Befunde wurde vorgeschlagen, die Kapitalzufuhr weiter zu erhöhen, um das Bruttosozialprodukt und das Pro-Kopf-Einkommen zu steigern und das „Gespenst einer Krise der Entwicklungshilfe" zu bannen. Bis zur Jahrhundertwende würden dann die meisten Entwicklungsländer das angestrebte Wirtschaftswachstum aus eigener Kraft erreichen können.

Die zweite Entwicklungsdekade (1971–1980)

Grundbedürfnisstrategie oder Collective Self-Reliance, der Streit beginnt.

Zu Beginn der zweiten Entwicklungsdekade setzte eine grundsätzliche Neuorientierung in der Entwicklungshilfe ein. Das Konzept der ökonomischen Wachstumsstrategie galt als gescheitert, da die ärmsten Bevölkerungsschichten nicht erreicht wurden. 1973 wies der damalige Weltbankpräsident McNamara auf die entwürdigenden Lebensbedingungen, Krankheit, Analphabetentum, Unterernährung und Verwahrlosung als Merkmale der „absoluten Armut" hin. Die vordringlichste Aufgabe der Entwicklungshilfe sollte der Kampf gegen die absolute Armut sein. Eine Gruppe der Weltbank legte fest, wo absolute Armut beginnt: Pro-Kopf-Einkommen unter 150 US-Dollar pro Jahr, Kalorienverbrauch pro Tag unter 2160–2670, Lebenserwartung unter 55 Jahren, Kindersterblichkeit über 33‰, Geburtenrate über 25‰.

1974 wurde auf einem Symposium der Vereinten Nationen in Mexiko eine Erklärung verabschiedet, in der es heißt:

„Als erstes müssen wir überhaupt Ziel und Zweck von Entwicklung definieren. Es kann sich nur darum handeln, den Menschen zu fördern und nicht,

Struktur der Unterentwicklung
Anteil am Welthandel in %

		1975	1980	1983	1985	1986
Industrieländer	E	67,0	68,4	65,6	68,4	70,1
	A	65,6	62,6	63,5	65,8	68,1
Entwicklungsländer	E	21,7	22,5	25,0	20,7	19,1
	A	24,6	28,5	25,2	23,6	20,0
darunter: OPEC	E	5,7	6,1	7,4	5,2	5,2
	A	13,0	15,4	9,9	6,8	6,8
LDCs	E	0,8	0,8	0,8	0,7	0,7
	A	0,4	0,4	0,4	0,3	0,3
Staatshandelsländer	E	11,3	9,0	10,3	10,7	10,8
	A	9,9	8,9	11,2	10,5	10,6

E = Einfuhr, A = Ausfuhr

Quelle: BMZ, Journalistenhandbuch 1988

die Dinge zu entwickeln. Menschen haben bestimmte Grundbedürfnisse: Nahrung, Unterkunft, Kleidung, Gesundheit und Bildung. Jeder Wachstumsvorgang, der nicht zur Befriedigung dieser Bedürfnisse führt..., ist eine Verkehrung des Entwicklungsgedankens. Wir sind der Meinung, daß die Hoffnung, daß schnelles wirtschaftliches Wachstum zum Nutzen weniger zur Masse des Volkes durchsickern wird, sich als illusorisch erwiesen hat. Deshalb verwerfen wir den Gedanken: Erst Wachstum – Gerechtigkeit bei der Verteilung des Nutzens später. Das Ideal, das wir brauchen, ist eine harmonische, auf Zusammenarbeit ausgerichtete Welt, in der jeder Teil ein Zentrum ist, das auf niemandes Kosten lebt, in Partnerschaft mit der Natur und in Solidarität mit künftigen Generationen."

(nach Informationen z. Polit. Bildung 1988, S. 19/20)

Der Ansatz der Grundbedürfnisstrategie fand zunächst allgemeine Zustimmung, da er einleuchtend und moralisch unangreifbar war. Differenzen ergaben sich jedoch bald bei der Frage, mit welchen Mitteln die Ziele zu erreichen seien. Die Industrieländer befürchteten, daß eine Umverteilung des Kapitals sozialistische Tendenzen fördern könnte, die Entwicklungsländer sahen darin einen Versuch, ihnen moderne Technologie vorzuenthalten, die Abhängigkeit festzuschreiben und von den Forderungen nach einer Reform des internationalen Wirtschaftssystems abzulenken.

Überlagert wurde die Diskussion über die Grundbedürfnisstrategie von dem Ringen um eine neue Weltwirtschaftsordnung. Die Entwicklungsländer forderten mit Hinweis auf die koloniale Vergangenheit Vorzugsrechte im internationalen Handel, Preisgarantien für ihre Rohstoffe sowie Hilfen bei der Rohstoffverarbeitung in den Erzeugerländern. Manche westliche Politiker hielten dagegen, daß die angestrebte neue Weltwirtschaftsordnung einseitig die Interessen der Entwicklungsländer betone, die Rohstoffabkommen nicht mit marktwirtschaftlichen Prinzipien vereinbar seien und die strukturelle Abhängigkeit vom Weltmarkt nicht geändert würde.

Aus den negativen Erfahrungen und dem geringen Einfluß des Welthandels auf den Entwicklungsprozeß wurde ein neuer Ansatz zur Diskussion gestellt: Wenn der Weltmarkt die gewünschten Entwicklungsimpulse nicht auslösen kann, dann sei es sinnvoller, die Entwicklungsländer zumindest zeitweise vom Weltmarkt abzukoppeln. Eine autozentrierte, auf das eigene Land bezogene Entwicklung könne die Eigenproduktion fördern, die Landwirtschaft stärken und die schöpferischen Kräfte mobilisieren. Zu verstärken sei darüber hinaus die Süd-Süd-Kooperation. „Die Dritte Welt hat langfristig nur eine Chance, eigenständige und lebensfähige Ökonomien aufzubauen, wenn sie sich von der gegebenen internationalen Ökonomie auf Zeit abkoppelt."

(Senghas, 1982, S. 336)

Das Konzept der Collective-Self-Reliance wurde von vielen Entwicklungsländern abgelehnt. Sie sahen darin eine erneute Diskriminierung und die Abkoppelung von zukunftsorientierter Industrie.

Die Bilanz, die am Ende der zweiten Entwicklungsdekade von der Unabhängigen Kommission für internationale Entwicklungsfragen unter Leitung von Willy Brandt gezogen wurde, ergab, daß sich die Situation der Entwicklungsländer immer noch nicht grundsätzlich geändert habe. Für die dritte Entwicklungsdekade wurde empfohlen, das Konzept der Abkoppelung zu verwerfen, Wachstum und Integration in den Weltmarkt zu fördern, den Gedanken der Partnerschaft zu pflegen und das gemeinsame Interesse von Industrie- und Entwicklungsländern hervorzuheben.

Wie Karikaturisten entwicklungspolitische Ansätze sehen

Die dritte Entwicklungsdekade (1980–1990)

Die Zeit der Ernüchterung und der kleinen Schritte

Auf der ersten Gipfelkonferenz, die auf Empfehlung der Vereinten Nationen 1981 in Cancun einberufen wurde, forderten die Entwicklungsländer globale Verhandlungen über alle wichtigen Nord-Süd Probleme. Ferner sollte die Rolle von IWF, GATT und der Weltbank überprüft werden. Die Verhandlungen scheiterten jedoch, so daß große konzeptionelle Entwürfe nicht verabschiedet werden konnten. Man einigte sich auf einige ökonomische Zielgrößen, verhandelte über soziale Maßnahmen, wie ärztliche Versorgung, Verringerung der Kindersterblichkeit, Trinkwasserversorgung und Bildung. Geplant wurden ferner kleinere, praktische Projekte, die der breiten Bevölkerung dienten. Als Hauptproblem erwies sich die Schuldenkrise, die viele Entwicklungsländer an den Rand der Zahlungsunfähigkeit brachte.

Entwicklungshilfe — wohin ?
Die größten Empfänger von öffentlicher Entwicklungshilfe 1980 - 1986 in Mrd. Dollar

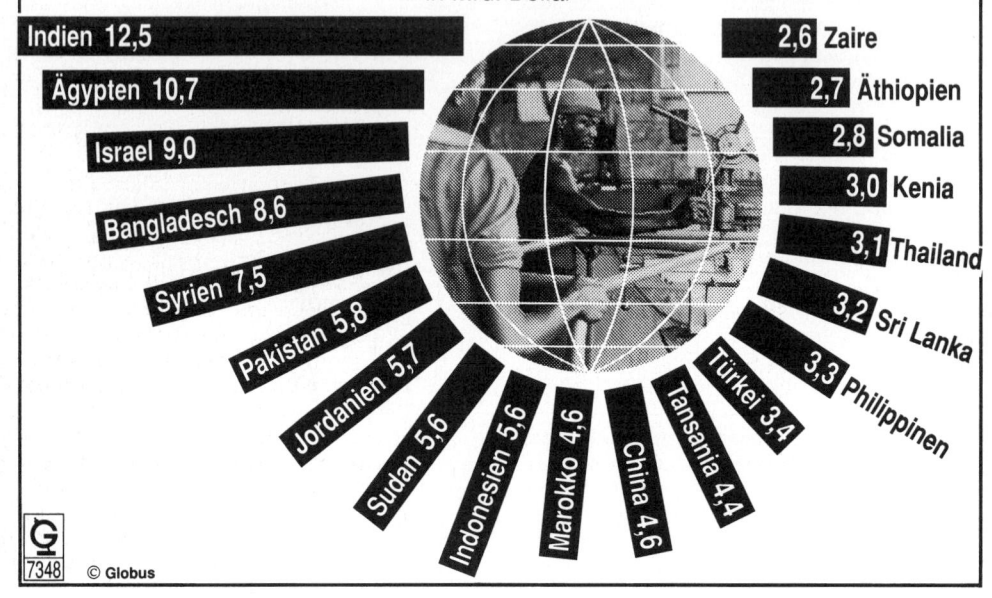

- Indien 12,5
- Ägypten 10,7
- Israel 9,0
- Bangladesch 8,6
- Syrien 7,5
- Pakistan 5,8
- Jordanien 5,7
- Sudan 5,6
- Indonesien 5,6
- Marokko 4,6
- China 4,6
- Tansania 4,4
- Türkei 3,4
- Philippinen 3,3
- Sri Lanka 3,2
- Thailand 3,1
- Kenia 3,0
- Somalia 2,8
- Äthiopien 2,7
- Zaire 2,6

© Globus

Die Erkenntnis der dritten Entwicklungsdekade besteht darin, daß es eine allgemeingültige Theorie und Strategie der Entwicklung der Dritten Welt nicht gibt, daß Bescheidenheit bei den Erwartungen angezeigt ist und daß kleine, praktische Schritte, die die Wünsche und das Engagement der Bevölkerung miteinbeziehen, wirkungsvoller sein können, als spektakuläre Großprojekte.

Trotz dieser Erkenntnis werden weiterhin von vielen Institutionen und Ländern Großprojekte eher favorisiert als Kleinprojekte. Gründe dafür werden in den steigenden Etatmitteln und dem Interesse vieler Staatsführer in Entwicklungsländern an Großprojekten gesehen. Einige deutsche Experten bezweifeln inzwischen, daß Sachkapital heute der einzige begrenzende Faktor der Entwicklung der Dritten Welt ist. Man glaubt, es müsse vielmehr darum gehen, vorhandenes Kapital wirkungsvoller als bisher einzusetzen (Siebeke 1989, S. 17).

Seit Ende der achziger Jahre wird in der Entwicklungspolitik dem ökologischen Aspekt verstärkt Rechnung getragen. Einige westliche Industrieländer, so auch die Bundesrepublik Deutschland, verbinden die Stundung der Kredite oder Teilverzichte mit der Auflage an Entwicklungsländer, Umweltschutzmaßnahmen konsequenter als bisher durchzuführen. 1989 wurde zum Beispiel Kenia die Rückzahlung von 180 Millionen DM erlassen. Als Gegenleistung verpflichtete sich die Regierung dieses Landes, Projekte zum Schutz der heimischen Umwelt zu fördern. Brasilien wurde ein Teil der Schulden mit der Auflage gestundet, Maßnahmen zum Schutz des Regenwaldes zu ergreifen.

Die Entwicklungspolitik der EG – das Konzept der regionalen Schwerpunkte

Die europäische Entwicklungspolitik berücksichtigte in den Anfängen vor allem die Länder, die zum europäischen Kolonialreich gehörten. Afrika bildete den Schwerpunkt von Fördermaßnahmen. Heute bestehen Abkommen mit
- 66 Ländern Afrikas, der Karibik und des Pazifik (AKP-Staaten),
- den südlichen und östlichen Anrainern des Mittelmeeres,
- 12 Ländern Asiens und Lateinamerikas, die nicht zu den AKP-Staaten gehören.

Die Abkommen von Lomé, „das ausgereifteste Modell der Zusammenarbeit"

1975 wurden in der Hauptstadt Togos Verträge unterzeichnet, denen man auch heute noch Modellcharakter zuspricht. In diesen und den Folgeverträgen wurde der freie Zugang für fast alle AKP-Erzeugnisse zu dem EG-Markt garantiert. Es wurde ein System (STABEX) geschaffen, das Preisschwankungen für Rohstoffe auf dem Weltmarkt auffangen soll. SYSMIN, ein Mineralienfonds, fördert den Absatz von Bergbauprodukten auf dem Weltmarkt. Die Entwicklung der Landwirtschaft, die Bekämpfung der Desertifikation und die industrielle Kooperation werden über den europäischen Entwicklungsfonds finanziert, zu dem die Bundesrepublik Deutschland 26% beiträgt.

In den Abkommen von Lomé wird der Anspruch erhoben, Entwicklungsländer als bevorzugte Partner zu behandeln. Die Mitwirkung sieht folgendes Verfahren vor:

Die Prioritäten und Planungen werden von dem einzelnen AKP-Staat eigenverantwortlich erstellt. Über den Projektantrag entscheidet dann die EG. Bei der Realisierung der Projekte sind die AKP-Staaten und die EG gleichberechtigte Partner, die eng zusammenarbeiten. Eine Delegation der EG-Kommission berät die Regierung des Entwicklungslandes; der Ministerrat der Vertragspartner überwacht gemeinsam die ordnungsgemäße Abwicklung des Projektes.

Im Laufe des Dialogs wurde jedoch auch Kritik geäußert. Die Vertreter der AKP-Staaten bemängelten, daß nicht alle Waren in unbegrenzter Menge in die EG importiert werden

Nettoauszahlungen der Haupt-Gebergruppen an die Entwicklungsländer

Gebergruppe	1975		1980		1985		1986	
	Mill. US-$	% BSP	Mill. US-$	% BSP	Mill. US-$	% BSP	Mill. US-$	% BSP
DAC-Länder	13 846	0,35	27 297	0,37	29 429	0,35	36 678	0,35
OPEC-Länder	6 109	2,92	9 636	1,84	3 603	0,65	4 582	0,95
Staatshandelsländer	1 502	0,14	2 620	0,18	3 530	0,24	4 644	0,29
zusammen	21 457	–	39 558	–	36 562	–	45 904	–
	Anteile in %							
DAC-Länder	64,5		69,0		80,5		79,9	
OPEC-Länder	28,5		24,4		9,9		10,0	
Staatshandelsländer	7,0		6,6		9,7		10,1	
zusammen	100		100		100		100	

DAC = Development Assistance Committee (Entwicklungshilfe-Ausschuß der OECD)   Quelle: BMZ Journalistenhandbuch 1988, S. 63

können und daß die Entscheidung, welche Projekte genehmigt werden, immer noch bei der EG liegt.

Trotz der Differenzen gelten die Lomé-Abkommen international als beispielhaft, und immer mehr Staaten der Dritten Welt versuchen, in das europäische Förderprogramm aufgenommen zu werden.

Im Rahmen der Lomé-Abkommen werden regionale und nationale Fördermaßnahmen durchgeführt. Zu den regionalen Aktionen gehören zum Beispiel: Transportprogramme zur Verbesserung des Infrastruktur (Bau von Bahnlinien, Straßen, Häfen), Landwirtschafts- und Ernährungsprogramme (Vernichtung der Tse-Tse-Fliege, Forschung in Landwirtschaft und Fischzucht) sowie Hilfen für Ausbildung, Qualifikation und andere Sektoren (Bildungsprojekte, Förderung von Energie- und Tourismusprojekten).

Zu den nationalen Aktionen gehören Hilfen für ausgewählte Staaten im Rahmen der kleinbäuerlichen Landwirtschaft, der Fischerei, der Kooperativen. Gefördert werden ferner die Gründung von Klein- und Mittelbetrieben und Hilfsaktionen für Flüchtlinge.

Ob Lomé IV, das 1990 zu verhandelnde nächste Abkommen, international brisante Probleme wie die weitere Öffnung des EG-Marktes für Agrarprodukte, den Abbau der Verschuldung und die Menschenrechtsfrage einvernehmlich lösen kann, ist fraglich. Zu unterschiedlich sind die Interessen und Empfindlichkeiten der Partner. Nicht einmal in der Menschenrechtsfrage ist bislang Konsens zu erreichen. Die AKP-Seite befürchtet, daß „sich die Westeuropäer in ihre inneren Angelegenheiten einmischen wollen, indem sie sich als Richter in Menschenrechtsfragen verstehen und bei aus westlicher Sicht vorhandenen Verstößen Sanktionen verhängen. Nach ihrer (der EG) Auffassung ist das Recht auf Leben das wichtigste Menschenrecht, und dieses ist in vielen der am wenigsten entwickelten Länder keineswegs gewährleistet." *(Schmuck 1989, S. 8).*

Beiträge in Prozent der von jedem Kontinent 1986 erhaltenen Gesamthilfe			
Geber	Amerika	Asien	Afrika
EG	34,5	13,7	52
USA	28,8	18,8	20,1
Japan	6,9	16,5	5,4

Hilfe der EG (in Mill. ECU)	1983	1986
AKP	903 (60%)	847 (50%)
Nicht-AKP	536 (40%)	854 (50%)
Insgesamt	1439	1701

Der EG-Handel mit den 66 AKP-Staaten
(Angaben in Mill. ECU, 1 ECU = 2,083 DM)

	1960	1970	1980	1987
Export der EG in die AKP-Staaten (in % aller EG-Exporte)	2 392 (9,4)	4 068 (7,5)	17 048 (7,7)	13 843 (4,1)
Import der EG aus den AKP-Staaten (in % aller EG-Importe)	2 826 (9,7)	5 472 (8,6)	20 744 (7,3)	16 374 (4,8)
Handelsbilanz	− 434	− 1 405	− 3 696	− 2 531

Quelle: Eurostat 1988

Die Entwicklungspolitik der Bundesrepublik Deutschland

Von der Entwicklungshilfe zur Entwicklungspolitik – die Zeit der Experimente

Später als andere Nationen begann die Bundesrepublik Deutschland, mit Ländern der Dritten Welt zusammenzuarbeiten. Zu Beginn der fünfziger Jahre wurden erstmals Mittel von dem damaligen Bundesministerium für Wirtschaft für experimentelle Projekte und den Erfahrungsaustausch mit weniger entwickelten Staaten bereitgestellt. Das Auswärtige Amt, das sich der technischen Hilfe annahm, förderte Ausbildungs- und Beratungsprojekte im Agrar- und Gesundheitswesen. Im Gegensatz zu den Kolonialmächten, die sich in besonderem Maße für ihre ehemaligen Kolonien engangierten, streute die Bundesrepublik ihre Wirtschaftshilfe weltweit. Die Verteilung der Mittel erfolgte ohne Schwerpunktsetzung nach dem Gießkannenprinzip. Leitlinien für die Entwicklungshilfe waren:
- die Deutschlandpolitik und die Hallsteindoktrin, die die völkerrechtliche Anerkennung der DDR verhindern sollte,
- das außenpolitische Interesse, mit möglichst vielen Nationen Beziehungen zu unterhalten,
- die Interessen der expandierenden deutschen Wirtschaft, sich internationale Absatzmärkte und Rohstoffquellen zu sichern.

Gefördert wurden vor allem prestigeträchtige Großprojekte, von denen man sich den erhofften „take off" für die Entwicklungsländer und Anerkennung versprach. Unterstützt wurden auch infrastrukturelle Maßnahmen als vermeintlich wichtigste Voraussetzungen für den Aufbau nationaler Märkte und die erwünschte Anbindung an den Weltmarkt. Finanziert wurden die Projekte über Kredite (80%) sowie nicht zurückzahlbare Leistungen (20%). Die Auszahlung der Mittel war größtenteils mit der Auflage verbunden, Aufträge an deutsche Firmen zu vergeben und deutsche Industriegüter zu kaufen.

Schlüsselfertige Fabriken, Bahnlinien, Staudämme, Hafenanlagen, ohne die Mitwirkung der Partner erstellt, fanden in vielen Fällen nicht die gewünschte Anerkennung. Fehlschläge und Ungereimtheiten bei der Projektarbeit, wie das Bau von Straßen in unproduktive Periphergebiete oder der Bau von Fabriken ohne Verkehrsanbindung, führten bald zu heftiger wechselseitiger Kritik.

Der burmesische Staatschef Ne Win charakterisierte die Hilfe wie folgt:
„Diese Art von Hilfe nützt nichts, sie verkrüppelt und lähmt eher das Land. Die Empfänger lernen nie, die Dinge selbst in die Hand zu nehmen. Sie verlassen sich mehr und mehr auf ausländische Experten und ausländisches Geld" *(Inform. z. polit. Bildung 136/137, 1973, S. 24).* Und ein deutscher Minister stellte fest, daß sich die Frage, wie man Entwicklungshilfe betreiben könne, ohne sich damit Feinde zu schaffen, zu dem außenpolitisch wichtigsten Problem entwickelt habe.

Small wird beautiful

1961 wurde ein eigenes Ministerium für Entwicklungsfragen gegründet. Das Bundesministerium für wirtschaftliche Zusammenarbeit (BMZ) sollte für die zweite Phase der deutschen Entwicklungspolitik Strategien, Programme und Organisationsformen entwickeln. Damit wuchs man aus der experimentellen Phase heraus.

In den sechziger Jahren waren die entwicklungspolitischen Positionen der Anfangsphase nicht mehr haltbar. Die Entwicklungsländer nahmen eine immer selbstbewußtere Rolle zwischen den Blöcken ein, das Rohstoffkartell der OPEC zwang zu politischer Flexibilität, die heimische Industrie verlangte, Wirtschaftsinteressen und politische Interessen zu trennen, die Öffentlichkeit war für humanitäre Fragen sensibilisiert. Auch in der Einschätzung der Hilfeleistungen zeichnete sich während der zweiten Phase ein Umdenken ab. Wurde Entwicklungshilfe bislang vielfach als Opfer der Industrienationen be-

Hilfe durch Handel
Die Finanzströme zwischen der Bundesrepublik Deutschland und Entwicklungsländern[1] (in Mrd. DM)

	Zahlungen der Bundesrepublik Deutschland an Entwicklungsländer			Einnahmen der Bundesrepublik Deutschland aus Entwicklungsländern		
	1986	1987	1988	1986	1987	1988
	Einfuhren aus Entwicklungsländern			Ausfuhren in Entwicklungsländer		
Insgesamt	51,25	49,17	54,68	60,64	55,19	57,04
nach Regionen:						
Asien/Ozeanien	21,42	24,61	28,88	26,29	25,68	27,29
Afrika	6,32	4,96	4,69	7,07	5,80	6,02
Amerika	11,25	9,02	10,98	9,52	9,64	8,04
OPEC-Länder	12,26	10,58	10,13	17,76	14,07	15,33
	Dienstleistungen					
	der Entwicklungsländer			der Bundesrepublik Deutschland		
Insgesamt	21,87	22,10	21,60	18,97	18,27	18,65
nach Regionen:						
OPEC	7,26	6,52	5,72	6,08	5,26	4,66
ohne OPEC:						
Asien/Ozeanien	7,61	7,99	8,36	5,27	5,78	6,07
Afrika	2,82	3,10	3,10	2,02	1,76	1,90
Amerika	4,18	4,50	4,43	5,59	5,47	6,02
nach Sektoren:						
Kreditzinsen	5,28	5,51	5,47	4,90	4,63	5,36
sonstige Kapitalerträge	1,27	2,02	2,02	0,89	2,01	2,55
Reiseverkehr	2,98	3,50	3,73	0,92	0,81	0,91
Transportleistung	3,90	3,51	2,98	4,03	3,64	3,80
Bauleistungen und Montage	2,02	1,36	...	4,63	3,72	...
Sonstige	6,42	6,20	...	3,61	3,43	...
	Langfristige Kapitalanlagen[2]					
	der Bundesrepublik Deutschland in Entwicklungsländern			der Entwicklungsländer in der Bundesrepublik Deutschland		
Neuanlagen:						
Insgesamt	34,41	37,53	39,37	56,27	56,56	42,37
davon Kredite:	13,66	13,61	14,73	24,52	15,41	8,17
Wirtschaftsbeziehungen insgesamt	107,53	108,80	115,55	135,88	130,02	118,06
Dagegen:						
Öffentl. und private Leistungen der Entwicklungshilfe[3] insgesamt	12,0	11,6	14,1			

[1] ohne europäische Entwicklungsländer
[2] brutto, also ohne Berücksichtigung von Rückflüssen
[3] bilateral und multilateral; netto, also nach Abzug von Rückflüssen

Quelle: Dritte Welt im Wandel 1989, S. 65

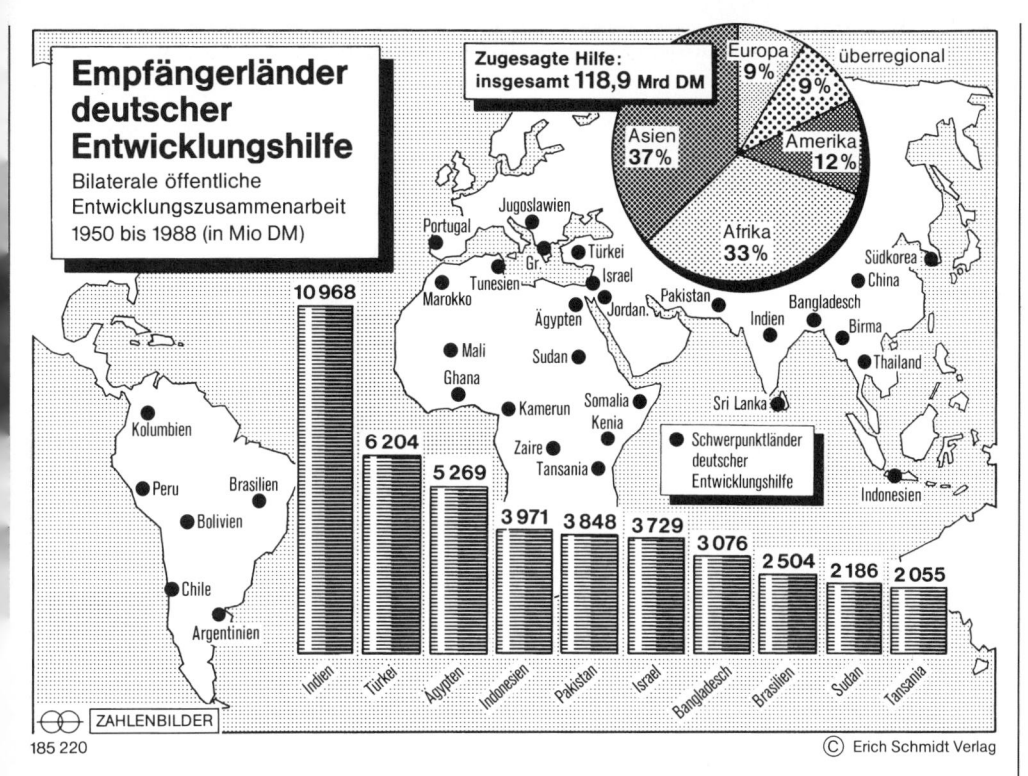

Empfängerländer deutscher Entwicklungshilfe

Bilaterale öffentliche Entwicklungszusammenarbeit 1950 bis 1988 (in Mio DM)

Zugesagte Hilfe: insgesamt 118,9 Mrd DM

- Europa 9%
- überregional 9%
- Asien 37%
- Amerika 12%
- Afrika 33%

Schwerpunktländer deutscher Entwicklungshilfe

- Indien: 10 968
- Türkei: 6 204
- Ägypten: 5 269
- Indonesien: 3 971
- Pakistan: 3 848
- Israel: 3 729
- Bangladesch: 3 076
- Brasilien: 2 504
- Sudan: 2 186
- Tansania: 2 055

© Erich Schmidt Verlag

trachtet, so gewann nunmehr der Gedanke der Partnerschaft an Bedeutung. Partnerschaft oder die Politik des Interessenausgleichs betonte die Verantwortung der Bundesrepublik Deutschland für die Entwicklungsländer, stellte aber auch den legitimen Anspruch auf eigenen Nutzen klar. In der Erkenntnis, daß die nationale und internationale Entwicklungshilfe bislang die Erwartungen nicht erfüllte, beschloß das Kabinett 1970 die regelmäßige Veröffentlichung der „Berichte zur Entwicklungspolitik der Bundesregierung", in denen einerseits Bilanz gezogen, andererseits aber auch entwicklungspolitische Perspektiven aufgezeigt wurden. 1971 wurde die neue Entwicklungspolitik in 25 Thesen definiert. Gefordert wurde:

- einen Ausgleich zwischen entwicklungspolitischen Erfordernissen und unseren anderen Interessen herzustellen,
- die ländliche Entwicklung in besonderem Maße zu fördern und bei Krisen Nahrungsmittelhilfe zu leisten,
- arbeitsintensive Technologien zu fördern, um das Beschäftigungsproblem lösen zu helfen,
- bevölkerungspolitische Maßnahmen in den Entwicklungsländern zu unterstützen.

Die Bundesregierung sicherte ferner ihr Bemühen zu, das Interesse der deutschen Wirtschaft an einer gesicherten Rohstoffversorgung mit den Interessen der Entwicklungsländer nach inländischer Rohstoffverarbeitung und Steigerung der Ausfuhren in Einklang zu bringen.

In den Folgeberichten wurden diese Grundpositionen ständig erweitert. Betont wurden der Partnerschaftsgedanke, die Eigenverantwortung der Entwicklungsländer, die Bedeutung der Frauen in dem Entwicklungsprozeß.

Einige wichtige Berührungsfelder Bundesrepublik Deutschland – Entwicklungsländer
Zahlen für 1986/1988 in Mrd. DM

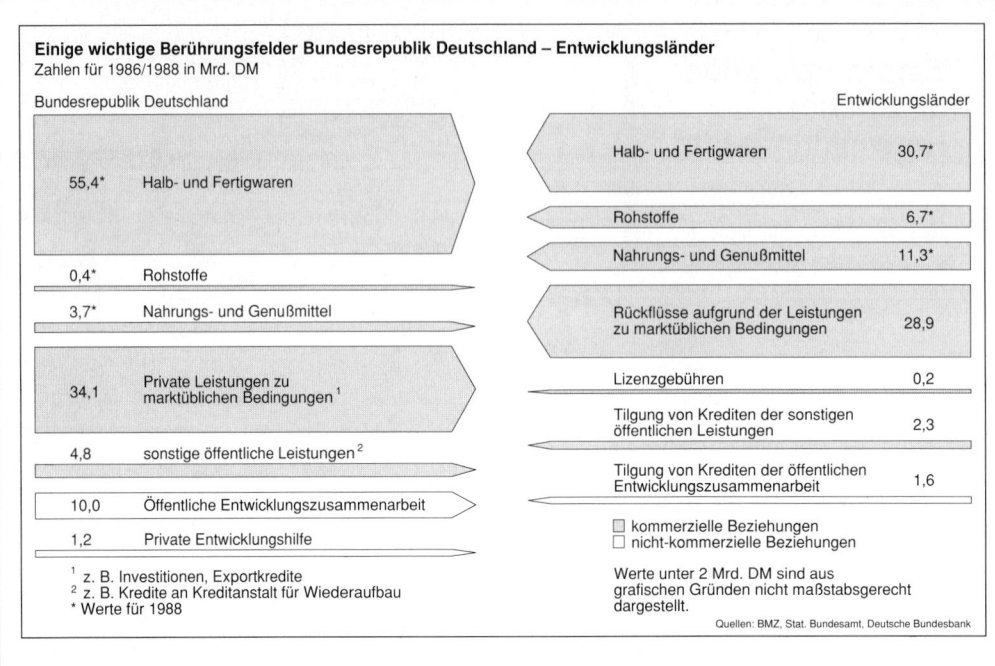

Bundesrepublik Deutschland — **Entwicklungsländer**

Bundesrepublik Deutschland	Entwicklungsländer
55,4* Halb- und Fertigwaren	Halb- und Fertigwaren 30,7*
0,4* Rohstoffe	Rohstoffe 6,7*
3,7* Nahrungs- und Genußmittel	Nahrungs- und Genußmittel 11,3*
34,1 Private Leistungen zu marktüblichen Bedingungen [1]	Rückflüsse aufgrund der Leistungen zu marktüblichen Bedingungen 28,9
4,8 sonstige öffentliche Leistungen [2]	Lizenzgebühren 0,2
10,0 Öffentliche Entwicklungszusammenarbeit	Tilgung von Krediten der sonstigen öffentlichen Leistungen 2,3
1,2 Private Entwicklungshilfe	Tilgung von Krediten der öffentlichen Entwicklungszusammenarbeit 1,6

☐ kommerzielle Beziehungen
☐ nicht-kommerzielle Beziehungen

[1] z. B. Investitionen, Exportkredite
[2] z. B. Kredite an Kreditanstalt für Wiederaufbau
* Werte für 1988

Werte unter 2 Mrd. DM sind aus grafischen Gründen nicht maßstabsgerecht dargestellt.

Quellen: BMZ, Stat. Bundesamt, Deutsche Bundesbank

Entwicklungshilfe der Bundesrepublik Deutschland 1950–1988 (in Mrd. DM)

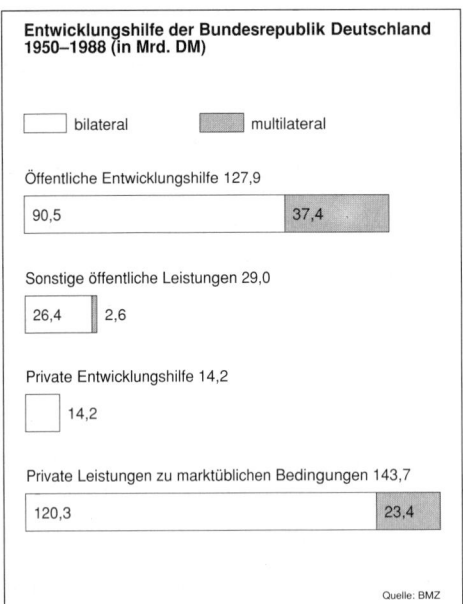

☐ bilateral   ■ multilateral

Öffentliche Entwicklungshilfe 127,9
| 90,5 | 37,4 |

Sonstige öffentliche Leistungen 29,0
| 26,4 | 2,6 |

Private Entwicklungshilfe 14,2
| 14,2 | |

Private Leistungen zu marktüblichen Bedingungen 143,7
| 120,3 | 23,4 |

Quelle: BMZ

Entwicklungspolitik: Privatinitiative gefördert
Bundeszuschüsse an private Träger

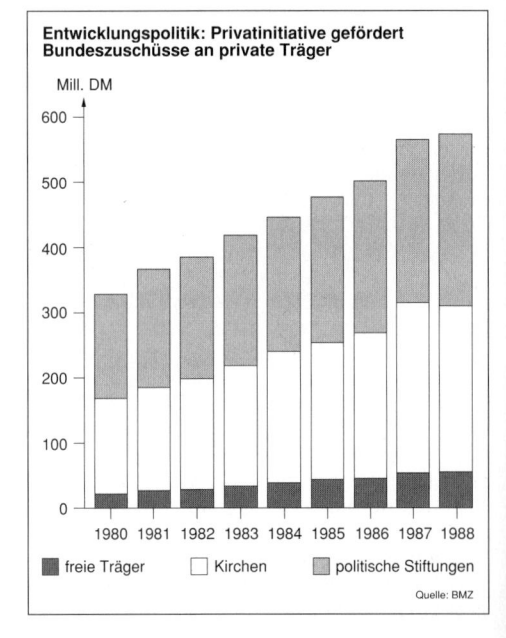

Mill. DM, 1980–1988

■ freie Träger ☐ Kirchen ▨ politische Stiftungen

Quelle: BMZ

Die Mittel wurden zunehmend regional und projektbezogen eingesetzt.

Die Erkenntnis, daß die Förderung der „grünen Revolution" die sozialen Gegensätze im ländlichen Raum verschärfte, führte Ende der siebziger Jahre zu dem Beschluß, Mittel vor allem für agrarstrukturelle Maßnahmen wie Bodenreformen und die Förderung des Exports von landwirtschaftlichen Veredelungs- und Verarbeitungsprodukten bereitzustellen. Im industriellen Bereich sollten zwar nach wie vor die exportorientierte Industrie, vor allem aber Klein- und Mittelbetriebe gefördert werden, von denen man sich eine positive Wirkung auf den Binnenmarkt versprach. „Small is beautiful" wurde zur neuen Devise.

Bereits in diese Zeit fällt die Aufforderung, Entwicklungsprojekte auch auf ihre Umweltverträglichkeit hin zu überprüfen.

Trotz der Bemühungen und trotz der Erfolge der Entwicklungshilfe wurde am Ende dieser Phase erneut nicht mit Kritik gespart. Der Politik wurde vorgeworfen, sie gehe an den wirklichen Bedürfnissen der Bevölkerung vorbei, die Mittel würden nicht effizient genug eingesetzt, die Dauerkrise im Sahelbereich habe sich weiter verschärft und die Verschuldung nehme dramatische Ausmaße an. Die härteste Kritik wurde von Brigitte Erler, einer ehemaligen Mitarbeiterin des Bundesministeriums für wirtschaftliche Zusammenarbeit, geäußert: Sie behauptet, Entwicklungshilfe schade allen, denen sie angeblich nützen soll, ohne Entwicklungshilfe ginge es den Menschen in den Ländern der Dritten Welt besser, Entwicklungshilfe sollte daher sofort eingestellt werden.

Der erhoffte Neuanfang – Global denken, lokal handeln

Seit Beginn der achtziger Jahre wurde ein Neuansatz in der Entwicklungspolitik gefordert. Trotz der bislang geleisteten Hilfe hatte sich die Ernährungs- und Schuldenkrise weiter verschärft, die Rohstoffpreise sanken, und die Exporte der Entwicklungsländer gingen zurück.

Eine Analyse von 66 Projekten durch das Bundesministerium für wirtschaftliche Zusammenarbeit ergab, daß 20 Prozent die Erwartungen nicht erfüllten, 40 Prozent in etwa gelungen waren und nur 40 Prozent positiv zu bewerten seien. Eine Evaluationsstudie der Weltbank über die Resultate von Projekten zur Entwicklung ländlicher Räume in Afrika in den letzten zweieinhalb Jahrzehnten kommt zu einem noch schlechteren Ergebnis: als mißlungen wurde die Hälfte der überprüften Maßnahmen eingestuft *(Siebeke 1989, S. 16)*.

Erfolgreich waren nicht die Großprojekte. Positive Resultate waren vor allem dann zu verzeichnen, wenn

- die Projekte einen finanziellen Rahmen von nur einer bis zehn Millionen DM hatten,
- sie auf ein enges, genau definiertes Ziel begrenzt waren,
- die Absichten von Gebern und Nehmern vorher genau abgestimmt und verbindlich festgelegt waren,
- eine besonders intensive Vorbereitung erfolgt war.

Eine von der Bundesregierung einberufene, international besetzte Expertenkommission kam zu folgendem Ergebnis: Wichtiger als Kapitaleinsatz sind

- die Änderung der wirtschaftlichen und politischen Rahmenbedingungen durch die Industrienationen,
- das Ausmaß und die Qualität der Eigenanstrengungen der Entwicklungsländer selbst,
- das Bewußtsein, daß Entwicklung ein langer, komplexer Prozeß sei, nicht allein mit Geld gemacht werden könne oder von außen machbar sei.

1986 beschloß das Kabinett die „Neuen Grundlinien der Entwicklungspolitik der Bundesregierung". Kern der Neuorientierung ist die Klarstellung: „Wir leisten Entwicklungshilfe aus moralischer Verantwortung wie aus politischer und wirtschaftlicher Weitsicht, nicht aber ... als Tributpflicht. Entwicklungspolitik ist keine Politik des schlechten Gewissens." *(BMZ 1986, S. 5)*.

Überblick über ausgewählte Sektoren der Zusammenarbeit und Rahmenbedingungen der aktuellen Entwicklungshilfe

Landwirtschaft: Ziel ist eine nachhaltige Ertragssteigerung, die von bevölkerungspolitischen Maßnahmen flankiert werden muß. Dabei sind die bäuerlichen Familienbetriebe besonders zu fördern, deren Produktionsvolumen über den Existenzbedarf hinaus zu steigern ist.

Ländliche Entwicklung: Neben der Steigerung der eigenständigen Nahrungsmittelerzeugung sollen Verarbeitungsbetriebe, Handwerk und soziale Einrichtungen gefördert werden. Standortgerechte Anbaumethoden und integrierter Pflanzenschutz sollen helfen, Devisen zu sparen.

Wasserversorgung und Sanitärwesen: Ziel ist es, ausreichend qualitativ einwandfreies Wasser bereitzustellen und die Abwasserversorgung zu verbessern.

Energie: Die Energieversorgung muß wirtschaftlich, sicher und umweltschonend sein. Es ist notwendig, Abhängigkeit von importierten Energieträgern zu vermindern, einheimische Energiequellen, insbesondere nicht-erschöpfliche, zu erschließen, eine dezentrale Energieversorgung aufzubauen und die Holzreserven sparsam zu nutzen. Eine Zusammenarbeit in moderner Energietechnologie wird gefördert.

Bildung: Hilfen werden für die schulische und außerschulische Grunderziehung, vor allem aber für die beruflich-technische Ausbildung geleistet.

Gesundheit: Neben dem Bau von Krankenhäusern werden Mittel für die Bekämpfung tropischer Krankheiten und die Ausbildung von medizinischen Fach- und Hilfskräften eingesetzt.

Bevölkerungspolitik: Auf Wunsch leistet die Bundesrepublik Deutschland Hilfe auf dem Gebiet der Bevölkerungspolitik. Bei der Förderung wird jedoch darauf geachtet, daß die Entscheidungsfreiheit der in die Programme einbezogenen Menschen nicht eingeschränkt wird.

Umweltschutz: Alle gemeinsamen Vorhaben werden auf ihre Umweltverträglichkeit hin geprüft, und an ökologische Erfordernisse angepaßt. Maßnahmen gegen Luft- und Wasserverschmutzung, gegen die Ausbreitung der Wüsten und gegen die Vernichtung der Tropenwälder werden gezielt gefördert.

Frauenförderung: Seit 1987 werden verstärkt Mittel für Pilotvorhaben zu einer gezielten Förderung der Frauen bereitgestellt. Im Bereich der ländlichen Entwicklung, der Gesundheitsfürsorge, der Bildung werden erfolgversprechende Ansätze gesehen. In Zentren für berufliche Ausbildung sollen Mädchen und Frauen auf Berufe vorbereitet werden. Auch lokale Selbsthilfegruppen und nationale Frauendachverbände werden finanziell unterstützt.

Nahrungshilfe: Für akute Notsituationen werden Mittel bereitgestellt, mit denen, wenn immer möglich, auf dem lokalen Markt oder von anderen Entwicklungsländern Überschüsse aufgekauft werden können. Gefördert werden ferner food-for-work-Programme.

Handel: Es wird empfohlen, weitere Handelshemmnisse abzubauen und Handelspräferenzen an Entwicklungsländer zu vergeben. Der ungehinderte Zugang zu den Märkten der Industrieländer darf sich nicht auf Rohstoffe beschränken. Schon heute stammen über 40 Prozent der Exporte aus Entwicklungsländern aus der industriellen Fertigung. Vorhaben zu einer Diversifizierung der Wirtschaftsstruktur werden daher besonders gefördert.

Finanzielle Perspektiven: Die Entwicklungsländer brauchen auch weiterhin Kapitaltransfers durch öffentliche Entwicklungshilfe, Kredite zu Marktbedingungen und Direktinvestitionen.

(nach BMZ, Jahresbericht 1987)

Die Erkenntnis, daß die Bereitstellung von Kapital allein noch keinen Entwicklungsprozeß auslöst, führte zu einer Neuregelung der Rahmenbedingungen. Durch einen Politikdialog von Gebern und Nehmern, eine verbesserte Koordinierung, Erfolgskontrollen, die Festlegung fachlicher Schwerpunkte und eine regionale Konzentration soll für die Zukunft ein höherer Wirkungsgrad der Entwicklungshilfe erreicht werden.

Formen der Zusammenarbeit

Die staatliche Entwicklungshilfe. Staatliche Entwicklungshilfe wird entweder bilateral oder multilateral geleistet. In der bilateralen Zusammenarbeit wird einem Entwicklungsland direkte Hilfe gewährt. Multilaterale Hilfe

bedeutet: die Bundesrepublik und andere Länder zahlen Beiträge an internationale Institutionen wie die UN, die EG oder die Weltbank, mit denen diese dann Projekte finanzieren. Etwa zwei Drittel der öffentlichen deutschen Hilfe werden bilateral, etwa ein Drittel multilateral geleistet. Unsere Entwicklungshilfe setzt sich zusammen aus:
- Kapitalhilfe in Form von Krediten, die zu besonders günstigen Konditionen vergeben werden,
- Zuschüssen, die nicht zurückgezahlt werden müssen,
- technischer Hilfe durch deutsche Fachkräfte, die für eine begrenzte Zeit im Ausland arbeiten.

Die Auszahlung der bereitgestellten Mittel ist meistens mit der Auflage versehen, deutsches Material zu kaufen und Aufträge an die deutsche Industrie zu vergeben.

Die nichtstaatliche Entwicklungshilfe

Nichtstaatliche Entwicklungshilfe wird von Kirchen, politischen Stiftungen sowie privaten Trägern geleistet. Die Finanzierung der Projekte erfolgt durch Mitgliedsbeiträge, Spenden sowie zunehmend auch Zuschüssen, die der Bund gewährt. Diese Art der Entwicklungshilfe setzt häufig sehr direkt bei den Bedürfnissen der ärmsten Bevölkerungsschichten an und betreut meist kleinere Projekte.

Entwicklungshilfe und Entwicklungspolitik

Die internationale Entwicklungshilfe setzte zu Beginn der fünfziger Jahre auf Initiative des amerikanischen Präsidenten Truman und des Entwicklungsprogramms der Vereinten Nationen (UNDP) ein. Weltbank und Internationaler Währungsfonds (IWF) ergänzten die Arbeit der UN-Sonderorganisationen. Die in den Anfangsjahren entwickelten Grundsätze der Entwicklungshilfe haben sich bis heute kaum geändert, wohl aber die theoretischen Ansätze, mit denen die Ziele erreicht werden sollen. Die Sicherung der menschlichen Grundbedürfnisse, die Verbesserung des Lebensstandards, der Ausgleich des Nord-Süd-Gefälles gelten nicht nur als moralische Verpflichtung, sondern werden als Fundament eines friedlichen Miteinanders der Völkerfamilie gesehen.

Trotz eines hohen Engagements und erheblicher Investitionen erwies sich die Wirkung der entwicklungspolitischen Strategien und der verwendeten Mittel bislang als außerordentlich kritikanfällig. Die Hauptprobleme der Unterentwicklung konnten bislang nicht einvernehmlich gelöst werden. Verantwortlich ist dafür unter anderem das immer noch zu hohe Bevölkerungswachstum in den Ländern der Dritten Welt. 1960 mußten dort zwei Milliarden Menschen ernährt werden, heute sind es bereits vier Milliarden.

Aus den Erfahrungen der vorangegangenen Jahre entwickelte die Bundesregierung die „Neuen Grundlinien der Entwicklungspolitik". Die neuen Leitlinien legen fest, daß neben den Handelsaustausch der umfassende, gleichberechtigte und stetige politische Dialog treten müsse, daß der Wunsch der Entwicklungsländer nach eigenständiger Gestaltung der wirtschaftlichen und sozialen Entwicklung entsprechend der eigenen kulturellen Tradition zu unterstützen sei.

Als Entwicklungsschwerpunkte werden definiert: die Konzentration auf die Ärmsten, die Sicherung der Ernährung aus eigener Kraft, die Berücksichtigung der Rolle der Frau im Entwicklungsprozeß, Schutz der Umwelt, Bildung und Ausbildung, losgelöst von unangebrachten westlichen Vorbildern, und Hilfe für Maßnahmen zur Strukturanpassung.

Familienplanung in Bangladesh

Ein Beispiel staatlicher bilateraler Entwicklungshilfe

„Entwicklungsplanung ohne Berücksichtigung der Bevölkerungsentwicklung ist wie Architektur ohne Statik."

Bangladesh zählt zu den ärmsten und bevölkerungsreichsten Staaten der Erde. Es ist ein Land mit riesigen Wasservorräten, in dem drei Ernten pro Jahr möglich sind, wenn die Bewässerungssysteme ausgebaut wären. Die Nahrungsmittelproduktion nimmt zwar zu, kann aber mit dem Bevölkerungswachstum nicht Schritt halten, Nahrungsmittel müssen daher importiert werden. Die Regierung des Landes hat erkannt, daß alle Entwicklungsmaßnahmen zum Scheitern verurteilt sind, wenn es nicht gelingt, das Bevölkerungswachstum zu reduzieren. Sie bat deshalb die Bundesrepublik Deutschland, ein Programm der Familienplanung zu unterstützen. In der Strategiekommission kam man überein, einen integrierten Ansatz zu verfolgen, d. h. die Familienplanung durch soziale und wirtschaftliche Maßnahmen zu stützen. Betreut wird das Projekt vor Ort von einer deutschen Expertin, die die Regierung des Landes berät. Die Entscheidungen werden jedoch von den zuständigen lokalen Institutionen getroffen. Zu Beginn wurden Berater ausgebildet, die vor allem in ländlichen Gebieten zum Einsatz kommen sollen.

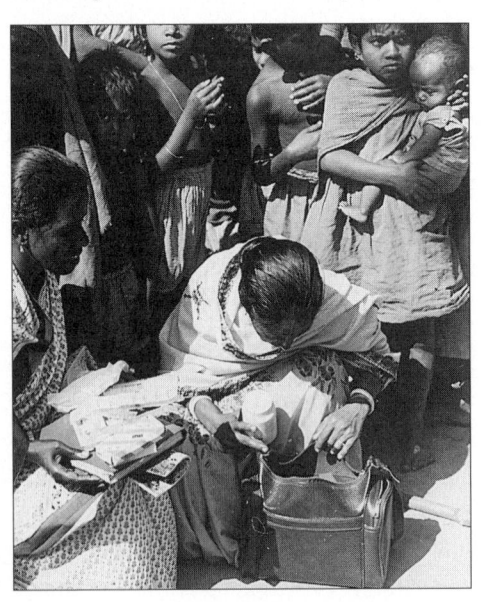

Muktapur in der Munshiganj-Region ist eines der Dörfer, das in das Programm aufgenommen wurde. Ein Bewohner beschreibt die Situation: „Vor 30 Jahren lebten hier nur etwa 30 Familien, jetzt sind es mehr als 270. Früher gab es viel mehr Platz und viel mehr Bäume, wir hatten immer genug zu essen. Straßen fehlten ebenso wie eine Schule oder die Wasserversorgung, doch es gab auch viel weniger Menschen, und deshalb war die allgemeine Lebenssituation besser als heute. Heute sind mehr als die Hälfte der 2000 Einwohner jünger als 15 Jahre. Die wenigsten Kinder besuchen eine Schule, ihre Eltern sind zu arm, um Schulhefte und Bleistifte kaufen zu können. Die meisten Männer sind Tagelöhner, arbeiten in einer der Reismühlen oder als Rikschafahrer oder Bootsmann auf dem Fluß."

Das Hilfeprojekt sieht folgende Arbeitsschwerpunkte vor:
– Verbesserung der Gesundheitsversorgung von Müttern und Kindern,
– Unterweisung in Hygiene, Gesundheitserziehung und Familienplanung,
– einkommensschaffende Maßnahmen für die Mütter durch Heimarbeit und Stärkung der Position der Frau in einer islamischen Gesellschaft.

In dem Projektgebiet gab es bislang nur ein kleines, überlastetes und völlig veraltetes Krankenhaus. In sechs Orten wurden nun Gesundheitszentren errichtet, die für mehrere Dörfer zuständig sind. Die Ausstattung ist standardisiert und entspricht einfachen Anforderungen.

Die Dorfgesundheitsberaterinnen arbeiten mitten auf der Straße

Die Beratung der Bevölkerung und die Behandlung einfacher Fälle wird von „field workers" übernommen, die von Haus zu Haus gehen und den Frauen, die fast alle Analphabeten sind, zunächst praktische Ratschläge bei Alltagsproblemen geben. Erst wenn man den Helfern vertraut, setzt die Beratung über Familienplanung ein. Die Berater betonen den Vorteil der Familienplanung für die Gesundheit von Müttern und Kindern, sie versuchen zu überzeugen, daß bei richtiger Ernährung und medizinischer Betreuung erheblich mehr Kinder überleben können. Nach den Beratungsgesprächen werden Verhütungsmittel kostenlos verteilt. Frauen und Männern, die sich sterilisieren lassen wollen, werden Geldgeschenke der Regierung in Aussicht gestellt. Es wird ferner versucht, die örtlichen Hebammen für das Programm zu gewinnen und sie als Multiplikatoren einzusetzen.

Neu ist auch die Gründung von „Mütter-Clubs". In einer eigens gebauten Hütte treffen sich die Frauen, um sich über Gesundheitsfragen und Familienplanung informieren zu lassen. Hier werden auch Medizin und Verhütungsmittel ausgegeben. Dazu lernt man, wie man durch Jutearbeiten sich einen zusätzlichen, bescheidenen Verdienst erschließen kann. Die gemeinsame Arbeit in den Clubs wird von den Frauen gerne angenommen. Sie bietet Abwechslung und ermöglicht es, sich aus der traditionellen Isolierung zu lösen und am öffentlichen Leben teilzunehmen.

Marionettentheater, die mit volkstümlichen Stücken für Familienplanung werben, sollen das Bewußtstein in der einfachen Bevölkerung schaffen, daß eine verbesserte medizinische Versorgung mit einer Senkung der Geburtenziffer einhergehen muß. Wie sollte es sonst in diesem überbevölkerten Land weitergehen?

Bewertung des Projekts: Die Regierung Bangladeshs betrachtet das Projekt der Familienplanung als gelungen. In vier Jahren stieg die Bereitschaft zur Geburtenverhütung in dem betreuten Distrikt von 12 auf 45 Prozent, während er im nationalen Durchschnitt heute bei etwa 30 Prozent liegt. Dennoch können die Probleme nicht übersehen werden: Eine mangelnde Organisation verhindert bislang die optimale Ausstattung der Gesundheitszentren. Die field workers, die in der Regel aus besseren Familien stammen, klagen über eine zu geringe Bezahlung und sind oft wenig motiviert, jede Familie ihres Bezirks regelmäßig aufzusuchen.

Das größte Hindernis ist jedoch nach wie vor die traditionelle Bindung der Frauen. Die Koranschulen fördern die zu frühen Heiraten mit 13 Jahren, während der Staat als Mindestalter 18 Jahre vorschreibt. Kinder werden immer noch als Alterssicherung betrachtet, und die traditionelle Rolle des Mannes in Familie und Gesellschaft wird kurzfristig nicht zu bewegen sein. Erfolgserwartungen bei religiösen und sozialen Vorbehalten brauchen einen langen Atem.

Strukturdaten Bangladesh

Einwohner:	102 560 000	Anteil der Landwirtschaft am Bruttoinlandsprodukt	50%
Bevölkerungsdichte:	712,2 E/km²	Anteil der Industrie am Bruttoinlandsprodukt	14%
Städt. Bevölkerung:	18%	Erwerbspersonen in der Landwirtschaft	74%
Lebenserwartung:	51 Jahre	Erwerbspersonen in der Industrie	9%
Säuglingssterblichkeit:	11,9%	Auslandsverschuldung in % des Bruttosozialproduktes	50,6%
Analphabeten:	75%		
Geburtenrate:	4,0%		
Sterberate:	1,5%		
Religion:	85,4% Muslime (Sunniten) seit 1988 Islam Staatsreligion 13,5% Hindus		

Verteilung der bewilligten Mittel der Welthungerhilfe
Gesamtsumme DM 56 482 613.–

- Westafrika 10,8 %
- Ostafrika 12,8 %
- Asien 20,3 %
- Lateinamerika 26,2 %
- Südliches Afrika 29,9 %
- Sonderprogramme

Quelle: Welthungerhilfe 1988

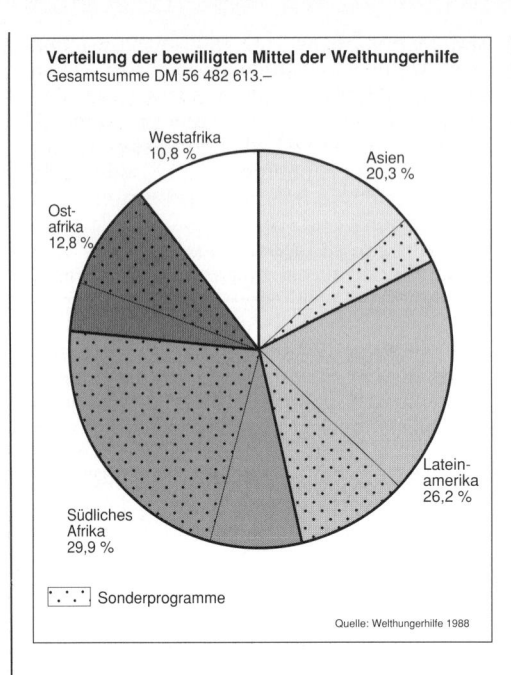

Hilfe für die Indigenas

Ein Beispiel nichtstaatlicher Entwicklungshilfe

Die Deutsche Welthungerhilfe unterstützt mit Spendengeldern und Zuschüssen in allen Kontinenten kleinere Entwicklungsprojekte. In den Anden Ecuadors wurde für 5000 Indigenas, die Ureinwohner, ein Projekt entworfen, das nach den Prinzipien der „Hilfe zur Selbsthilfe" angelegt und in der Gemeinde Cebadas durchgeführt wurde. Träger des Projekts ist die CESA, eine private ecuadorianische Organisation, die seit zehn Jahren mit der Deutschen Welthungerhilfe zusammenarbeitet und für dieses Projekt die finanziellen Mittel erhielt.

Die Indigenas leben in 3500 bis 4000 Meter Höhe unter extremen klimatischen Bedingungen in Streusiedlungen. Der Boden läßt nur geringe Ernten zu, extensiv werden Kartoffeln, Bohnen und Gerste angebaut. Im Durchschnitt besitzt jeder Bewohner ein bis zwei Schafe. Es herrscht Wassermangel, Waldraubbau und Wind führen zu hohen Erosionswerten.

Während der Agrarreform in den siebziger Jahren wurde den Indigenas dieses Land von der Regierung zugeteilt. In tieferen Lagen und den fruchtbaren Tälern haben Mestizen und weiße Großgrundbesitzer ihre Ländereien, auf denen die Bergbewohner für Hungerlöhne arbeiten. Die Lebenserwartung der Indigenas liegt bei 44 Jahren, über 80 Prozent sind Analphabeten, die Verkehrssprache Spanisch versteht kaum jemand. Schulen oder Krankenhäuser gibt es nicht.

1984 wurden von der CESA ein Agraringenieur, ein Forstingenieur und ein Sozialbeiter nach Cebadas geschickt, die zunächst ein Jahr um das Vertrauen der Bevölkerung warben. Die Bewohner erkannten bald, daß ihnen keine Geschenke gemacht werden sollten und auch keine fertigen Pläne mitgebracht wurden. Im zweiten Jahr wurde die Beschaffung von Wasser als das vordringlichste Problem erkannt. In einjähriger gemeinsamer Schwerstarbeit wurde Wasser von einem anderen Berghang durch eine 16 Kilometer lange Rohrleitung in ein Auffangbecken geleitet und von hier aus auf die Felder verteilt. Der Agraringenieur zeigte nun den Bauern, wie das Wasser sparsam eingesetzt werden kann und bessere Ernten erzielt werden können. Konturlinien und Terrassen, die Wasser und Boden halten, wurden angelegt, der Vorteil von Mischkulturen demonstriert, die Felder wurden mit Eukalyptus- und Pinienarten umpflanzt. Was in der „minga", der traditionellen Gemeinschaftsarbeit, erprobt wurde, übernahmen die Bauern nach und nach auch für die eigenen Felder. Sie forsteten sogar in Eigeninitiative Hänge wieder auf, die für die Landwirtschaft nicht nutzbar sind.

Die CESA stellte Kleinkredite zu günstigen Zinsen, Saatgut und Baumpflanzen zur Verfügung, ebenso Beratung und Ausbildung. Die Bauern setzten dagegen Arbeitskraft und den Willen zur Kooperation ein.

Bewertung: Obwohl über einen langfristigen Erfolg noch keine Aussagen gemacht werden können, zeigt sich bislang, daß die in dem Projekt arbeitenden 750 Familien bereits höhere Ernten erzielen, als es früher der Fall war. Die Bevölkerung hat die Notwendigkeit des Erosionsschutzes erkannt. Die gemeinsame Arbeit stärkte den Zusammenhalt der Gemeinschaft, das Selbstbewußtsein und die Erkenntnis, daß Armut und Elend kein unabwendbares Schicksal sind.

Probleme: Die Abhängigkeit von der schlechtbezahlten Arbeit im Tal konnte bislang nicht geändert werden. Überschüsse, die vermarktet werden könnten, lassen sich unter den extremen Bedingungen kaum erwirtschaften. Die Haltung größerer Viehherden würde das Bemühen um Erosionsschutz zunichte machen. Auch die Abhängigkeit von Händlern, die zu teuere, oft nicht lebensnotwendige Waren und Kredite anbieten, konnte bislang nicht aufgehoben werden. Es bleibt festzustellen, daß in der Andenregion bei optimaler Ausnutzung der Ressourcen zwar ein bescheidenes Auskommen möglich ist, bessere Lebensbedingungen aber nur in tieferen Lagen erreichbar sind. Das allerdings würde eine neue, grundsätzliche Landreform voraussetzen und zu politischen Konflikten führen.

Allgemeine Entwicklungsprogramme der Deutschen Welthungerhilfe

Lateinamerika / Neue Projekte 1987

Land	Anzahl*	Summe in DM	Beispiele
Bolivien	9	1 300 520	– Integriertes ländliches Entwicklungsprogramm – Trinkwasserversorgung – Ausbau von Bewässerungssystemen – Ausstattung eines Kakaoverarbeitungsbetriebes von Kleinbauern – Bau eines Schutzdeiches
Brasilien	1	39 000	– Herstellung von Lehrmaterialien zu Agrarfragen
Chile	7	1 006 740	– Unterstützung von Kleinbauern – Ausbildungsprogramm für Landfrauen – Aufbau eines Fischvermarktungsbetriebes – Förderung städtischer Selbsthilfegruppen – Ländliches Entwicklungsprogramm
Dominik. Republik	7	2 109 288	– Ausstattung einer Dorfschule – Aufbau eines Kleinbetriebes zur Fleischverarbeitung – Integriertes ländliches Entwicklungsprogramm – Kreditprogramm für Kleinunternehmen
Ecuador	11	2 801 825	– Integrierte ländliche Entwicklungsprogramme – Wiederaufbauhilfe in einer Erdbebenregion – Fischereiprogramm
Peru	7	1 170 600	– Förderung lokaler Selbsthilfegruppen – Wasserversorgungsprogramm – Produktion von verbessertem Saatgut
	49	9 396 384	

* Ohne Förderungsprogramm für Kinder und Jugendliche und Sonderprogramme.

Deutsche Welthungerhilfe, Jahresbericht 1987, Bonn 1988

Eine Schulklasse in Samba

Hilfe für Samba

Ein Beispiel privater Entwicklungshilfe

1986 wurde in der baden-württembergischen Stadt Hockenheim ein Patenschaftsverein gegründet, der durch Mitgliedsbeiträge und Spenden Projekte in Samba, einer Provinz Burkina Fasos, unterstützt. Die Schwerpunkte liegen im Bildungsbereich, der Wasserversorgung und der medizinischen Betreuung.

Eine Schule für Samba

Obwohl die Schulpflicht eingeführt ist, sind immer noch 92 Prozent der Bevölkerung Burkina Fasos Analphabeten. Die Verkehrssprache Französisch wird in ländlichen Gebieten kaum gesprochen, eine Verständigung zwischen den einzelnen Stämmen oder Dörfern ist durch die Vielzahl der Dialekte erheblich behindert, wenn nicht unmöglich. Das Alphabetisierungsprogramm der Regierung will sicherstellen, daß in Zukunft jeder Bewohner Burkina Fasos die französische Sprache beherrscht. Die Realisierung dieses Vorhabens scheiterte jedoch bislang an fehlenden Geldmitteln. Offiziell wurde folgende Regelung getroffen: Baut die Dorfgemeinschaft eine Schule und verpflichtet sie sich zu deren Unterhalt, dann entsendet die Regierung die benötigten Lehrer.

In Samba besteht bereits eine Schule, in der 360 Schüler unterrichtet werden können. Die Kapazität müßte mehr als verdoppelt werden, wollte man alle schulpflichtigen und schulwilligen Kinder aufnehmen. Die begrenzten Einschulungsmöglichkeiten führen jedes Jahr dazu, daß bereits zwei Tage vor dem offiziellen Anmeldetermin sich Eltern aus den Nachbardörfern vor der Schule einfinden, um für ihre Kinder einen der begehrten Schulplätze zu sichern.

Der Patenschaftsverein hat 1988 die Finanzierung und Ausstattung eines weiteren Schulgebäudes übernommen. Dem Projekt lag der Gedanke zugrunde, daß alles, was von der Bevölkerung mit einheimischen Mitteln geleistet werden kann, auch geleistet werden muß. Daher wurde auf Betonbauweise oder schwierige statische, womöglich in Europa gefertigte Gutachten verzichtet. Gebaut wurde vielmehr mit dem örtlichen Sachverstand in traditioneller Lehmbauweise. Das Baumaterial wurde von dem das Projekt betreuenden lokalen Komitee auf dem heimischen Markt gekauft, die Eltern der Schüler brachten ihre Arbeitskraft für den Bau der Schule unentgeltlich ein. Handwerker der Region wurden soweit wie möglich für die Ausstattung der Schule herangezogen. Auf diese Weise kamen die für die Einrichtung von drei Schulklassen geplanten Mittel von 10 000 DM den lokalen Handwerksbetrieben zugute. Vertreter der Regierung sicherten zu, für 220 Schüler drei Lehrer zu entsenden.

Bewertung des Schulprojekts: Das Schulprojekt, das ausschließlich der Grundbildung der Sechs- bis Zwölfjährigen dient, wird sowohl von den Regierungsstellen als auch von der Bevölkerung intensiv unterstützt. Es unterscheidet sich von staatlichen Programmen dadurch, daß es nicht weiterführende oder berufsbildende Ausbildungsgänge für Jugendliche fördert.

Die Plätze in der Schule sind begehrt, da die Schüler in der Mittagspause aus WHO-Mitteln kostenlos verpflegt werden. Sie sind auch deshalb erstrebenswert, weil das Abschlußzeugnis möglicherweise einen Arbeitsplatz in der Stadt verspricht. Aus dieser Erwartungshaltung ergeben sich die Probleme des Projektes. Die meisten Schulabgänger versuchen, bei Verwandten in der Stadt, vorzugsweise in der Hauptstadt, unterzukommen und bemühen sich unter Mithilfe der ganzen Familie, einen der begehrten Plätze in dem ohnehin schon überbelegten Verwaltungsapparat zu erhalten. Es ist für einen Europäer erstaunlich, wie intensiv die emotionale Bindung an die Großfamilie und das Heimatdorf auch bei den Stadtbewohnern nachwirkt. Man ist bereit, seinem Dorf jede nur mögliche Unterstützung zukommen zu lassen. Nur, zurückkehren, um dort zu leben, das will niemand. – Bildung kann daher das Problem der Landflucht verschärfen.

Ist daraus zu schließen, daß Allgemeinbildung für die Entwicklung des ländlichen Raumes unnötig, wenn nicht gar schädlich ist, oder ist die Grundbildung eine Humaninvestition, die sich langfristig auszahlen wird?

Wasser für Samba

Ein Brunnen wird gebaut: In der Zeit von Juni bis September bringt der westafrikanische Monsun heftige Niederschläge. Jede Senke füllt sich mit Wasser, Straßen werden unterspült, die Trockensavanne wird unpassierbar. In dieser Zeit werden die Wasserfluten zu einem Problem für Mensch und Tier. Wenige Monate später ist es nicht der Überfluß, sondern der Mangel, der Wasser erneut zu einem Problem werden läßt.

Um sich auch in der Trockenzeit mit Wasser zu versorgen, werden in Dorfnähe Teiche ausgehoben, die sich in der Regenzeit mit Wasser füllen und einige Wochen als Wasserreservoir dienen können. Das Oberflächenwasser ist jedoch stets verunreinigt und Ursache für viele Erkrankungen oder Todesfälle, vor allem bei den Kindern. Den Empfehlungen, Wasser vor dem Konsum zu kochen, wird nicht gefolgt, da Brennholz nicht in ausreichendem Maße zur Verfügung steht. In der Trockenzeit wird Wasser aus den traditionellen Ziehbrunnen gewonnen, die oft einige Kilometer von den Dörfern entfernt liegen. Fallen während des Monsuns nicht ausreichende Niederschläge, dann muß Wasser aus dem Ort Samba geholt werden, der als einziger über einen Tiefbrunnen verfügt. Diese Arbeit wird von Frauen und Kindern geleistet, die täglich bis zu 20 Kilometer zurücklegen müssen, um ihre Familien mit Wasser versorgen zu können. Der Gesundheitsdienst empfiehlt, daß jeder Person pro Tag 10 Liter Wasser zur Verfügung stehen sollten, in der Realität ist es weniger als die Hälfte.

Auf Wunsch der Bevölkerung wurde beschlossen, in der Provinz einen weiteren, 50 Meter tiefen Brunnen anzulegen, der mit einer Handpumpe betrieben werden kann. Dieser Brunnen liegt in einem Dorf und ist nicht für die Tränkung des Viehs gedacht. Probleme ergaben sich bei der Finanzierung des Projekts. Eine Firma aus der Hauptstadt forderte für Material- und Arbeitskosten 27 000 DM, ein Preis, der aus Gebersicht überhöht war. Eine Kostenanalyse ergab, daß bei Einfuhr des benötigten Materials aus Deutschland und dem Einsatz einer Baukolonne des Militärs eine Kostenreduzierung um 50 Prozent erreichbar gewesen wäre. Da die Regierung jedoch nicht auf den Einfuhrzoll verzichten wollte, konnte ein kostengünstiger Brunnenbau nicht erfolgen.

Die Bevölkerung Sambas konnte in der Bauphase keinen eigenen Beitrag zu dem Projekt leisten, sie wird aber, – und da sind sich alle Parteien einig – aus dem Vorteil, über ausreichend sauberes Wasser zu verfügen, Nutzen ziehen. Damit werden auch die Frauen von der schweren und zeitraubenden Arbeit des Wassertransports über weite Entfernungen entlastet.

Ministaudämme – Hoffnung vieler Familien

Ermutigt durch die Erfolge der GTZ und der Welthungerhilfe, wurde auf geeignetem Terrain in der Nähe eines Dorfes der Bau eines Rückhaltebeckens geplant. Der Aushub wurde mit Militärgerät durchgeführt, die Errichtung des Dammes dagegen leisteten die Bewohner in Eigenarbeit. Für jeden Arbeitstag erhielt jeder Arbeiter oder jede Arbeiterin eine großzügig bemessene Ration Hirse, Öl und Milchpulver, mit der auch ein Teil der Familie ernährt werden konnte. Das Programm „food for work" ist der Bevölkerung vertraut und wird akzeptiert. Das notwendige Baumaterial, Zement und Drahtgeflecht, wurde im Land gekauft, mit der Überwachung des Projekts wurde ein einheimischer Ingenieur beauftragt.

Das in der Regenzeit gestaute Wasser kann dazu beitragen, den Mangel der Trockenzeit zu überbrücken. In dem Stausee leben inzwischen Fische, die zu der Proteinversorgung des Dorfes entscheidend beitragen. An den Ufern können das ganze Jahr über Gartenbau betrieben und Papayas oder Mangos angebaut werden. Die Ernährungssituation des Dorfes verbesserte sich entscheidend durch den Anbau von Kartoffeln, Tomaten, Zwiebeln, Bohnen und Salaten in den Gärten. Es

Frauen beim Dammbau

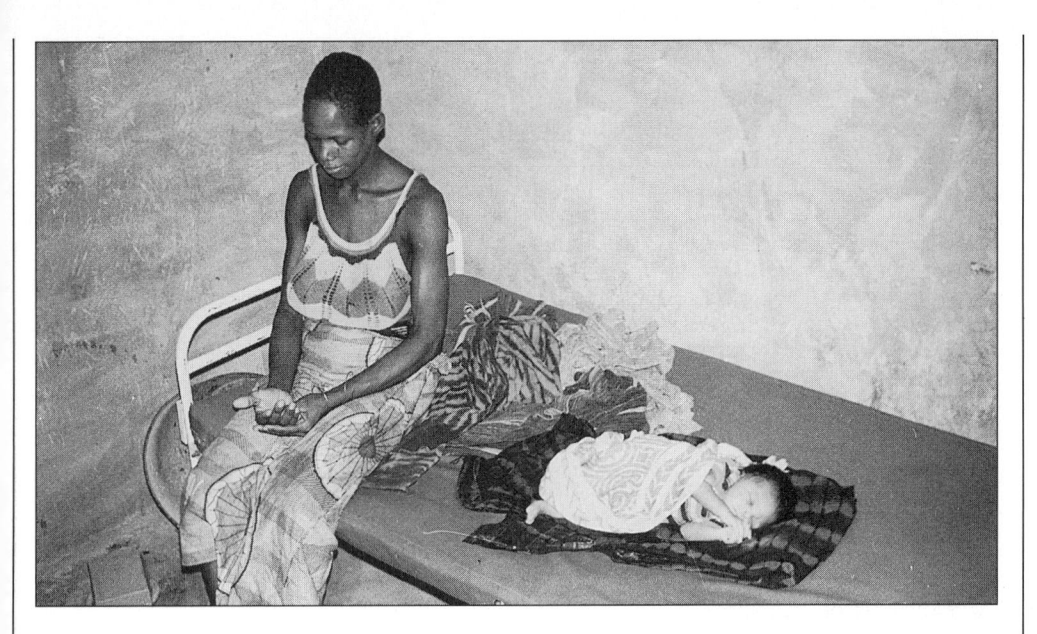

Die Krankenstation von Samba

konnten sogar kleine Überschüsse erwirtschaftet werden, die auf den lokalen Märkten angeboten werden und ein bescheidenes Einkommen garantieren. Die von den Europäern genannten Nachteile der Kleinstaudämme werden von den Einheimischen nicht so gesehen. Für sie gehören Parasiten, die Ausbreitung der Anopheles, der Malariamücke, eingewanderte Krokodile oder Heuschrecken zu den naturgegebenen Alltagserfahrungen, die akzeptiert werden müssen.

Medizinische Hilfe für Samba

In dem Ort Samba wurde von der Regierung eine Sanitäts- und Entbindungsstation eingerichtet, die von einem Sanitäter und einer Hebamme betreut werden. Die Ausstattung und die hygienischen Bedingungen dieser Station lassen es nach europäischen Maßstäben dringend geraten erscheinen, nicht zu erkranken. In dem Behandlungszimmer steht das Moped des Sanitäters, die Krankenzimmer haben weder Türen noch Fenster. Bettgestelle sind nur in der Entbindungsstation vorhanden, sonst begnügt man sich mit dem Betonfußboden und einer Kanne Wasser. Die Versorgung der Kranken übernehmen die Angehörigen, die vor der Station ihr Lager aufschlagen.

Da die Krankenstation nicht elektrifiziert ist, wurden auf Wunsch der Verantwortlichen für die Entbindungsstation ein Stromgenerator gekauft und ein Fonds für die Folgekosten an Treibstoff, Glühbirnen und Reparaturen geschaffen. Die gesamte Station erhielt einen neuen Verputz und Anstrich, die Apotheke wurde mit Medikamenten und Verbandsmaterial ausgestattet. Bei dem gespendeten Material mußte sichergestellt werden, daß nur Medikamente ausgegeben wurden, die nach Auskunft des Klinikdirektors der Hauptstadt auf dem Land auch dringend benötigt werden und französischsprachige Beipackzettel haben.

Der medizinische Bereich wird noch lange Zeit Geldmittel binden. Ob er jemals von der Regierung getragen werden kann, ist zweifelhaft.

Burkina Faso in Zahlen

Staatsform:	Aufs Militär gestützte Präsidialherrschaft. Am 15. 10. 1987 stürzte Hauptmann Blaise Compaoré seinen Vorgänger Thomas Sankara.
Staatsfläche:	274 000 km^2 (248 577 km^2)*
Einwohner:	rund 8 Mill. (61 Mill.)
Bevölkerungsdichte:	29 Einwohner pro km^2; schwankt zwischen Stadt – ca. 40 Einwohner – und Land – ca. 5 Einwohner (246 Einwohner pro km^2)
Bevölkerungswachstum:	Schätzungsweise 2,6% jährlich
Kindersterblichkeit:	Rund 30% sterben in den ersten fünf Lebensjahren (auf dem Lande)
Gesundheitswesen:	1 Arzt pro 55 000 Einwohner, aber 1 Assistenzarzt pro 3000 Einwohner (1 Arzt pro 450 Einwohner)
Volksgruppen:	Rund 160 Volksgruppen, die größten sind die Mossi, Peulh, Bobo, Lobi, Gurunsi, Mandé
Volksbildung:	92% Analphabeten
Religion:	Die Mehrzahl der Bevölkerung hält an traditionellen Naturreligionen fest; 1 Mill. Moslems, 600 000 Christen
Nationaleinkommen:	Rund 360 DM pro Kopf jährlich (25 000 DM pro Kopf jährlich)
Rohstoffe:	Manganerz, das jedoch nicht abgebaut werden kann, weil Straßen und Verkehrsverbindungen sowie Kapital fehlen; etwas Gold
Hauptausfuhrgüter:	Landwirtschaftliche Produkte, Lebendvieh und Baumwolle
Haupteinfuhrgüter:	Erdölderivate, Transportmittel, Maschinen, Milchprodukte, chemische Produkte und Getreide
Außenschulden:	Rund 1 Milliarde DM im Jahre 1985
Außenhandelsdefizit:	Rund 380 Mill. DM im Jahre 1985

* In Klammern stehen Angaben für die Bundesrepublik Deutschland

Quelle: Weltbank-Bericht, Munzinger-Archiv

Bewertung des Projekts „Hilfe für Samba"

Das Projekt geht von einem integrierten Ansatz aus. Bildung, Ernährung und Gesundheit werden als voneinander abhängige und sich gegenseitig beeinflussende Faktoren betrachtet.

Die Entscheidung, welche Maßnahmen gefördert werden sollen, trifft ein afrikanisches Gremium, dem der Präfekt der Region, der Parteivorsitzende, der Leiter der Schule und der Krankenstation, die Dorfältesten und Frauenvertreter angehören. Die Verwaltung der Mittel liegt in afrikanischer Verantwortung. In einem Rechenschaftsbericht am Ende eines jeden Jahres werden die Ausgaben offengelegt. Eine Delegation des Patenvereins, die mindestens einmal im Jahr Samba besucht, überzeugt sich vor Ort von dem sachgerechten Einsatz der Mittel.

Das Projekt wird bislang von allen Beteiligten als Erfolg angesehen. Gründe dafür sind:
– Vertrauen und Freundschaften, die sich inzwischen gebildet haben,
– die Entscheidungsfreiheit und die geforderte Eigeninitiative auf der Nehmerseite,
– schnell sichtbare Erfolge,
– die Entlastung der Familien, besonders der Frauen.

Das Projekt konnte nur gelingen, da in Samba die ursprünglich vorhandenen afrikanischen Sozialnormen noch Gültigkeit haben. Die Bereicherung zu Ungunsten eines Nachbarn wird verachtet. Auf die Frage, welche weiteren Projekte finanziert werden sollten, antwortete ein Mitglied des Ältestenrates: „In unserer Nachbargemeinde gibt es noch keinen Brunnen, bringt auch dorthin Wasser."

Glossar

Bei Begriffen der „Lerninseln" wird auf die entsprechenden Seiten im Text verwiesen.

Absolute Armut
Definition der Weltbank: Pro-Kopf-Einkommen unter 150 US-$ pro Jahr, Kalorienverbrauch unter 2160–2670 pro Tag, Lebenserwartung unter 55 Jahren, Kindersterblichkeit über 3,3%, Geburtenrate über 2,5%.

Agrarkolonisation
Erschließung bisher nur wenig oder nicht genutzter Gebiete für die Landwirtschaft.

Agrarreform → 104

AKP-Staaten
66 Länder Afrikas, der Karibik und des pazifischen Raumes mit besonderen Handelsverbindungen zu der EG.

Animismus und Naturreligion → 79

Arabische Liga
Arabischer Staatenbund zur politischen, wirtschaftlichen, kulturellen und militärischen Zusammenarbeit (Sitz: Kairo), gegen Israel gerichtet.

Bedürfnisorientierte Entwicklungsstrategien → 23

Binnenkolonisation
(= innere Kolonisation) Landerschließung durch den Staat oder die einheimische Bevölkerung.

Bruttoinlandsprodukt/Bruttosozialprodukt
Das Bruttoinlandsprodukt (BIP) ist, stark vereinfacht, der Gesamtwert aller in einer bestimmten Periode in einem Land erzeugten Güter und Dienstleistungen.
Wird das BIP zu jeweiligen Preisen um die Preissteigerung (Inflation) bereinigt, man sagt auch deflationiert, so erhält man das BIP zu konstanten Preisen, das man auch als reales BIP bezeichnet.
Das Bruttosozialprodukt (BSP) ist, stark vereinfacht, der Gesamtwert aller in einer bestimmten Periode von Inländern im In- und Ausland erzeugten Güter und Dienstleistungen. Vereinfachend kann man sagen, daß das Inlandsprodukt die Wirtschaftsleistung in einem bestimmten Raum erbracht wird, das Sozialprodukt die Wirtschaftsleistung mißt, die eine bestimmte Gruppe erbringt.
Absolut und pro Kopf gerechnet ist der Unterschied zwischen dem BIP und dem BSP gering.
Bundesrepublik Deutschland 1987:
BIP zu jeweiligen Preisen
   2009,1 Mrd. DM
BSP zu jeweiligen Preisen
   2020,1 Mrd. DM
BIP pro Kopf 32893 DM
BSP pro Kopf 33073 DM.

Buffer-Stocks
„Ausgleichslager" (Puffer) für Rohstoffe, die der Preisstabilisierung dienen.

cash crop
für den (Welt)markt erzeugtes landwirtschaftliches Produkt.

CIA
Central Intelligence Agency, Zentralamt des amerikanischen Geheimdienstes.

demographischer Übergang
Das Modell des demographischen Übergangs beschreibt das generative Verhalten in unterschiedlichen Phasen der sozioökonomischen Entwicklung und die damit verbundenen Änderungen der Geburten- und Sterbeziffer. Entwicklungspolitisch besonders wichtig ist vor allem der Übergang von der Agrargesellschaft (mit hohen Geburten- und Sterbeziffern) zur Industriegesellschaft (mit niedrigen Geburten- und Sterbeziffern).

Dependenztheorie → 22

Dumping
Es liegt vor, wenn ein Importgut im Importland zu einem Preis angeboten wird, der unter dem Preis im Herkunftsland liegt oder unter dem Preis, der in anderen Ländern verlangt wird, oder wenn der ausländische Anbieter unter seinen Selbstkosten verkauft.

Ethnie
Volk, Volksstamm; Menschengruppe mit einheitlicher Kultur.

FAO
Food and Agriculture Organization of the United Nations (Sitz: Rom)

Flächenspülung
Abspülungsvorgänge auf Flachformen, flächenhafte Abtragung in den subtropischen Trockengebieten bis wechselfeuchten Tropen mit episodischen bis periodischen Niederschlägen.

food crops
landwirtschaftliche Produkte, die in erster Linie der Selbstversorgung dienen.

Fundamentalismus
Bewegung, initiiert von Schiiten, die die radikale Rückbesinnung der Moslems auf den Koran wollen und deswegen die religiöse Durchdringung von Staat und Gesellschaft fordern, den „Gottesstaat" nach iranischem Vorbild. Fundamentalisten betonen die Unabhängigkeit von westlichen und östlichen Kulturen und befürworten den „Heiligen Krieg" gegen Nichtgläubige.
Bisweilen wird der Begriff auch für die Orthodoxen der verschiedenen Konfessionen und Ideologien gebraucht.

GATT
General Agreement on Tariffs and Trade, Allgemeines Zoll- und Handelsabkommen. 1947 gegründete Sonderorganisation der UN mit dem Ziel, Hemmnisse im internationalen Handel abzubauen.

Encomienda → 101

Entwicklungshilfe → 165

Entwicklungspolitik → 165

Entwicklungsstrategien → 23

Entwicklungstheorien → 22

Grüne Revolution
Steigerung der Produktivität in der Landwirtschaft der Dritten Welt mit Hilfe moderner Agrotechnologie, wie Hochertragssorten, Maschinen, künstlicher Bewässerung, Handelsdünger und Pestiziden.

Grundbedürfnisstrategie
Maßnahmen, die zu einer Sicherung der menschlichen Grundbedürfnisse, wie Nahrung, Unterkunft, Kleidung, Gesundheit und Bildung führen sollen.

Hacienda → 102

Hinduismus und Kastenwesen → 99

ILO
International Labour Organization; Sonderorganisation der UN (Sitz: Genf).

immerfeuchter Regenwald → 49

immerfeuchte Tropen → 37

innertropische Konvergenzzone (ITC)
die äquatoriale Tiefdruckrinne zwischen den Passatgürteln, die als Folge der Luftmassenkonvergenz der sich auflösenden NE- und SE-Passate entsteht.

Islam → 88

IWF (Internationaler Währungsfonds) → 151

Kapitalflucht
Inländer legen ihr Geldvermögen im Ausland an, weil ihnen die wirtschaftliche Lage (z. B. hohe Inflation, negative Realzinsen, Überbewertung und Abwertungsverdacht der eigenen Währung) und/oder die politische Lage zu unsicher erscheinen.

Klima der Subtropen → 37

Klima der Tropen → 37

Konditionalität
Der Internationale Währungsfonds vergibt Kredite unter der Bedingung, daß das kreditnehmende Land eine Politik der wirtschaftlichen Stabilisierung betreibt (wirtschaftspolitische Auflagen des IWF).

Latifundien/Minifundien → 102

LDC (least developed countries) → 21

Marginalsiedlung
Siedlung (Slum, Getto, Notunterkunft) von Bevölkerungsgruppen, die am Rande oder außerhalb des wirtschaftlichen und gesellschaftlichen Lebens existieren.

Marktproduktion/Warenproduktion → 82

Metropolisierung
Entwicklung einer die anderen Städte eines Landes an Größe und Bedeutung weit überragenden Großstadt (Metropole).

Modernisierungstheorie → 22

Monsun
jahreszeitlich wechselnder Meer-Land- oder Land-Meer-Wind als Teil der Passatströmung oder als Folge eines sich über dem Festland aufbauenden Hitzetiefs.

MSAC (most seriously affected countries) → 21

NIC (newly industrializing countries) → 21

OPEC → 133

Passat
die durch das Luftdruckgefälle vom subtropischen Hochdruckgürtel zum Äquator hervorgerufenen konstanten NE- (Nordhalbkugel) oder SE-Winde (Südhalbkugel) in der bodennahen Reibungsschicht.

Plantage → 103

Protektionismus → 141

Rezession
Wirtschaftsabschwung, der durch niedrige positive oder leicht negative Zuwachsraten des Bruttosozialprodukts und durch steigende Arbeitslosigkeit gekennzeichnet ist.

Rohstoffabkommen
Abkommen zwischen Industrieländern und Entwicklungsländern mit dem Ziel einer Stabilisierung der Fördermengen und des Preisniveaus von Rohstoffen.

Savanne → 55

Scharia
traditionelles islamisches Recht, basierend auf dem Koran und einer Sammlung von angeblichen Aussprüchen Mohameds, der Hadith.

Schuldendienst
Zahlungen des Schuldners für Zinsen und Tilgung des Kredits.

Segregation
Prozeß der räumlichen Trennung und Abgrenzung von sozialen Gruppen gegeneinander, vor allem in einer Siedlungseinheit.

selektive Exploitation → 65

self-alignment
politischer Kurs der Entwicklungsländer, der sich auf die eigenen gesellschaftlichen Kräfte, d. h. im weitesten Sinne auf die heimischen Ressourcen, stützt (auch self-reliance genannt).

shifting cultivation → 58

Subsistenzproduktion → 83

Slum
rand- oder innerstädtisches Elendsviertel, in Entwicklungsländern meist Auffangquartier für Zuwanderer.

Terms of Trade → 141

Transmigration
staatlich organisierte oder zumindest gelenkte Umsiedlung größerer Bevölkerungsgruppen.

Tribalismus → 81

tropischer Regenwald → 49

Unterernährung
Unterversorgung eines Menschen mit Nahrungsmitteln, wobei zwischen quantitativer und qualitativer Unterernährung zu unterscheiden ist.
Quantitative U.: ausreichende Versorgung mit kalorienreicher Nahrung nicht gewährleistet;
qualitative U.: in der Nahrung sind zu wenig Eiweißstoffe, Vitamine und Spurenelemente enthalten.

Verstädterung
Ausdehnung, Vermehrung und Vergrößerung der Städte eines Raumes nach Zahl, Fläche und Einwohnern.

Volkseinkommen/Wertschöpfung
Die Summe der Erwerbs- und Vermögenseinkommen aller Inländer, d. h. die Summe aller von Inländern empfangenen Löhne, Gehälter, Mieten, Zinsen, Gewinne und dergleichen.

wachstumsorientierte Entwicklungsstrategie → 23

Wanderfeldbau → 58

Weltbank → 151

Zentrum-Peripherie-Modell → 24

Register

absolute Armut 153, 175
Agrarkolonisation 123, 125, 175
Agrarreform 23, 90, 103, 104
AKP-Staaten 142, 157, 158, 175
Amazonasbecken 49
Amazonia Legal 121, 122
Analphabeten 25, 105
Animismus 79
Arabische Liga 175
Arbeitsteilung, internationale 20, 22, 137, 152
Auslandsverschuldung 19, 129, 130, 149

Baker-Plan 145, 148
Bevölkerungspolitik 108
Bevölkerungsprogramme 108
Bevölkerungswachstum 12, 106, 108, 113, 115, 127, 165
Bewässerungsfeldbau 59, 93
Binnenkolonisation 175
Binnenlage 14, 119
BMZ 159
Bodenauslaugung 57
Bodenbildung 40
Böden der Subtropen 44
Böden der Tropen 39
Brady-Plan 150
Brandrodung 56, 67
Brennholzeinschlag 64
Bruttoinlandsprodukt/Bruttosozialprodukt 25, 175
Buffer-Stock 140, 175

cash crops 11, 82, 109, 110, 125, 134, 175
Christentum 86, 87, 88
CIA 175
Collective Self-Reliance 153, 155
Debt-equity-swaps 144, 145
demographischer Übergang 107, 175
Dependenz 20, 22
Desertifikation 62, 89, 157
Deutsche Welthungerhilfe 168, 169
doppelte Einebnungsfläche 42
Drogen 9, 15
Dumping 175

EG 157, 158
Encomienda 101
Entwicklung, ländliche 11
Entwicklungshilfe 165
Entwicklungshilfe, nichtstaatliche 165, 168
Entwicklungshilfe, private 170
Entwicklungshilfe, staatliche 164, 166
Entwicklungspolitik 165
Entwicklungsprojekte, staatliche 99
Entwicklungsruinen 19
Entwicklungsschwerpunkte 165
Entwicklungsstrategien 23
Entwicklungsstrategien, wachstumsorientierte 23
Ethnie 87, 175
Ethnozentrismus 78
Eurozentrismus 77, 78
Exploitation, selektive 64, 65

Familienplanung 13
FAO 175
Favela 8
Fazenda 8, 102
Feldwechselwirtschaft 58
Felswüsten 44
Feudalismus 22, 101, 102
field workers 167
Flächenspülung 41, 175
Flußufergesellschaften der Tieflandsflüsse 48
food crops 82, 175
food for work 172
Formengesellschaften der Tropen 42
Frauen 9, 10, 83, 98, 99
fruchtbare Gebiete der immerfeuchten Tropen 50
Fundamentalisten 86, 88, 91, 92, 176

Galeriewälder 55, 61
Gartenanbau 59
GATT 142, 143, 155, 175
Geodeterminismus 22
Großgrundbesitz 11, 90, 99, 103
Großmacht 94
Großprojekte 156, 159
Grüne Revolution 11, 99, 163, 175
Grundbedürfnisse 17, 23
Grundbedürfnisstrategie 153, 154, 175
GTZ 172

Hacienda 101, 102
Handelshemmnisse 23
Handelshemmnisse, nichttarifäre 141
Handelshemmnisse, tarifäre 141
Hinduismus 96, 97, 98, 99
Humusstoffe 40
Hunger 10, 11, 17

ICO 140
ILO 175
immerfeuchter Regenwald der „Inneren" Tropen 49
Imperialismustheorie 24
Importsubstitution 23, 72
Indianer 101, 104
Industrialisierung 22, 72
informeller Sektor 116, 137
innertropische Konvergenzzone (ITC) 32, 33, 175
Internationale Bank für Wiederaufbau und Entwicklung 151

Internationale Kaffee-Organisation 140
Internationaler Währungsfonds (IWF) 15, 145, 146, 148, 151, 155, 165
Islam 86, 88, 90, 92

Judentum 88

Kapitalflucht 19, 131, 150, 175
Kapitalhilfe 153
Kapitalmangel 152
Kartell 133
Kasten 94, 98, 99
Kationenaustauschkapazität 40
Kieswüsten 44
Klimatische Merkmale der Tropen und Subtropen 37
Klimaveränderungen, globale 67
Klimazonen der Subtropen 37
Klimazonen der Tropen 37
Kolonialismus 17, 20, 22, 81, 84, 104
Kolonien 84
Konditionalität 146, 151, 175
Konquistadoren 100
Konvektionswolken 32
Kosten, komparative 139
Kultur 77
Küstenorientierung 85, 119

Landnutzung, extensive 89
Latifundien/Minifundien 101, 102
Latosole 41
least developed countries (LDC) 21, 26, 120
less developed countries 26
LIBOR 130
Lomé-Abkommen 142, 157, 158
Luftdruck 31
Luftdruckgürtel 30

Marginalsiedlung 117, 176
Marktproduktion 82
Massenarmut 15, 23, 105
Menschenrechte 18, 20
Metropolisierung 115, 176
Mindestlohn 9
Missionierung 86, 104
Modernisierungstheorie 22
Monokultur 82, 103
Monsun 171, 176
most seriously affected countries (MSAC) 21
Multilaterale Investitions-Garantie-Agentur (MIGA) 151

Nahrungsmittelhilfe 10
nation-building 86
Naturreligion 79, 104
Neokolonialismus 22, 85
Neue Weltwirtschaftsordnung 138
newly industrializing countries (NIC) 21, 26
Niederschlagsvariabilität 89
Nomaden 89
Nord-Süd-Gefälle 165

177

Ölkrise 90, 130, 132, 133
OPEC 130, 132, 133, 159
Orient 88

Passat 30, 31, 32, 34, 176
Passatzonen 31
Pearson Bericht 153
Peripherie 24
Plantagen 8, 19, 101, 103
Pro-Kopf-Einkommen 153
Proalcool 70
Protektionismus 141, 143
Pull-Faktoren 118
Push-Faktoren 118

Religion 79, 94
Rentenkapitalismus 88, 90
Restmineralgehalt 40
Rezession 176
Rohstoff-Fonds 140
Rohstoffabhängigkeit 14
Rohstoffabkommen 154, 176
Rohstoffkartell 159
Rüstung 17
Rumpffläche 42, 43

Sandwüste 44
Savanne 54, 55, 61
Scharia 176
Schattenwirtschaft 25
Schiiten 89, 91
Schuldendienst 15, 129, 130, 131, 144, 148, 149, 176
Schuldenkrise 131, 144, 155
Schwankungen der Niederschläge 62
Schwellenland 13, 26, 72
Segregation 176
Selbstversorgung 11, 82
self alignment 176
Separatismus 81
shifting cultivation 56, 57, 58
Slum 18, 117, 176
Sozialdeterminismus 22
Sozialverträglichkeit 20
STABEX 142, 157
Stamm 79, 80, 86, 94
Stausee 68, 69, 93
Stein- und Schuttwüsten 44
Subsistenzlandwirtschaft 111
Subsistenzproduktion 83
Subsistenzwirtschaft 11, 22, 25, 116
Sunniten 89, 91
SYSMIN 142, 157

Terms of Trade 24, 139, 141, 143
Theologie der Befreiung 105
Tourismus 73, 74, 75
Transmigration 126, 176
Tribalismus 81
Trockenfeldbau 59
Trockenräume 90
Trockensavanne 171
Tropischer Regenwald 34, 37, 38, 45, 46, 48, 67, 121

Überernährung 10
Überweidung 62
Umweltschutzmaßnahme 156
Umweltverträglichkeit 20
UNCTAD 143
Unterernährung 17, 176
Urpassat 30, 33

Versalzung des Bodens 44
Verschuldung 14, 163
Verstädterung 113, 114, 115, 176
Verwitterung 41
Vielvölkerstaat 94
Volkseinkommen/Wertschöpfung 176
Vorzugsgebiet der Agrarwirtschaft 50

Wachstum 20
Wachstumsstrategie, ökonomische 153
Waldraubbau 65
Waldzerstörung 67
Wanderfeldbau 56, 58, 61
Wanderung 81
Warenproduktion 82
Weltbank 13, 15, 145, 146, 147, 148, 151, 155, 165
Weltbevölkerung 9, 11, 12
Welthandel 21
Welthandelskonferenz 139, 143
Welthungerhilfe 172
Weltmarktproduktion 82
Weltreligion 88
Weltwirtschaftsordnung 139, 154
Weltwirtschaftssystem 22
Wettrüsten 16
Windgürtel 31
Wüste 63
Wüstentypen 44

Zenitalregen 34
Zentrum 24
Zentrum-Peripherie-Modell 24

Quellenverzeichnis und weiterführende Literatur

Addicks, G. u. a., Strategien der Entwicklungspolitik. Stuttgart: Kohlhammer 1979.
Alliata, V., Harem − die Freiheit hinter dem Schleier; Frankfurt: Ullstein 1989.
Altmann, J.: Wirtschaftspolitik Stuttgart; Fischer-UTB 1989.
Altmann, J., Volkswirtschaftslehre; Stuttgart: Fischer-UTB 1988.
Apa Guides Kenia, München: Nelles 1987.
Bänziger, A., Der bittere Geschmack der afrikanischen Nuß; in: Frankfurter Rundschau vom 22. 12. 82, S. 13.
Bänziger, A., Die Saat der Dürre − Afrika in den 80er Jahren. Bornheim-Merten: Lamuv 1986; S. 196 ff.
Braumann, R., Afrika wird zu Tode gefüttert; München: Knaur 1989.
Bischöfliches Hilfswerk Misereor (Hrsg.), Wege in die Verarmung; Aachen 1987.
Blackwell, M. und Nocera, S., Effekte der Umwandlung von Darlehen in Beteiligungskapital; in: Finanzierung und Entwicklung, Juni 1988, S. 15−17.
Blixen, T., Afrika, dunkel lockende Welt, Zürich: Manesse 1986. Aus dem Englischen von R. v. Scholtz
Bloch, E., Das Prinzip Hoffnung, Frankfurt: Suhrkamp 1959.
BMZ, Jahresberichte 1976−1987 Entwicklungspolitik. Bonn 1979−87.
BMZ, Grundlinien der Entwicklungspolitik der Bundesregierung; Bonn 1986.
BMZ Journalistenhandbücher 1979−86.
Böll, W., 30 Jahre Entwicklungspolitik der Bundesrepublik Deutschland; in: Von und mit der Dritten Welt lernen, Heft 1; Darmstadt: Institut für internationale Begegnung 1988.
Bohnet, M., Die Entwicklungstheorien − ein Überblick. München: Piper 1977.
Bundeszentrale für politische Bildung (Hrsg.), Informationen zur politischen Bildung Nr. 221 Entwicklungsländer, Bonn 1988.
Der Brandt-Report, Das Überleben sichern. Köln: Kiepenheuer & Witsch 1980.
Dei-Anang, M. F., Wayward Lines from Africa. London 1946, Zit. in: Schwarzer Orpheus, München: dtv 1973. Übertragen v. J. Jahn.
Dickenson, J. P. u. a.: A Geographie of the Third World; London: Methnen 1983.
Deutscher Entwicklungsdienst, Betrifft Zusammenarbeit; Berlin 1988.
Deutscher Bundestag, Entwicklungspolitik, Bilanzen und Perspektiven; Bonn 1986.
Deutsche Welthungerhilfe, Jahresberichte. Bonn 1987 und 1989
Deutsche Welthungerhilfe, Burkina Faso; Bonn 1987.

Eichler, H., So stirbt der Regenwald; in: Praxis Geogr. 17, 1987, Heft 9, S. 44−48.
Eisenhaus, H., Agrarreform in der Dritten Welt; in: Das Parlament Beilage 16/86, S. 12−22.
Engelhardt, K., Dritte Welt im Wandel (Schülerbroschüre); Dritte Welt und Entwicklungspolitik im Wandel (Lehrerband). Stuttgart: Omnia 1988.
Enzensberger, H. M., Die Schamanen des internationalen Kapitals; in: Geo 3/1988, S. 183−198.
Flora, P., Modernisierungsforschung. Opladen 1974.
Flottau, H., Das Regime fürchtet sich vor ihnen; in: Süddeutsche Zeitung vom 15./16. 4. 1989.
Galeano, E., Die offenen Adern Lateinamerikas. Wuppertal: Hammer 1973.
Geo special Brasilien, Hamburg, Gruner + Jahr 1988.
Greinacher, N., Der Konflikt um die Theologie der Befreiung; in: Moltmann, J. (Hrsg.), Friedenstheologie, Befreiungstheologie. München: Kaiser 1988.
gtz, Stabilisierung und Strukturanpassungspolitiken in Entwicklungsländern. Eschborn 1988.
Hansen, H. B. (Hrsg.), Uganda Now. Between Decay and Development. Nairobi: Heniemann 1988.
Harrison, P., Hunger und Armut. Reinbek: Rowohlt 1982. Aus dem Englischen v. H. W. Franz
Hennings, J., Theorien, Methoden, Klassifikationen. Sozio-ökonomische Strukturen und räumliche Verteilungen der Länder der Erde nach ihrem Entwicklungsstand; in: Geographie und Schule 11, 1989, H. 59, S. 23 ff.
Ihlau, O. Zwischen Tiger und Drache; in: Süddeutsche Zeitung vom 30. 4./1. 5. 1989.
Ihlau, O., Unberührbare wenden sich gen Mekka; in: Süddeutsche Zeitung vom 7. 9. 1981.
IMF International Monetary Fund (Hrsg.) World Economic Outlook. Washington 1989.
Informationen zur politischen Bildung 136/137 und 221, Bonn: Bundeszentrale f. polit. Bildung 1973 und 1988.
Institut der deutschen Wirtschaft (Hrsg.), iwd Informationsdienst des Instituts der deutschen Wirtschaft, Nr. 7/1989, S. 7.
Institut der deutschen Wirtschaft (Hrsg.), Ein Globus voller Chancen, Köln 1987.
Internationale Bank für Wiederaufbau und Entwicklung/Weltbank (Hrsg.) Weltentwicklungsberichte 1988, 1989; Washington/Bonn 1988, 1989.
Jeske, J. Industrialisierungsprobleme in landumschlossenen Kleinstaaten des südlichen Afrika. Würzburger Geographische Arbeiten, Heft 66, Würzburg 1986.
Kakumirizi, B. A., Physical and Human Geography of Uganda. Kampala, 1987.
Kaiser, M. und Wagner, N., Entwicklungspolitik, Grundlagen − Probleme − Aufgaben. Schriftenreihe der Bundeszentrale für politische Bildung, Nr. 239, Bonn 1988.

Kampmann, M., Weißer Mais und rote Bohnen, in: gtz (Hrsg.), Frauen in Ernährungssicherungsprogrammen. Eschborn 1989.
Kassebeer, F., Wo der Sensenmann seine Schneisen schlägt; in: SZ-Texte 4/1988, S. 40−45. München: Süddeutscher Verlag 1988.
Kenyatta, M. J., Facing Mount Kenya. London: Secker-Warburg 1938.
Klein, S., Der große Raubzug der Wüste; in: SZ-Texte 4/1988, S. 22−26. München: Süddeutscher Verlag 1988.
Makeba, M., Europa muß eine neue Identität finden; in: Dritte-Welt-Kalender 1988. Bornheim-Merten: Lamuv 1987, S. 34.
Manshard, W. Entwicklungsprobleme in den Agrarräumen des tropischen Afrika; Darmstadt: Wiss. Buchgesellschaft 1988.
Matovo,L., History Guide Notes. Kampala: Uganda Bookshop 1987.
Merian, J., Indiens Norden, Heft 11/1982, Hamburg: Hoffmann & Campe.
Merian, J., Indiens Süden, Heft 10/1987, Hamburg: Hoffmann & Campe.
Michler, W. Weißbuch Afrika; Bonn 1988.
Müller-Hohenstein, K. Die Landschaftsgürtel der Erde; Stuttgart: Teubner 1981.
Müller-Plantenberg, C., Indianergebiete Großprojekte. Begleitmaterial zur Ausstellung: Bedrohung von indianischen Völkern und tropischem Regenwald in Brasilien. Kassel 1986.
Newig, J., Drei Welten oder eine Welt: Die Kulturerdteile; in: Geogr. Rundschau 38, 1986, H. 5, S. 262−267.
Nohlen, D. (Hrsg.), Lexikon Dritte Welt. Reinbek: Rowohlt 1984.
Nuscheler, F., Lern- und Arbeitsbuch Dritte Welt; Bonn: Dietz 1987.
Nohlen, D. und Nuscheler, F. (Hrsg.) Handbuch der Dritten Welt. Hamburg: Hoffmann und Campe 1982.
Opitz, J. P. Weltflüchtlingsproblem München: Beck 1989.
Das Parlament Sondernummer „Afrika" Nr. 30−1/1987, Bonn: Bundeszentrale f. polit. Bildung 1987.
Paz, O., Lateinamerikanische Literatur. Frankfurt: Suhrkamp 1989.
Ramm, W., Entwicklungshilfe, Schwerpunkte in den 90er Jahren; in: E+Z 3/89, S. 20−21.
Reed, A., Inequality and Development; Bell and Hyman, o. J.
Ribeiro, D., Am Ende des Anfangs; in: Geo special Brasilien 2/89, S. 32−35. Aus dem Portugiesischen v. K. v. Schweder-Schreiner
Rother, K., Mediterrane Subtropen, in: Hofmeister, B. und Rother K., Mittlere Breiten, Braunschweig: Höller & Zwick 1985.
Schatten, F., Afrikanische Macht − Afrikanische Ohnmacht; in: Das Parlament, Beilage 27/1985, S. 27−39.
Scheffler, R., Wesen und Besonderheiten des Metropolisierungsprozesses in den Entwicklungsländern Afrikas; in: Geographische Berichte 124, 1987, S. 145−157.

Schlösser, H. J. und Geueke, W., Konsum und „Dritte Welt", in: Verbrauchererziehung und wirtschaftliche Bildung, H. 7 1987, S. 1–16.
Schmuck, O., Halbzeit in den Lomé-IV-Verhandlungen; in: E+Z 8/9 1989, S. 7–8.
Schoettli, N., Indiens Demokratie im Spannungsfeld von Armut und Feudalismus; in: Neue Zürcher Zeitung v. 16./17. 4. 1989.
Schweizer, G., Hindus denken anders; in: Merian Indiens Süden 10/1987, S. 31–34.
v. Schwerin, K., Indien – Aktuelle Länderkunde; München: Beck 1988.
Senghas, D., Autozentrierte Entwicklung; in: Nohlen und Nuscheler (Hrsg.), Handbuch der Dritten Welt, Bd. 1. Hamburg: Hoffmann & Campe 1982
Siebeke, R., Kapitalüberfluß statt Kapitalmangel? in: E+Z 6/89, S. 16–17.
Soyinka, W, Die Straße; in: Stücke Afrikas. Berlin: Henschel 1974, S. 248–249.
Der Spiegel 41, Nr. 29, 1987
Der Spiegel 42, Nr. 23, 1988
Statistisches Bundesamt (Hrsg.), Länderbericht Niger 1987.
Süddeutsche Zeitung Nr. 219 v. 22. 9. 88 Nr. 223 v. 27. 9. 88, 16. 5. 90.
Troll, C. und Paffen, K.; Karte der Jahreszeitenklimate der Erde; in: Erdkunde, Band XVIII 1964, S. 5–28.
Uhlig, C., Die Rohstoffbörse; in: Praxis Geographie 16, H. 12 1986, S. 22–27.
Uhlig, H., Reisbauökosysteme mit künstlicher Bewässerung und mit pluvialer Wasserzufuhr; in: Erdkunde Band 38.1 1984, S. 44–48.
Volger, G., Mythen verbinden das fragmentierte Land; in: Süddeutsche Zeitung vom 11. 4. 89.
Weischet, W., Die ökologische Benachteiligung der Tropen. Stuttgart: Teubner 1977.
Weltbank (Hrsg.), The Development Data Book. Washington 1988.
Weltbank (Hrsg.) Weltentwicklungsberichte 1987, 1988, 1989. Washington 1987, 1988, 1989.
Welthungerhilfe (Hrsg.), Welternährung 1/1989, S. 8.

Bildquellenverzeichnis

Archiv für Kunst und Geschichte, Berlin: S. 76.3; Aspect Picture Library, London: S. 6 (M. Wells); W. Berger, Bielefeld: S. 14; Bilderberg, Archiv der Fotografen, Hamburg: S. 45 (H. J. Burkard); Luftbild A. Brugger, Stuttgart: S. 66 (freigeg. 2/25940); CCC, München: S. 10 (H. Langer); M. Darchinger, Bonn: S. 92; Deutsche Welthungerhilfe, Bonn: S. 172 (Schipulle); E+Z, Entwicklung und Zusammenarbeit, Bonn: S. 166 (Brauer-Eckl); F. Fiedler, Güglingen: S. 95, 97; Focus, Hamburg: S. 12 (D. Burnett); fotopresent, Essen: S. 76.1; F4, Sao Paulo: S. 105; W. Gartung, Freiburg: S. 83, 127; H. Geisen, Oberwil: S. 128, 133; H. Haitzinger, München: S. 16, 146; W. Hellige, Iserlohn: S. 64, 96; Historia-Photo, Hamburg: S. 101; IFA-Bilderteam, München: S. 76.4 (Aberham); Institut f. Auslandsbeziehungen, Stuttgart: S. 85,1,2; KNA-Bild, Frankfurt: S. 117; H. Munzig, Mindelheim: S. 116; L. Murschetz, München: S. 63, 69; Okapia, Frankfurt: S. 36 (J. Dreeks); U. Pietrusky: S. 29, 38, 44, 51, 53, 56, 61, 73, 74, 109, 111, 136.1,2; Süddeutscher Bilderdienst, München: S. 121; Volkswagen AG, Wolfsburg: S. 71; W. Weidner: S. 152, 170, 173.